AF329079

RÉGINALD KANN

—

LE

PROTECTORAT MAROCAIN

—

AVEC 8 CARTES ET CROQUIS

BERGER-LEVRAULT, ÉDITEURS

NANCY - PARIS - STRASBOURG

1921

LE

PROTECTORAT MAROCAIN

RÉGINALD KANN

LE

PROTECTORAT MAROCAIN

AVEC 8 CARTES ET CROQUIS

BERGER-LEVRAULT, ÉDITEURS

NANCY - PARIS - STRASBOURG

1921

AVANT-PROPOS

De 1903 à 1912 j'ai fait plusieurs voyages au
aroc. D'abord comme correspondant de journal,
is comme officier, j'y suis allé à neuf reprises
fférentes, le plus souvent pour prendre part
x opérations militaires. Les événements d'Eu-
pe m'ont empêché d'y retourner ensuite. La
aix faite, j'ai eu le désir de revoir ce pays qu'on
e peut parcourir sans s'y attacher et que j'avais
uitté pour la dernière fois au moment où notre
rotectorat commençait à s'organiser. Par quelles
éthodes le nouveau régime procédait-il? Quel
egré de développement avait-il atteint? Ces
uestions se posaient naturellement à celui qui
evenait après sept ans d'absence. Je les ai exa-
·nées pendant un séjour de quatre mois, l'hiver
ernier.

Les pages qui suivent sont le résultat de mes
bservations. Je n'ai point la prétention d'y
tudier à fond tous les problèmes ni de trouver
ne solution à chacun d'eux. Je me contente
'un aperçu d'ensemble portant sur les sujets
es plus importants : la pacification, l'organisa-

tion du protectorat et son fonctionnement, la mise en valeur économique de l'Empire. Ce n'est pas un traité complet sur le Maroc que j'ai voulu écrire; ce sont de simples notes sur le protectorat marocain que j'ai recueillies. Je ne me flatte pas non plus d'une impeccable précision. Tout va si vite dans cet État rénové et vigoureux que, sur bien des points, mes remarques seront déjà en retard et mes chiffres dépassés. Ce que j'affirme, c'est la sincérité de mes opinions et l'impartialité de mes jugements.

Réginald KANN.

INTRODUCTION

DE PARIS A CASABLANCA

Je suis venu au Maroc au mois de novembre 1919 ; c'était une mauvaise époque. A l'afflux des immigrants allant chercher fortune s'ajoutait celui des fonctionnaires et des officiers rentrant de leur congé d'été. Les précautions administratives se compliquaient d'agaçantes brimades. Elles ont subi depuis lors certains adoucissements ; le passeport notamment n'est plus exigé et peut être remplacé par une simple pièce d'identité pour les citoyens français.

Il me semble cependant utile de raconter mes tribulations, afin de persuader mes successeurs de la nécessité de ne pas partir à l'aventure, de mieux choisir que moi le moment de leur voyage et de le préparer soigneusement avant de s'embarquer.

Deux lignes de navigation font le service de France au Maroc : la Compagnie Paquet, de Marseille, et la Compagnie Transatlantique, de Bordeaux. M'étant présenté aux bureaux de ces deux sociétés à Paris, il me fut répondu, à la première, qu'il n'y avait plus une place disponible avant deux mois et demi et, à l'autre, qu'on pouvait assurer mon départ dans deux mois.

J'optai pour cette seconde solution et, quelques jours avant la date fixée, j'allai retirer mon billet. En me le délivrant, l'employé me prévint que je ne pourrais m'embarquer sans un passeport en règle, dont je me munis le lendemain.

Bordeaux. De nuages légers, d'apparence inoffensive, tombe une pluie fine, serrée, inexorable, qui paraît bien chez elle sur les bords de la Gironde. Première station au bureau de la Transatlantique. Une centaine de personnes sont entassées devant le comptoir ; aucun service d'ordre ; chacun joue des coudes, bouscule le voisin pour le devancer ! De la cohue monte la forte odeur spéciale aux émigrants. Au bout d'une petite heure mon tour arrive. Le commis imprime un cachet sur mon billet, dont il copie la teneur sur un registre, puis me remet une feuille signalétique à remplir et un carré de papier où sont imprimés ces mots : Commissaire spécial, 35, cours du Chapeau-Rouge ; il faut y passer avant de s'embarquer.

Le cours du Chapeau-Rouge est facile à trouver : c'est une des principales artères de Bordeaux. Il n'en est pas de même du nº 35, qu'on cherche vainement à la façade des maisons sous l'averse qui continue sans arrêt. J'interroge les passants, d'abord sans succès. Enfin, l'un d'eux me montre une rue adjacente, la rue Louis, où se trouve effectivement l'officine policière.

Le service de la sûreté bordelais est expéditif. A peine entré, un employé me happe au passage, me jauge d'un regard et, sans autre demande d'explications, appose un nouveau cachet sur mon passeport.

Deux heures avant l'appareillage, j'arrive au hangar du quai d'embarquement, où grouille une foule plus dense encore que celle qui se pressait, le matin, dans *les bureaux de la Compagnie. Ici on est de nouveau obligé de défiler un à un devant l'unique fonctionnaire, qui vérifie une fois de plus, au nom de l'Administration, les passeports déjà couverts de timbres carrés, ovales, ronds et rectangulaires. J'avance pas à pas, mes bagages à la main — car il n'y a pas de porteurs sur les quais de Bordeaux — et mes précieux documents entre les dents. Il faut un long et douloureux piétinement avant de pouvoir représenter son passeport et remettre la feuille signalétique en échange de laquelle on reçoit un bon à embarquer. Est-ce tout enfin? Non : maintenant la douane intervient.*

L'inspecteur m'ayant demandé si j'emportais plus de 1.000 francs en espèces et, après ma réponse négative, s'étant assuré que j'avais dit vrai en fouillant ma valise, marque mes bagages à main d'un signe à la craie, tout en m'affirmant que je n'aurais plus d'autre formalité à accomplir. Je pense alors à mes bagages de cale enregistrés directement à Paris pour Casablanca et qui n'ont pas subi de visite. Vont-ils rester en souffrance? On me rassure à ce sujet ; je les trouverai certainement en arrivant au Maroc. Mais alors que signifie cette différence de traitement? Pourquoi les valises sont-elles plus suspectes que les malles? Insoluble énigme.

La pluie redouble de violence quand je franchis l'espace découvert qui sépare le hangar de la passerelle donnant accès au navire, par où les passagers ne filtrent que goutte à goutte. Je présente mon billet, mon permis d'embarquement, mais on me repousse. Les belles arabesques blanches de mes bagages sont insuffisantes. Il me manque un laissez-passer de la douane, que l'inspecteur a négligé de me donner. Me voilà forcé de retourner au hangar, de chercher un nouveau gabelou,

qui me pose les mêmes questions que son prédécesseur
et, sur un ton tantôt lassé, tantôt agressif, me tient un
sermon où reviennent fréquemment les mots d'amende
et de prison. Ayant tout dit, il me tend un papier grais-
seux. Trempé, suant, soufflant, je présente mes quatre
documents (billet, passeport, permis, laissez-passer)
au gardien de la passerelle. Mon calvaire est terminé.
Je foule enfin le pont du vapeur.

La Martinique, qu'un rapport officiel qualifie pom-
peusement de « paquebot de fort tonnage », est une vieille
coque dont la construction remonte à la présidence
de M. Jules Grévy. A cette époque reculée, on faisait
solide, mais on ignorait les premiers principes du
confort et de l'hygiène.

La cabine où l'on me conduit ne prend jour ni sur
la mer ni sur le couloir. Elle ne reçoit de lumière par
aucun autre orifice que la porte. Dans cette cellule
obscure et exiguë, deux couchettes, dont l'une, la mienne,
est constituée par un matelas en équilibre instable sur
une banquette de quelques centimètres de large. L'unique
cuvette et deux crochets pour suspendre les effets des deux
passagers complètent le mobilier de la pièce, où on
est suffoqué dès l'entrée par une chaleur torride et une
odeur de moisi.

Encore faut-il s'estimer heureux, car bien des passagers sont plus mal partagés. Devant l'affluence des
quémandeurs, la Compagnie a résolu d'héberger un
grand nombre de personnes en sus du complet des couchettes.

Tous ces infortunés bivouaquent dans les salons,
le fumoir et presque dans les passages, sur des canapés
ou des matelas jetés en travers du parquet. L'entrepont
est bourré de soldats. Depuis le temps où les négriers

franchissaient l'Atlantique avec leur cargaison d'esclaves, on n'a jamais résolu aussi savamment le problème de la compression du bétail humain.

Chacun s'installe du moins mal qu'il peut. La situation reste tenable tant qu'on glisse sur les eaux sales et placides de la Gironde. Mais dès qu'on a dépassé la pointe du Médoc, une mer démontée nous accueille et nous secouera presque sans arrêt jusqu'à la côte marocaine.

Le mal de mer est épidémique, sinon contagieux. Le spectacle des souffrances du prochain produit une répercussion immédiate sur les cœurs trop tendres ; la détresse est bientôt générale. Dans cet hôpital flottant, les garçons de service se voient débordés, malgré le dévouement de quelques passagers indemnes qui se transforment en infirmiers volontaires. Le personnel succombe à la tâche ; le matériel aussi se trouve insuffisant. Les plus pressants appels restent trop longtemps sans réponse, la cuvette arrive trop tard. La vue, l'ouïe, l'odorat sont également offensés par des catastrophes sans remède. Pendant quatre jours et quatre nuits, le supplice se poursuit. Et pourtant, un règlement implacable contraint tous ces moribonds à remplir deux nouveaux états, un que conservera la Compagnie, l'autre qu'on présentera aux autorités du Protectorat.

Enfin, le cinquième matin, les derniers voyageurs valides qui s'étaient risqués sur le pont au petit jour découvrent une ligne grisâtre : la terre promise. Le bâtiment jette l'ancre au large du port, loin de la jetée en construction et de ses titans, dont les bras métalliques semblent nous faire signe ironiquement.

Le débarquement à Casablanca par une mer houleuse est une aventure dénuée d'agrément. La barcasse qui doit recevoir colis et passagers se balance à côté du paquebot, lui-même très instable. Il en résulte de fortes dénivellations et c'est un art difficile que celui de sauter au bon moment du bas de l'échelle dans l'embarcation mouvante, qui se dérobe avec chaque vague nouvelle. Heureusement, les mariniers indigènes aident le novice avec une sûreté et une agilité étonnantes. Ici encore le personnel de la Compagnie se désintéresse de tout et laisse les voyageurs, avides de quitter l'inhospitalière Martinique, se presser à leur guise à la coupée, sans s'occuper de mettre quelque ordre dans cette masse impatiente et d'en organiser l'écoulement.

Dans la journée où je me trouve englobé, des scènes déchirantes se déroulent. Les barcassiers mettent d'abord la main sur les bagages, sans prêter la moindre attention aux cris des propriétaires, qui ne sont pas loin de prendre ces fonctionnaires zélés, malgré leur brassard de cuivre, pour les forbans algériens de Tartarin. Encore s'il n'y avait que des passagers adultes et des paquets, mais voici plusieurs petits enfants, un perroquet dans sa cage et un chien de police. Il s'agit de persuader aux détenteurs de ces trésors que seuls les Marocains sont capables de les porter sans dommage dans la barcasse. On s'imagine les protestations, les cris de désespoir des mères affolées. Enfin le sacrifice est consenti, les enfants hurlent, le volatile se débat furieusement entre ses barreaux, le chien seul, somnolent, se résigne. Tout ce petit monde est prestement casé et la gymnastique commence pour les autres. Les habitués trouvent le joint sans trop tarder, mais bien des débutants se cramponnent à l'échelle et il faut se résoudre à les lancer de vive force dans les bras tendus pour les accueillir. Dans l'embarcation tout s'arrange comme par enchantement. Les bébés ont retrouvé leurs parents et cessent de piailler, le perroquet passe de la fureur à *l'abattement, le chien de police est toujours dans le coma. Un coup de sifflet ; notre remorqueur se met en marche, passe bientôt en eau calme et nous amène le long d'un plan incliné fort commode pour mettre enfin pied sur le sol du Moghreb.*

Face aux montagnes de l'Atlas, le Maroc se garde des tribus insoumises à l'aide d'un réseau de blockhaus, de postes et de colonnes mobiles : c'est ce qu'on appelle l'armature. Une autre armature a été constituée sur le front de mer par un triple barrage : sanitaire, administratif, douanier.

Au premier pas qu'on fait sur le terre-plein de Casablanca, un monsieur galonné exige l'exhibition du certificat de vaccine, faute duquel il vous oriente vers une baraque en planches, où il est procédé à l'inoculation. Les promiscuités de la traversée, les souffrances endurées en commun ont aboli tout sentiment de pudeur. Les corsages se dégrafent, les jupes se retroussent pour offrir bras ou cuisses à la piqûre. Néanmoins, ceux qui désirent se dérober y parviennent sans peine. Quatre ans de guerre de tranchées ont vulgarisé la pratique du cheminement défilé ; par une progression lente, mais continue, on gagne la porte sans encombre, pour se heurter un peu plus loin au deuxième obstacle, le barrage administratif.

Le cérémonial est le même qu'à Bordeaux, mais au lieu de l'unique employé assis devant une table au milieu des piles de malles et de caisses, il y a ici une demi-douzaine de guichets pour les Français, un pour les indigènes, un pour les étrangers. Cela abrège notablement les opérations. On appose un dernier cachet sur le passeport, on enregistre la feuille signalétique, comme cela s'était pratiqué au départ. De là le voyageur s'en-

gage dans le local de la douane et, après une inspection sommaire, il voit s'ouvrir la dernière barrière du système si compliqué, et surtout si inefficace, qui est censé protéger le Maroc contre les intrus.

La mythologie grecque, source de toute science et de toute beauté, a placé sur la rive africaine, au delà des Colonnes d'Hercule, le riant domaine des Hespérides, que défend un dragon à cent têtes. Le monstre vaincu, pénétrons dans le jardin et voyons si l'on y trouve les pommes d'or que promet la légende.

LE
PROTECTORAT MAROCAIN

PREMIÈRE PARTIE

LA PACIFICATION

CHAPITRE I

LES PREMIÈRES ÉTAPES

Dans la voiture qui me transportait, à mon arrivée à Casablanca, du quai à l'hôtel, le cocher, me prenant sans doute pour un nouveau venu, pointa son fouet vers la vieille porte par où entrèrent dans la ville, le 5 août 1907, l'enseigne de vaisseau Ballande et ses matelots. « C'est là qu'a commencé la conquête », me dit-il. Il avait à la fois raison et tort. L'exploit de cette poignée de marins marque bien le début de notre intervention. Il est pour le Maroc ce que le coup de chasse-mouches du dey Hussein fut en 1830 pour l'Algérie; mais où le brave homme se trompait, c'est en prononçant le mot de conquête.

Nous ne faisons pas la conquête du Maroc, nous le pacifions. Conquérir un pays, c'est l'assujettir par

la force pour se l'approprier en évinçant ses maîtres;
c'est ce que nous avons fait en Algérie, au Dahomey,
au Tonkin. Notre rôle ici est tout différent. Loin de
dépouiller le Sultan, notre but est au contraire de
consolider son pouvoir. Les deux tiers de l'Empire
sont soumis, reconnaissent l'autorité du souverain
et paient l'impôt; un tiers reste encore en dissidence,
et c'est naturellement la partie la plus difficile, la
moins accessible du pays. Comment va-t-on achever
le travail commencé? Par quels moyens? En combien
de temps? C'est le plus important des problèmes
qui se posent au Maroc.

Résumons d'abord brièvement les étapes accomplies, les phases successives de la pacification, avec
leurs caractères propres.

C'est d'abord la période précédant l'établissement
du Protectorat, le prologue, qui va de 1907 à 1912 :
Oudjda et les Beni Snassen, Casablanca et les Chaouïa,
la colonne Moinier occupant Rabat, Fez, Meknès.
Notre intervention marche au hasard et dans l'incertitude, faute d'un statut défini. A tout moment, un
incident européen peut nous obliger à rebrousser
chemin, un incident marocain à entamer une opération inattendue. On vit au jour le jour.

En 1912, le régime du Protectorat, affranchi de
toute ingérence étrangère, nous assure du lendemain. Il permet de procéder enfin suivant un plan
d'ensemble et avec une méthode rationnelle. Celle-ci
se révèle aussitôt. L'action militaire se double d'une
action politique, qui la précède toujours, s'efforçant
de la rendre inutile ou tout au moins de la réduire
au minimum. L'organisation administrative, les
travaux publics, le développement de l'agriculture

et du commerce contribuent à maintenir l'ordre dans les régions soumises et exercent une attraction sans cesse grandissante sur les autres.

Cependant, lors de la signature du traité de protectorat au printemps de 1912, le moment n'est pas encore venu de dresser un programme d'extension. L'émeute des soldats chérifiens à Fez a mis le feu à tout l'Empire. Il ne faut alors songer qu'à se défendre et, durant le reste de l'année, le corps d'occupation ne connaît pas de repos. A peine a-t-on dégagé Fez et la route d'étapes qui la relie à la côte, qu'il faut courir délivrer Marrakech des mains de l'agitateur saharien El Hiba, puis remonter aux confins des Chaouïa et de la région de Rabat menacés à leur tour, enfin descendre une seconde fois dans le Sud et y étouffer une révolte de caïds près de Mogador.

L'année 1913 apporte quelque répit. Quoique notre attitude ait été défensive en 1912, des contre-offensives nous ont rendus maîtres de larges bandes de terrain autour de Fez, de Meknès, dans le prolongement des régions de Rabat et de Casablanca, enfin de toutes les plaines du Sud jusqu'au Grand-Atlas.

C'est un gros morceau; il va falloir du temps pour y asseoir notre domination et, si l'on ose dire, pour le digérer. Ainsi s'ouvre une troisième période où on se borne à consolider les acquisitions récentes et à préparer celles de l'année suivante. On se contente de rectifier la ligne des postes de la périphérie, tandis qu'à l'intérieur on pousse rapidement le travail d'organisation et que le corps expéditionnaire, un peu essoufflé, est remis en main et articulé de manière à pouvoir donner le maximum de rendement.

Le territoire soumis est divisé en subdivisions militaires, qui disposent d'un réseau de postes (ayant chacun sa garnison propre et un service de renseignements pour conduire l'action politique) et d'un ou plusieurs groupes mobiles pour les opérations actives; les troupes de la côte forment réserve générale. Ainsi se constitue l'armature qui sauvera le Maroc au moment de la guerre européenne.

Les principes adoptés pour l'échelonnement et la mise en œuvre des forces ne sont d'ailleurs pas appliqués avec *rigidité*; ils s'adaptent aux conditions locales. Ainsi sur le front du Grand-Atlas, où nous trouvons le pouvoir entre les mains de quelques puissants caïds ralliés à notre cause, la pacification leur est confiée, et ils s'en chargent, sous notre contrôle, avec leurs propres ressources. Dans le Nord, où la situation n'est pas la même, nous opérons directement.

A la fin de 1913, le remaniement de notre organisation est terminé. La machine qui n'avait marché si longtemps que par saccades et non sans grincer de temps à autre, roule depuis un an d'un mouvement continu et régulier; elle s'est améliorée par son fonctionnement même; elle est prête maintenant.

Le programme de 1914 comporte deux chapitres : réduction du saillant que la confédération des Zaïan enfonce encore dans la zone pacifiée en deçà de l'Oum er Rbia et jonction du Maroc Occidental avec le Maroc Oriental par la trouée de Taza.

Sur l'Oum er Rbia, le général Henrys occupe la kasba de Khenifra; à l'est de Fez, les colonnes Gouraud et Baumgarten se donnent la main; mais avant que ces succès aient pu être consolidés par l'élargissement des zones conquises, la guerre éclate et met brusquement en question notre existence même au Maroc.

La répercussion de la conflagration européenne sur le Maroc est assez connue pour qu'il soit inutile d'en parler longuement. On sait que le Gouvernement français envisageait l'évacuation de tout l'intérieur du pays en limitant l'occupation à la côte et peut-être à la ligne Rabat—Meknès—Fez. On se rappelle aussi que l'avis du Résident prévalut et qu'il maintint l'armature extérieure, constituée au prix de tant d'efforts, quoique fournissant à nos armées en France toutes les troupes qu'on lui demandait.

C'était jouer gros jeu, car la diminution de nos forces ne pouvait échapper longtemps aux dissidents et leur donnerait certainement l'espoir de nous jeter à la mer.

Ces circonstances dictent notre conduite : elle ne peut être, au début, que strictement expectante. Il faut avant tout se rendre compte de la valeur de l'armature, privée de ses éléments les plus vigoureux, voir si elle tiendra.

Après les opérations du commencement de l'été, deux points restent particulièrement sensibles; ce sont ceux où on combat encore : Khenifra et la trouée de Taza. Et justement à Khenifra se produit l'incident grave qui peut tout faire crouler. Le commandant du poste, ayant appris la présence du grand chef des Zaïan, Moha ou Hammou, à quelques kilomètres de là, prend l'initiative, malgré les instructions contraires qu'il a reçues, de courir sur lui avec une faible colonne dans la plaine d'El Herri. Après un premier succès, le détachement français se voit bientôt entouré par des forces supérieures, qui lui coupent le chemin du retour. Plus de 600 morts et un riche butin restent sur le champ de bataille. Par bonheur, les groupes mobiles du Tadla et de

Meknès stationnent à quelques étapes de Khenifra; ils accourent à marches forcées et infligent à l'ennemi une si sévère leçon qu'il renonce à toute velléité offensive.

Dans la trouée de Taza, on semblait surtout avoir à redouter les tribus qui habitent le Moyen-Atlas au sud de la vallée, connues pour leurs qualités guerrières et leurs instincts pillards. Celles du nord du défilé passaient pour moins entreprenantes, mais nous allons bientôt avoir à compter de ce côté avec de nouveaux adversaires, les agents allemands, qui trouveront dans la zone espagnole un terrain d'action singulièrement propice. Tous leurs efforts tendent à unir contre nous nos opposants de la veille, à en susciter d'autres, pour déterminer un vaste mouvement et provoquer une offensive générale des régions insoumises. Le Maroc ne se prête guère à un soulèvement d'une pareille envergure; le pays est trop fragmenté; trop de dissensions séculaires divisent les tribus; l'unité nationale y est inconnue. Sur ce point les Allemands échouent, mais ils réussissent toutefois à fomenter des poussées partielles et à perpétuer longtemps le péril qu'avait fait naître la réduction de nos forces de combat.

Les excitations germaniques enflamment d'abord les confins franco-espagnols et font de ce pays une plaie toujours ouverte au flanc de notre Protectorat. Les agents allemands s'assurent dans cette région la collaboration d'Abd el Malek, petit-fils d'Abd el Kader, notre ancien adversaire d'Algérie. Pendant près de quatre ans, il conduit la lutte sans faiblir, en dépit des multiples revers que lui font subir les groupes mobiles de Fez et de Taza. Toujours refoulé vers le nord, il revient toujours à la charge. Nouvel

Antée, il reprend des forces chaque fois qu'il rentre en contact avec la zone espagnole pour se refaire et reconstituer ses ressources perdues.

De l'autre côté de la trouée de Taza, la propagande ne tarde pas à gagner le gros bloc berbère du Moyen-Atlas et y entretient l'ébullition qui se manifeste par de fréquentes attaques contre nos postes et les tribus ralliées. Dans le Sud, elle réveille en 1917 l'activité d'El Hiba, qui reparaît dans le Sous, mais qu'une brillante opération de nos partisans indigènes, soutenus par le groupe mobile de Marrakech, met définitivement hors de cause.

Enfin, les intrigues de l'ennemi pénètrent après de laborieuses menées jusqu'au Tafilalet, la région la plus éloignée de la côte et y suscitent l'entrée en lice de masses importantes; pendant toute la dernière année de la guerre, la situation ne cessera de nous y préoccuper au plus haut point.

Il n'était pas dans l'intention du commandement, malgré le peu de moyens dont il disposait, de rester toujours inactif devant les entreprises des tribus hostiles. Dès qu'on a pu éprouver à l'usage la solidité de l'armature, on prend des mesures pour recommencer prudemment l'exécution du programme interrompu.

Peu à peu la situation, d'abord assez confuse, s'éclaircit. On parvient à distinguer les foyers les plus virulents de dissidence, à les tâter, à reconnaître leurs côtés faibles. Il ne peut être question de les détruire, car les ressources manquent, mais on en prépare la dissolution future par un travail politique contrecarrant celui des Allemands et aussi en abordant franchement les points de moindre résistance.

Dans le Nord, dès 1915, un poste poussé sur l'Ouerra accentue le dégagement de Fez. Plus à l'ouest, on avance le barrage de protection de la riche plaine du Rarb et on arrive ainsi en vue de la ville chérifienne d'Ouezzan, important marché de dissidents, qu'on se garde d'occuper pour ne pas risquer d'ameuter les belliqueux montagnards de cette partie du Rif. Plus à l'est, la ligne de nos postes se déplace aussi pas à pas.

Le principal bloc d'insoumission reste toujours le Moyen-Atlas. En 1915, des reconnaissances, venues de Bou Denib, parviennent sans coup férir jusqu'à une étape de la Moulouya; la même année, de l'autre côté des montagnes, on commence l'ascension en poussant deux antennes fixes à Timhadit et à Almis. En 1916, on marque une nouvelle étape et, en 1917, le groupe mobile de Meknès franchit sans opposition le col de Tarzeft et rencontre sur la Moulouya celui de Bou Denib.

Tandis que s'accomplit la percée du Moyen-Atlas, on en prépare aussi l'encerclement par les deux extrémités, du côté du Tadla et de Marrakech d'une part, en partant de la trouée de Taza et en remontant la Moulouya de l'autre, par la création d'une série de postes.

Ainsi pendant presque toute la durée de la guerre, la marche de la pacification a continué.

On serait tenté de croire que la nouvelle de l'armistice provoqua au Maroc une détente immédiate. C'est le contraire qui se produisit. La propagande des deux partis avait tellement exploité les événements d'Europe, presque toujours en les déformant, que les dissidents demeuraient sceptiques et attendaient pour croire aux faits de la grande guerre d'en percevoir la confirmation sous un aspect tangible pour eux.

La débâcle allemande amenait une double liquidation, en sens inverse. Dès qu'ils sentirent leur pays aux abois, les agents ennemis se débarrassèrent de leurs fonds de propagande, de leurs stocks d'armes et de munitions. Abd el Malek toucha trois mensualités d'un coup; 600.000 francs parvenaient, dès le mois d'octobre, aux chefs berbères de l'Atlas. Jamais la puissance des États centraux ne leur parut plus forte, de sorte que, quand notre garnison de Tadla célébra par des salves d'artillerie l'annonce de l'armistice, les montagnards crurent de bonne foi qu'elle était prise à revers par un débarquement turc ou allemand.

De notre côté, aucun renfort n'arrivait au Maroc; bien au contraire, la démobilisation enlevait en décembre et janvier 9.000 hommes des vieilles classes.

Mais la vérité ne peut être travestie éternellement. Peu à peu, elle fait son chemin dans les zones insoumises et y sème le découragement. Par un phénomène naturel, on la voit suivre la même voie qu'autrefois l'appel allemand à la révolte; partant de la zone espagnole pour atteindre ensuite le Moyen-Atlas et beaucoup plus tard seulement le Tafilalet.

D'abord, Abd el Malek, renonçant à reconstituer ses forces dispersées aux combats de septembre 1918, abandonne la lutte et se réfugie chez une tribu côtière dont il semble être moins l'hôte que le prisonnier. Puis, dans le Moyen-Atlas, les attaques se font plus rares; les tribus reconnaissent que « l'heure est aux Français » et refusent leur concours au chef de guerre du Tafilalet.

D'ailleurs, les renforts tant attendus commencent

à arriver de France. De tribu en tribu, on se répète que des zouaves, des tirailleurs algériens, des coloniaux à fourragère rouge ont été vus à Casablanca; surtout, les bataillons marocains rentrent dans leur patrie, riches de gloire après cinq années d'exploits. Le 29 juillet, le Sultan reçoit les délégations qui ont défilé à Paris sous l'Arc de Triomphe; par une dérogation exceptionnelle à la tradition qui veut que le souverain reste toujours assis, il se lève au passage des drapeaux. Alors le dernier doute tombe, chacun sait que le désastre de l'Allemagne est consommé.

CHAPITRE II

LA SITUATION ACTUELLE

Le Maroc est divisé en deux parties. La première
est la région limitée au sud par le Grand-Atlas jusqu'aux sources de la Moulouya, à l'est par le Moyen-
Atlas, au nord par la zone espagnole. Préservée des
vents desséchants du Sahara et des plateaux algériens par un cordon de hautes montagnes, qui y retiennent l'haleine humide de l'Océan, c'est le pays
tempéré, arrosé, fertile; c'est le vrai Maroc.

Au delà, l'Empire chérifien déborde sur des marches
extérieures, presque incultes partout, sauf au voisinage des mers. Au sud du Grand-Atlas, nous trouvons
d'abord l'enclave du Sous, que l'Anti-Atlas défend
quelque peu du désert, puis des plateaux qui s'a-
dossent à la grande chaîne et où la vie, très intense,
se concentre dans les vallées. Là, les bassins supé-
rieurs du Draa, du Ziz, du Guir ont de l'eau toute
l'année, mais dès que les rivières débouchent dans
les fonds sahariens, le sol avide les tarit aussitôt. A
l'est du Moyen-Atlas, le bassin de la Moulouya présente un caractère tout à fait algérien : tell côtier,
hauts plateaux éventés et de maigre végétation.

Sauf par la trouée de Taza, il n'existe pas de communication naturelle entre le Maroc proprement dit
et les marches extérieures. Le Grand-Atlas est une

barrière qui se dresse tout droit au-dessus de la plaine
de Marrakech, avec des cols rares, élevés, difficiles
en toute saison, presque infranchissables en hiver.
Pas d'habitants, à peu de chose près, ni sur les pentes
escarpées, ni sur la crête étroite qui s'oppose à toute
incursion. Les sauterelles même ne passent pas. C'est
une muraille de Chine de 4.000 mètres de haut.

Le Moyen-Atlas offre l'aspect d'un massif de moindre altitude, mais très ramifié, composé de plusieurs
chaînes parallèles dans leur ensemble que séparent
de nombreuses vallées. Ces plis de la montagne servent de repaires aux tribus berbères, farouches, guerrières, qui descendent fréquemment dans les plaines
de l'Ouest pour y piller les populations plus riches et
plus paisibles.

Ainsi, tandis que le Grand-Atlas sert de digue
protectrice au Maroc, le Moyen-Atlas reste au contraire pour lui une menace constante.

Dans l'Empire chérifien, il subsiste encore trois
régions insoumises. Ce sont les confins franco-espagnols (sauf aux deux extrémités), le Moyen-Atlas
presque en entier et la plus grande partie des plateaux
au sud du Grand-Atlas.

A tout seigneur, tout honneur. Commençons par
le Moyen-Atlas. Dès les premières prises de contact
avec cette redoutable citadelle, nous en avons senti
la puissance. On a vu comment, se gardant de l'abor-
der de front, nos troupes ont commencé, en 1915,
la double manœuvre de la percée centrale et de l'encerclement. Le bloc primitif est séparé en deux tronçons; nous avons mordu sur ses contours; une chaîne
de postes l'entoure. Cependant l'œuvre n'en est encore
qu'à son commencement.

Le tronçon sud-ouest du Moyen-Atlas appartient à deux grandes confédérations, les Zaïan et les Chleuh.

Les Zaïan sont des pasteurs. Aux premières neiges, ils descendent de la montagne avec leurs troupeaux, passent l'Oum er Rbia et se répandent dans le bas pays sur de vastes espaces; leur flot arrive jusqu'à mi-chemin de la côte. En 1914, nous avons occupé la kasba de Khenifra au milieu de leur territoire, mais la guerre nous a surpris avant qu'il eût été possible de relier ce poste par d'autres à ceux du Tadla et de la région de Meknès. Dans ces conditions, la garnison, isolée, n'était pas, en mesure d'arrêter les mouvements de va-et-vient des transhumants. Pendant la belle saison, les dissidents environnaient Khenifra à distance, chacun de nos convois de ravitaillement devait être accompagné d'une forte colonne pour arriver à destination.

Dans ces conditions, le poste de Khenifra n'avait et ne pouvait avoir qu'une faible action militaire. En revanche, il constituait un point d'observation et un centre politique de la plus haute valeur, qui a obtenu un important résultat de dissociation.

Moha ou Hammou, chef des Zaïan, a été un des seigneurs les plus puissants du Maroc. Le sultan Moulaye Hassan le traitait avec de grands ménagements; pendant un voyage qui le fit passer par le pays zaïan, il obligea ses fils à s'incliner devant le potentat berbère; un d'eux, Moulaye Hafid, a épousé une fille de Moha ou Hammou. Malgré les avances de la dynastie régnante, celui-ci a conservé jalousement son indépendance; il s'est enrichi au détriment de ses voisins et a construit avec le fruit de ses rapines une nouvelle ville à Khenifra, dont il a fait sa capitale.

Dès notre première intervention chez les Chaouïa

Moha ou Hammou s'est proclamé notre ennemi et depuis lors n'a cessé de nous combattre. La prise de Khenifra lui a porté un coup sensible et son prestige, malgré l'affaire d'El Herri, a rapidement baissé. D'ailleurs il est vieux et ne peut plus tenir d'une main ferme la confédération qui lui obéissait autrefois. Sa succession se dispute de son vivant entre ses fils et ses neveux, rivalités qui ont déjà amené des luttes sanglantes entre les partisans de ses héritiers.

Il a été assez aisé de mettre cette situation à profit pour nous ménager des intelligences parmi les concurrents. Le fils aîné du vieux chef, Hassan, est le premier venu à nous, il y a deux ans. Aussitôt un de ses neveux, Ou el Aïdi, s'est posé en adversaire intransigeant des Français, mais peu à peu son hostilité fléchit et, en 1919, il s'est soumis à son tour, sans doute dans l'espoir d'une charge lucrative à la mort de son oncle. Les relations ainsi établies avec ces personnages influents montraient que la question zaïan évoluait rapidement; au commencement de cette année, elle pouvait être considérée comme mûre, c'est-à-dire qu'après avoir intensifié encore l'action politique, on comptait qu'une courte expédition suffirait à ramener le ralliement du gros de la confédération.

Une première opération, tentée en plein hiver, dut être interrompue par suite du mauvais temps. Elle fut reprise au mois de mai sous la direction du général Poeymirau, commandant la subdivision de Meknès, et aboutit à un succès complet. Les Zaïan livrèrent un petit combat pour sauver la face, puis vinrent en masse demander l'aman, se rendre à merci. Les derniers trophées de la tragédie d'El Herri furent restitués. Tous les chefs importants se présentèrent au vainqueur, sauf le vieux Moha, qui se réfugia dans la haute montagne avec quelques fractions fidèles.

La soumission de la plus puissante confédération du Moyen-Atlas n'en est pas moins acquise. On travaille en ce moment à construire plusieurs postes sur l'Oum er Rbia pour relier Khenifra à nos autres garnisons voisines, Bekrit et Kasba Tadla, et tenir tous les gués du fleuve. Une seconde chaîne de fortins sera poussée plus avant, sur les pentes du Moyen-Atlas, afin de protéger les Zaïan soumis contre ceux qui restent en dissidence. C'est en effet une impérieuse obligation de défendre sans délai une tribu nouvellement ralliée. Tout retard l'exposant à des représailles de ses alliés de la veille équivaut presque à une trahison à ses yeux : il compromet notre prestige et peut annuler en un jour toute une suite de patients efforts.

Vers le sud-ouest, les montagnes des Zaïan se prolongent par celles des Chleuh. Ceux-ci, en partie, transhument aussi, mais leurs migrations sont de moindre portée et ne dépassent pas l'Oum er Rbia. Les tribus du versant oriental ne quittent d'ailleurs pas leurs vallées, dont la principale, celle de l'oued Abid, s'enfonce profondément dans le massif.

Comme les Zaïan, les Chleuh sont commandés par un grand chef de guerre, Moha ou Saïd. Le sultan Moulaye Hassan, prince d'un sens politique très fin et très sûr, remarqua le jeune Moha lorsqu'il n'avait encore que vingt-cinq ans et le nomma caïd avec mission de tenir la montagne tranquille. Il lui fit bâtir une kasba à Rorm el Alem, lui donna 300 réguliers et deux canons. Grâce à ces moyens d'action, Moha ou Saïd soumit bientôt tous les Chleuh. La ruine du makhzen, sous le règne de Moulaye Hafid, lui devint funeste; les soldats chérifiens, ne touchant plus de solde, vendirent leurs armes et désertèrent jusqu'au dernier. C'est peut-être pour rétablir son prestige chancelant que le chef des Chleuh s'est toujours montré pour nous un irréductible adversaire. Malgré les sérieux revers qu'il essuya et dont le plus cruel fut la perte de sa kasba de Rorm el Alem en 1917, nous n'avons pu l'amener à composition. Physiquement affaibli par ses longues campagnes et ses six blessures plus que par l'âge, il a dû depuis quelque temps céder la conduite des guerriers à son fils, que sa rapacité rend extrêmement impopulaire.

Notre travail d'approche chez les Chleuh a été très différent de celui que nous avons mené chez les Zaïan. L'action politique n'a rallié à notre cause aucun chef influent; par contre, l'encerclement y a pris beaucoup plus de consistance. Jusqu'à l'année dernière, nous tenions, aux confins des Chleuh, les trois points de Rorm el Alem, Beni Mellal et Azilal. La création récente de deux postes intermédiaires entre ces derniers a amené la soumission d'une première fraction, qui vit en paix derrière notre ligne; une autre tribu semble prête à nous accueillir et sa soumission fermerait le débouché de l'oued Abid. Quoi qu'il en soit, la dissociation est ici moins avancée qu'elle ne l'était chez les Zaïan au commencement de cette année.

Entre les deux tronçons du Moyen-Atlas, nos colonnes parcourent depuis deux ans et demi la route du col de Tarzeft. L'opération s'est faite pour la première fois en 1917 et sans coup férir, grâce à une préparation patiente et à une situation locale exceptionnellement propice. Cette voie de communication

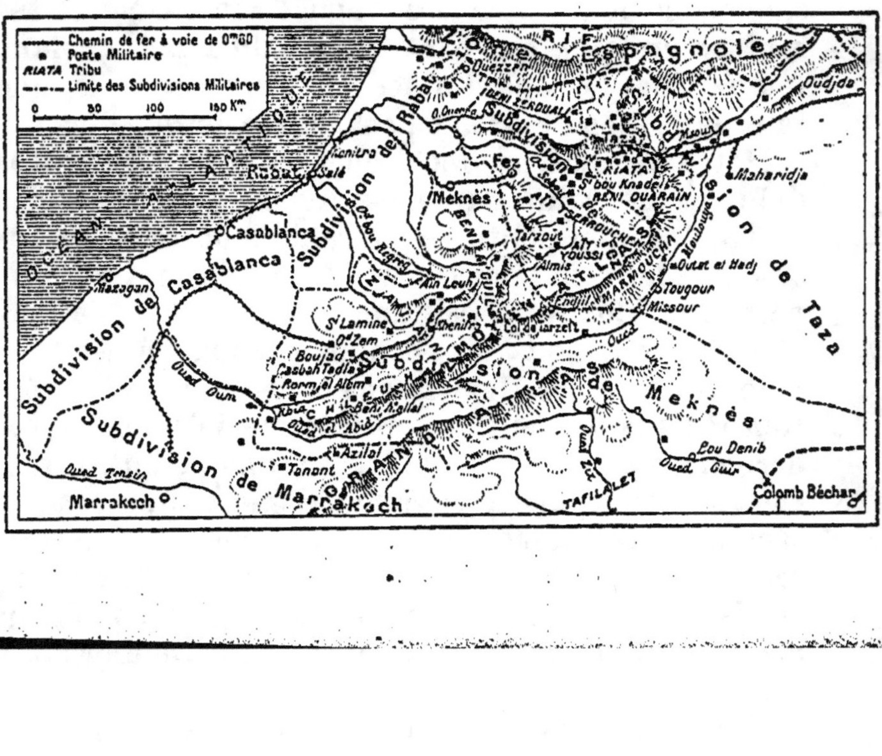

Chemin de fer à voie de 0m60
Poste Militaire
RIATA Tribu
Limite des Subdivisions Militaires
0 50 100 150 Km
Zone Espagnole
R I F
Oudjda
Oudja
Maharidja
ion de Taza
Subdivision de Meknès
Ouled el Hadj
Tougour
Missour
Bou Denib
Oued Guir
TAFILALET
Colomb Béchar
Ouezzan
BENI OUARAIN
RIATA
S bou Knadel
Kerrouchen
AIT YOUSSI
MARMOUCHA
Fez
Meknès
BENI M'GUILD
Oued Ziz
Ain Louh
S' Lamine
Od Zem
Boujad
Casbah Tadla
Korm el Abm
Beni Mellal
Azilal
Tanant
Rabat
Salé
Od bou Regreg
ZAIAN
Subdivision de Rabat
Subdivision de Casablanca
Casablanca
Mazagan
GRAND ATLAS
Subdivision de Marrakech
Oued Oum
Oued Tensift
Marrakech
OCÉAN ATLANTIQUE
PROTECTORAT MAROC.

est tout entière sur le territoire des Beni M'Guild, nomades dont les parcours s'étendent suivant une zone longue et mince depuis les environs de Meknès jusqu'à la Moulouya. Cette disposition naturelle de leurs possessions rend les Beni M'Guild très vulnérables et fait de leurs caravanes une proie facile pour les bandes des alentours. Aussi ont-ils compris tout de suite le bénéfice qu'ils retireraient de notre présence et 'nous offrirent-ils de les accompagner au moment de leur migration vers la Moulouya.

L'occupation de la route de Tarzeft n'a pas été par la suite aussi féconde en résultats qu'on aurait pu l'espérer. Les neiges la bloquent pendant l'hiver; nos postes sont isolés; leur rayonnement demeure restreint, leur ravitaillement pénible. La coupure ne prendra toute sa valeur que lorsqu'elle sera plus large et mieux desservie.

La route de Tarzeft n'est d'ailleurs pas la voie principale à travers le Moyen-Atlas; celle-ci passe à une trentaine de kilomètres plus à l'est sur le territoire des Aït Youssi et débouche, au sud, par les kasbas d'Endjil qui en défendent l'accès. C'est la voie impériale utilisée depuis des siècles pour aller de Fez au Tafilalet; elle est praticable en tout temps. Nous en tenons la partie nord par nos postes du haut Sebou. Endjil, d'autre part, est à portée de la main, en terrain découvert, pour une colonne venant de la Moulouya. L'occupation de cette deuxième ligne se présente comme assez simple, d'autant plus que les Aït Youssi ont longtemps obéi au makhzen et ne sont entrés qu'assez récemment en dissidence, à cause des exactions de leur caïd.

Le tronçon nord-est du Moyen-Atlas affecte la

forme d'un triangle isocèle, avec la route de Tarzeft comme base, la trouée de Taza et la Moulouya comme côtés. La montagne y prend un caractère encore plus âpre, plus tourmenté que dans le Sud-Ouest; certains sommets dépassent 3.500 mètres.

Cinq grands groupements l'habitent : les Aït Youssi et les Aït Tserrouchen à l'ouest, les Marmoucha sur les pentes de la Moulouya, les Beni Ouaraïn au centre, les Riata au nord.

A une des extremités, la moitié des Aït Youssi est soumise. Il en est de même à l'autre de la presque totalité des Riata. Ceux-ci, qui tiennent le bord méridional de la trouée de Taza, près de cette ville, ont longtemps passé pour les gens les plus turbulents de l'Empire. Le sultan Moulaye Hassan, qui tenta de les réduire par la force, fut battu à plates coutures, perdit tout son convoi et ne se sauva lui-même qu'à grand'peine. Plus tard, les Riata firent la fortune du prétendant Bou Hamara, puis leur défection marqua le déclin de cet aventurier. Le général Aubert les a obligés en 1918 à accepter notre autorité et ils nous ont loyalement soutenus depuis.

Les Marmoucha et les Aït Tserrouchen, aussi pillards que les Riata, nous sont restés hostiles et plus encore qu'eux, les Beni Ouaraïn, dont le pays est comme le donjon de la forteresse. Dans tout le nord-est du Moyen-Atlas on ne trouve pas de grands chefs de tribus comme chez les Zaïan et les Chleuh, mais les Beni Ouaraïn donnent asile à un de nos plus irréconciliables adversaires, Sidi Raho, qui nous combat depuis l'occupation de Fez. C'est un homme d'une quarantaine d'années, originaire des environs de Sefrou, où il avait tous ses biens qu'il a abandonnés à notre approche. Son désintéressement lui donne un.

crédit très étendu, grâce auquel il entretient l'enthousiasme guerrier chez les Beni Ouaraïn. Là, sans doute, nous trouverons le réduit de la résistance berbère.

Les Beni Ouaraïn ne se contentent pas d'attendre nos attaques. Ils font preuve d'un esprit agressif, qui se traduit par de fréquentes attaques contre les tribus soumises et des coups de main sur la route de Taza à Fez. Pour protéger ce long ruban, il a fallu multiplier les postes, les fortins, les blockhaus, construits le plus souvent aux abords immédiats du chemin. Leurs garnisons exercent une surveillance constante et en certains points on voit toute la journée des mitrailleuses en batterie sur la chaussée même, avec leurs équipes toujours prêtes à faire feu. Au mois de janvier dernier, une véritable bataille s'est livrée à 8 kilomètres seulement de la route, près du poste de Sidi bou Knadel; les tribus nous y ont infligé un échec, mais elles ont chèrement payé leur éphémère succès. Cette insécurité constante de l'importante artère qui relie l'Algérie au Maroc est un souci constant pour le Protectorat; de plus, l'armature défensive y est plus serrée, plus nourrie que partout ailleurs et exige des effectifs importants. Il serait donc extrêmement désirable de réduire ces tribus remuantes, mais toute action entraînerait de grosses difficultés dans ce pays si accidenté, d'autant plus que la pénétration politique s'est heurtée à une telle hostilité qu'elle n'a pu réaliser le moindre progrès. Contre les Beni Ouaraïn, la parole sera au canon, uniquement.

J'ai parlé avec quelque détail du Moyen-Atlas; je serai plus bref pour les deux autres régions insoumises, dont la pacification semble moins urgente.

Au nord, les confins franco-espagnols ont été pour
le Protectorat le front le plus dangereux pendant
toute la guerre, en raison de l'agitation entretenue
par les Allemands, agitation dont les effets se sont
fait sentir encore plusieurs mois après l'armistice.
Maintenant la ligne de nos postes, autrefois discon-
tinue, forme un barrage assez serré, à 30 kilomètres
de la route de Fez à Taza, pour la mettre à l'abri de
toute entreprise des tribus riffaines.

Au delà de cette ligne de postes, la profondeur
de notre zone demeure incertaine, car la convention
conclue avec l'Espagne en 1912, qui est censée en
établir la limite, est tellement imprécise, qu'il est
impossible de savoir où passe la frontière avant
qu'une commission ait interprété sur le terrain
même les stipulations toujours obscures, quelquefois
contradictoires, de l'accord.

On peut y distinguer, dès à présent, trois secteurs :
celui d'Ouezzan, celui de l'Ouerra et celui compris
entre les oueds Ouerra et Msoun. Le plus pénétrable
est celui de l'Ouerra, nos postes jalonnent le cours de
la rivière, au delà de laquelle la convention nous
attribue le terrain occupé par les tribus riveraines;
la principale, celle des Beni Zeroual, manifeste les
meilleures intentions à notre égard; il y aurait lieu
d'en profiter.

Au sud du Grand-Atlas, nos deux ennemis les plus
acharnés, El Hiba et le chérif Nifrouten du Tafilalet, sont morts. Leurs successeurs ne donnent pas
l'impression d'avoir hérité de l'influence qu'ils avaient
acquise. Leur politique, leurs projets n'apparaissent
pas clairement. Dans la plus grande partie de ces
vastes régions, nous continuons à nous servir des

grands caïds, dont les ressources propres suffisent à interdire le passage de l'Atlas et à préparer le terrain au delà.

Ainsi le caïd Goundafi réside en permanence à Tiznit au sud du Sous et fait régner le calme dans ce district. Le bassin supérieur du Draa relève du caïd Glaoui, dont l'autorité n'y est pas encore définitivement établie, mais qui y a déjà opéré à la tête de ses troupes et a su nouer des intelligences sur plusieurs points.

Enfin à l'est, nous sommes depuis l'occupation de Bou Denib, il y a douze ans, en contact direct avec les populations du Tafilalet. Tant que nous nous sommes contentés de tenir le bassin du haut Guir, nous n'avons eu affaire qu'à des bandes plus ou moins fortes que quelques troupes légères suffisaient à tenir en respect. Malheureusement, en 1916 on s'est laissé entraîner à fonder des postes dans la vallée du Ziz, partie septentrionale du Tafilalet, et la situation a changé. Nous avons eu à repousser de fortes attaques fréquemment renouvelées. Cet état de choses nous a condamnés à entretenir des effectifs relativement considérables dans une contrée lointaine, déshéritée, sans aucun avenir économique. Depuis la fin de la propagande allemande, une détente s'est produite. Les inconvénients de cette occupation prématurée ne s'en font pas moins sentir. Ils sont d'autant plus perceptibles que cette fausse manœuvre est la seule dans le développement de la pacification, qui, malgré tant de difficultés et de heurts imprévus, s'est poursuivie avec une logique si persévérante et une si belle harmonie.

La méthode qui y a été employée n'a pas varié depuis l'établissement du Protectorat. C'est toujours la combinaison de l'action politique et de l'action militaire mises en œuvre par les commandants des subdivisions militaires. Le nombre de celles-ci, primitivement de huit, a été ramené il y a peu de temps à six. La première, Casablanca, est tout entière en pays pacifié. La seconde, Rabat, n'a qu'un front très restreint, celui du Rarb. Les quatre autres sont beaucoup plus importantes et actives.

La subdivision de Taza, que commande actuellement le général Aubert, se confond à peu près avec l'ancien Maroc Oriental. Elle garde la moitié de la trouée de Taza, au nord vers le Rif, au sud contre les Beni Ouaraïn, devant la partie la plus élevée et la moins praticable du Moyen-Atlas. En outre, son front se prolonge suivant la moyenne Moulouya, au contact des Marmoucha.

La subdivision de Fez (général Bertrand) a un rôle ingrat ; elle semble vouée partout à la défensive, aussi bien au nord, dans le secteur de l'Ouerra, qu'au sud, face au Moyen-Atlas, dans la moitié occidentale de la trouée de Taza et la haute vallée du Sebou jusqu'à la route de Tarzeft.

La subdivision de Meknès (général Pocymirau) est la plus étendue. Elle englobe la route de Tarzeft, le tronçon sud-ouest du Moyen-Atlas (Zaïan et Chleuh), la haute Moulouya, le haut Guir et le Tafilalet.

Enfin, à la subdivision de Marrakech (colonel de Labruyère) est attribué le Grand-Atlas depuis sa soudure au Moyen-Atlas jusqu'à la mer. Nous avons dit que dans cette région nous nous limitions exclusivement à une action politique, confiée, sous notre contrôle, aux grands caïds. Les seuls points occupés par nos troupes sont aux deux extrémités : à l'est, trois postes coopèrent avec ceux de la subdivision de

Meknès à la surveillance des Chleuh; à l'ouest, la garnison d'Agadir barre la route maritime du Sous.

Cette très courte description suffit à indiquer la diversité de la physionomie du front; la ligne des postes, fort dense dans la trouée de Taza, s'espace à partir de Fez pour s'effacer complètement en face du Grand-Atlas.

Telles sont, en résumé, la situation actuelle et l'organisation militaire qui nous permettra d'achever la pacification.

CHAPITRE III

L'ACHÈVEMENT

L'achèvement de la pacification est une question dont l'aspect change avec celui qui l'envisage. L'habitant de la côte s'en soucie médiocrement; celui de l'intérieur s'y intéresse d'autant plus qu'il vit plus près de la périphérie. Le plus bouillant est sans doute le prospecteur, qui voudrait pouvoir exécuter des sondages aux points les plus reculés de l'Empire; le forestier demande qu'on protège la couronne de bois du Moyen-Atlas, gage de la richesse hydraulique du pays; l'entrepreneur de voies ferrées exige qu'on mette à l'abri ses chantiers dans la trouée de Taza. Le colon regarde vers les beaux pâturages de l'Ouerra. » Attention, dit le diplomate, n'allez pas trop loin de ce côté; pas de complications internationales. » Et, couvrant toutes les voix marocaines, arrivent les appels de France : « Quand aurez-vous terminé votre pacification? Quand nous rendrez-vous nos régiments? L'Allemagne ne désarme pas; les Américains sont partis; les Anglais ont démobilisé. Il nous faut des troupes sur le Rhin. Il nous en faut aussi en Cilicie, et en Syrie, et au Cameroun. Dépêchez-vous donc! »

Fort bien. Mais on ne va vite qu'avec des moyens : moyens militaires, c'est-à-dire effectifs; moyens de ravitaillement, routes et chemins de fer. Or il n'est pas question d'augmenter les effectifs et il faut du temps pour construire des voies de communication. De plus, si on veut trop se presser, on sera amené à lancer de grosses attaques, hâtivement préparées, dans la montagne; elles coûtent cher, n'obtiennent, quand elles réussissent, que des succès éphémères et sont souvent à recommencer. Nous en avons fait maintes fois l'expérience pendant la conquête de l'Algérie.

Au contraire la méthode mise en pratique au Maroc, d'apparence peut-être moins brillante, a obtenu des résultats solides, qui ont subi victorieusement l'épreuve la plus concluante, celle de la guerre européenne. Pendant cette longue période d'extrême tension, aucune insurrection n'a éclaté dans les régions soumises, pas un coup de fusil n'y a été tiré. Il semble donc logique de continuer à procéder comme par le passé, d'avancer sans arrêt, comme sans précipitation, en sériant les questions, en gagnant de proche en proche, en manœuvrant.

Des trois régions dissidentes, il y en a une qu'il y a avantage à laisser de côté, pour longtemps encore, c'est celle du Sud. Elle vit en marge du reste du pays, elle est pauvre, elle ne menace aucune autre province. Il a suffi jusqu'à maintenant de la faire surveiller par les grands caïds; rien ne nous engage à changer notre manière de faire. De même qu'en Algérie on a abandonné pendant plus de cinquante ans l'Extrême-Sud à lui-même, de même au Maroc les plateaux sahariens, sans intérêt politique, ni économique, ni militaire, peuvent rester dans leur état actuel. Le temps y travaille pour nous; la dissociation s'y fera automatiquement, peu à peu.

Dans le Nord, la situation est beaucoup plus complexe parce que nous n'y sommes pas seuls.

Si la frontière était nettement définie dans la partie de leur zone que les Espagnols ne tiennent pas, nous pourrions sans inconvénient, en cas d'agression, la franchir temporairement afin de poursuivre les tribus qui l'auraient elles-mêmes passée pour nous attaquer. C'est ce qui a été fait, dans des circonstances analogues, au sud-ouest du lac Tchad, où nos colonnes ont rejoint et battu Rabah, puis son successeur. L'Allemagne, qui n'occupait pas encore cette région de sa colonie, n'a élevé aucune objection. Il n'en serait probablement pas ainsi de l'Espagne, où le parti gallophobe ne perd jamais l'occasion de nous chercher querelle et de nous accuser des plus noirs desseins.

La prudence nous invite donc à éviter d'occuper non seulement les territoires qu'on peut nous contester, mais même ceux qui seraient exposés à des incursions venant de la zone espagnole. Ces considérations ne s'appliquent pas aux fractions méridionales des tribus de la rive nord de l'Ouerra, ni aux environs d'Ouezzan, ville située « à 25 kilomètres au moins de la frontière », aux termes de la convention de 1912. Ces districts sont fertiles, d'accès commode, et quand l'occasion se présentera de les faire rentrer de dissidence, il y aura lieu d'y procéder. C'est ce qu'on a fait à Ouezzan, cette année même.

Reste le Moyen-Atlas. Il ne s'agit pas d'en commencer la pacification, mais de continuer l'œuvre, dont les débuts remontent à l'été de 1915. Les événements ont pu rendre ses progrès moins rapides, faire remettre d'une campagne à l'autre telle de ses parties; ils n'en ont jamais arrêté le cours.

Le programme des opérations dans le Moyen-Atlas pour l'année 1920, tel qu'il a été élaboré l'hiver dernier, comprenait deux entreprises distinctes : réduction des Zaïan, occupation d'Endjil et de la moyenne Moulouya. La première a été menée à bonne fin au mois de mai. On a renoncé à la seconde pour les deux raisons suivantes : le ravitaillement des colonnes de la Moulouya devait être assuré jusqu'à Outat el Hadj par une ligne de chemin de fer à voie étroite remontant la vallée et s'embranchant sur celle de Taza à Oudjda près de Taourirt. On en poussait très activement la construction et on espérait la voir terminée le 1er juillet. Un ralentissement s'est produit, qui a fait prévoir un retard de deux mois environ dans l'achèvement des travaux. Ce contre-temps remettait à la fin de l'été l'opération projetée et ne laissait qu'une faible marge avant la mauvaise saison. D'autre part, les agressions des Beni Ouaraïn contre la route de Taza à Fez sont devenues si gênantes qu'il a semblé urgent de leur infliger une leçon et de déplacer vers le sud la barrière des postes de protection dans le secteur où elle est établie aux abords mêmes de la chaussée. Cette action de dégagement a été confiée au commandant de la subdivision de Taza ; à cet effet, la limite de celle-ci est reportée à l'ouest jusqu'à une vingtaine de kilomètres de Fez. Voilà pourquoi on a abandonné l'idée première d'occuper cette année la Moulouya moyenne et les kasbas d'Endjil.

Les deux opérations contre les Zaïan et les Beni Ouaraïn entraînent la création d'une série de postes, auxquels il faudra des garnisons, c'est-à-dire des effectifs. En outre, leur ravitaillement exigera des voies de communication nouvelles. Plus on avancera, plus le besoin s'en fera sentir. L'allure qui sera imprimée à la pacification dépendra donc en premier lieu des ressources en personnel et en matériel dont on disposera.

En 1914, lorsque la guerre vint brusquement interrompre le cours de la pacification du Maroc, le corps expéditionnaire comptait 60 bataillons d'infanterie à effectifs complets (1). Pendant les premières semaines du conflit européen, le Maroc fournit à la Métropole 38 bataillons, pris parmi les meilleurs, en échange desquels il reçut 19 bataillons territoriaux, puis 2 bataillons sénégalais de nouvelle formation et à peu près dénués de valeur militaire. De 1915 à 1918, il y eut de fréquentes relèves entre les fronts de France et du Maroc, qui se traduisirent encore par un affaiblissement de celui-ci, malgré la création de plusieurs bataillons marocains.

Depuis l'armistice les unités européennes et les cadres français des troupes indigènes ont été atteints par les deux grandes périodes de démobilisation de l'hiver 1918-1919 et de l'été suivant; les bataillons territoriaux notamment disparurent; en revanche, des régiments actifs arrivèrent de France.

Le ministre de la Guerre a pris l'année dernière des mesures pour mettre un terme à cette situation instable et reconstituer le corps expéditionnaire à peu près comme il l'était avant la guerre. Ces dispositions sont représentées par le tableau que voici :

NATURE DES UNITÉS	NOMBRE de bataillons
Zouaves.	6
Régiments mixtes coloniaux (6 européens, 13 noirs).	19
A reporter	25

(1) Afin d'alléger l'examen de la question des effectifs, je ne parlerai que des bataillons d'infanterie.

NATURE DES UNITÉS	NOMBRE de bataillons
Report.	25
Tirailleurs algériens.	18
Tirailleurs marocains	12
Infanterie légère d'Afrique	3
Légion étrangère.	7
TOTAL.	65

Telle était la situation au commencement de cette année. A première vue elle semblait meilleure que pendant la guerre et même qu'auparavant, puisqu'il y avait 65 bataillons au lieu de 60. Elle l'eût été en effet si ces bataillons se fussent maintenus à leur effectif normal. Malheureusement, si c'était à peu près le cas des unités indigènes, on ne pouvait en dire autant des européennes, passées à l'état de squelettes. Je prends au hasard une des situations d'effectifs de cette période. Les six bataillons de zouaves y mettent en ligne moins de 2.300 fusils, pas tout à fait 380 par bataillon. Chiffres analogues pour l'infanterie coloniale et les bataillons d'Afrique. Le glorieux régiment de marche de la légion étrangère, revenant du Rhin, comptait 552 rationnaires, soit environ 180 par bataillon.

Ainsi le corps expéditionnaire souffrait d'une crise inquiétante d'effectifs, que devait aggraver encore la démobilisation de la classe 1918. On a bien envoyé des recrues de France, mais ils arrivaient sans la moindre instruction militaire, de sorte qu'on ne pouvait compter les utiliser avant l'automne. Au moment d'entamer la campagne de 1920, la plupart des unités européennes auraient donc virtuellement cessé d'exister, tandis que l'encadrement des unités indigènes serait devenu tout à fait insuffisant.

Or cette faiblesse de l'encadrement pouvait avoir les plus graves conséquences. N'oublions pas que le manque de cadres a été la principale cause de la mutinerie des tabors chérifiens en 1912. Cette année, le combat auquel je faisais allusion tout à l'heure s'est terminé par un sérieux échec pour la même raison. Deux compagnies de tirailleurs sénégalais formaient le centre de notre ligne, établie sur une crête pour couvrir la construction d'un blockhaus à 2 kilomètres du poste de Sidi bou Knadel. Au premier mouvement en avant d'un groupe de Beni Ouaraïn, qui n'était ni nombreux ni bien armé, les noirs lâchèrent pied ; seule l'intervention de plusieurs batteries en position près de la redoute évita un désastre. Or l'une de ces compagnies ne comptait que cinq Européens dans ses rangs, l'autre guère davantage. Cet exemple montre une fois de plus que les tirailleurs sénégalais d'aujourd'hui, recrutés et dressés hâtivement, ne valent pas grand'chose et que, s'ils ne sont pas solidement encadrés, ils ne valent plus rien du tout. La pénurie d'officiers et de gradés français dans les bataillons algériens et marocains nuit aussi, dans une moindre mesure il est vrai, à la qualité de ces unités. Il en résulte que le corps expéditionnaire du Maroc, avec une infanterie européenne sans effectifs et une infanterie indigène sans cadres, ne représentait plus qu'une force amoindrie et perdait chaque jour un peu de l'ascendant qu'il avait acquis sur les tribus berbères.

Aux grands maux, les grands remèdes. Mieux valait diminuer le nombre des bataillons et les étoffer, leur rendre leur vigueur d'autrefois. On disloqua la plupart des unités européennes, zouaves et coloniaux, afin d'y prélever des cadres de renfort pour les unités indigènes. Au même moment on constatait dans les dépôts de la légion étrangère, dont le recrutement s'était anémié du fait de la guerre, une recrudescence d'engagements : 800, puis 1.300 par mois. Cette aubaine imprévue a donné le moyen de combler les vides des trois bataillons du régiment de marche. Les quatre autres bataillons, si le courant se maintient, seront au point dans quelques mois. L'accalmie au Tafilalet a aussi permis de réduire les forces dans cette région et de procéder à un regroupement général avec lequel on a fait face tant bien que mal aux nécessités de la campagne d'été.

En même temps que des effectifs, la pénétration du Moyen-Atlas exigera des voies de communication nouvelles, pour les raisons exposées ci-dessus. Nous avons dit qu'on comptait terminer le chemin de fer de la vallée de la Moulouya cet automne. Parallèlement à ce travail, de l'autre côté du massif, on construit une ligne de Meknès à Aïn Leuh. D'abord préparée pour écartement de 60 centimètres, la plate-forme a été élargie à l'usage de la voie normale. On a projeté aussi de prolonger le chemin de fer militaire qui relie Casablanca à l'oued Zem jusqu'à l'Oum er Rbia, à Khenifra et Kasba Tadla.

Sur le versant occidental du Moyen-Atlas on est moins avancé que sur la Moulouya. La ligne d'Aïn Leuh ne sera pas terminée cette année. Quant à celles de l'Oum er Rbia, elles ne sont pas encore commencées; peut-être préférera-t-on, comme pour l'autre, employer tout de suite la voie normale; solution excellente si elle ne retarde pas le travail, déplorable si on doit se mettre à la besogne avec la même lenteur que pour la ligne de Tanger à Fez, dont la construction, décidée en 1911, a été conduite de telle manière qu'aucune section n'est encore terminée, neuf ans après !

La mise en exploitation des nouvelles voies ferrées de la Moulouya et de l'Oum er Rbia apportera à la pacification du Moyen-Atlas une aide des plus efficaces, mais qui n'est pas absolument indispensable. Au contraire la conservation des effectifs reste une condition nécessaire de son achèvement. Si elle est maintenue on peut prévoir que l'année prochaine on pourra, en y employant toutes les forces disponibles, amener les Beni Ouaraïn à composition. Leur soumission mettrait en fâcheuse posture le reste des tribus du tronçon nord-est, que l'occupation de la route impériale d'Endjil, pendant la campagne suivante, obligerait sans doute à se soumettre. Dans le tronçon sud-ouest la défection des Zaïan est un coup sérieux porté aux Chleuh qu'on prendra bientôt à revers par l'élargissement dans leur direction du rayon d'action de la route de Tarzeft. Il n'est pas téméraire d'escompter que deux années suffiront à leur imposer l'autorité du Sultan. Ainsi, en 1922, le Moyen-Atlas serait entièrement purgé de dissidents.

De pareilles prévisions sont forcément assez vagues. Au Maroc, comme ailleurs, on ne saurait fixer d'avance la marche des événements. Il est possible que ceux-ci progressent plus vite, car à côté du plan que l'on suit, il y a l'occasion qu'on peut saisir. Il est possible aussi que des circonstances imprévues retardent la réalisation du programme.

Ce que nous voulons dire, c'est que dans des conditions normales, avec des effectifs normaux, il faut considérer qu'une période de deux ans doit suffire à la pacification du Moyen-Atlas.

Ce résultat obtenu, nos troupes n'auraient qu'à

surveiller les confins espagnols, les cols du Grand-Atlas et le Tafilalet. A la même époque le port de Casablanca serait très avancé, les routes et les chemins de fer permettraient de ravitailler aisément les garnisons éloignées. Le *corps expéditionnaire* deviendrait un simple *corps d'occupation* composé seulement d'unités marocaines et européennes. Il n'est pas impossible que l'immigration française soit déjà en mesure de fournir la plupart des recrues de celles-ci. Alors on restituerait à l'Algérie ses spahis et ses tirailleurs, à l'armée coloniale ses régiments mixtes et son artillerie. Le Maroc cesserait de faire appel aux contingents du dehors et se garderait avec ses propres ressources.

Mais — et on ne saurait trop y insister — cet avenir est fonction de l'état des unités qu'on emploiera pendant les deux prochaines campagnes. Toute économie mal comprise dans l'envoi des renforts ne pourra que prolonger la situation actuelle, retarder la pacification et la réduction des effectifs qui en sera la conséquence immédiate.

CHAPITRE IV

LES AGISSEMENTS ALLEMANDS AU MAROC
PENDANT LA GUERRE

———

Dans l'exposé succinct des étapes de la pacification, je n'ai fait que quelques allusions à l'action allemande au Maroc pendant la guerre, afin de ne pas alourdir ce résumé. Les longues intrigues de nos adversaires méritent cependant un examen attentif. Revenons donc à cette matinée d'août 1914 où la police arrêta à leurs domiciles les ressortissants ennemis de la zone française.

Avant la guerre l'Allemagne avait entretenu au Maroc, comme partout, un service d'agents secrets. Leur propagande tombait d'un seul coup dans un désarroi complet. Le réseau d'espionnage savamment tissé depuis des années disparaissait en un jour. Jusque-là, nos antagonistes avaient travaillé sur le territoire même du Protectorat. Cette base avantageuse ne pouvait plus servir; il fallait en trouver une autre, car l'Allemagne prétendait bien ne pas renoncer à nous créer des difficultés au Maroc, qu'elle considérait comme la partie de notre empire colonial la plus dangereuse pour nous.

L'Espagne et ses possessions du nord de l'Afrique semblèrent le terrain d'action le plus propice à nos ennemis pour leurs entreprises. L'ambassade de Madrid fut chargée d'en assumer la direction, mais, comme les diplomates qui en composaient le personnel n'entendaient rien aux questions musulmanes en général et à celles du Maroc en particulier, on leur adjoignit tout un état-major de spécialistes qui se mit aussitôt à l'œuvre.

Son premier soin fut de couvrir le sud de l'Espagne de ses officines; on en fonda à Séville, à Cadix, à Algésiras, à Malaga et jusqu'à Barcelone. Puis on se mit en devoir de dresser un plan de campagne. On songea d'abord à se servir des sultans déchus qui résidaient à Tanger. Le choix des Allemands se porta sur Abd el Aziz, moins déconsidéré que son frère Hafid. On comptait utiliser son nom pour provoquer une espèce de soulèvement légitimiste et la propagande commença dans ce sens. On n'avait négligé qu'une formalité : celle de s'entendre avec l'intéressé. Celui-ci, dès qu'il fut au courant de ce qui se tramait, vint très loyalement en prévenir les autorités françaises et, pour couper court à toute intrigue, se rendit en France, où il resta jusqu'à la fin de la guerre.

Il fallut donc se rabattre sur Hafid, malgré le peu de garanties qu'il offrait. Les propositions allemandes le trouvèrent assez perplexe, car nous lui servions une pension de 375.000 francs à laquelle il tenait; mais il ne put résister longtemps à sa manie de pêcher en eau trouble et passa en Espagne, où on ne le vit plus que flanqué d'Allemands ou de Turcs. Il écrivit à tous les chefs dissidents du Maroc, mais se garda d'y rentrer lui-même. Il reçut d'abord 30.000, puis 50.000 pesetas par mois, sommes dont il usait moins pour sa cause que pour ses plaisirs. Son attitude scandaleuse pendant un séjour à Saint-Sébastien obligea le Gouvernement espagnol à l'interner à l'Escurial. Nous avons naturellement cessé de lui payer sa pension; les Allemands ne lui donnent plus rien depuis longtemps, de sorte que l'ex-souverain reste à la charge de l'Espagne, assez embarrassée de cet hôte encombrant.

Ayant échoué dans leur politique dynastique, les Allemands voulurent étendre jusqu'au Maroc le mouvement panislamique qu'ils essayèrent de fomenter dans toute l'Afrique du Nord dès l'entrée en guerre de la Turquie. A cet effet, ils firent venir en Espagne un lot d'officiers ottomans. Ceux-ci, voyageant sous des noms bulgares, prirent à Gênes un paquebot de la ligne Buenos-Aires, quittèrent le bord à l'escale de Barcelone et vinrent se mettre à la disposition de l'ambassade de Madrid. On n'en tira pas grand'chose. Deux d'entre eux seulement remplirent des missions au Maroc. Les autres préférèrent mener joyeuse vie en Espagne; il y en eut même un qui nous offrit ses services pour la bagatelle de 500.000 francs.

La propagande panislamique s'accommode mal des conditions spéciales qu'elle trouve au Maroc. La population n'y reconnaît pas le sultan de Constantinople comme successeur du Prophète; elle dit la prière au nom du souverain régnant de la dynastie chérifienne, descendant direct de Mahomet. Aussi les factums germano-turcs répandus dans le pays n'eurent-ils que peu ou pas de succès.

Cette série de mécomptes prouva aux Allemands qu'il était prudent de se méfier des intermédiaires et qu'ils trouveraient avantage à opérer eux-mêmes en recrutant des partisans au Maroc et en y envoyant leurs propres agents.

Le premier chef indigène auquel ils s'adressèrent fut tout naturellement Raïssouli, le fameux brigand de la région de Tanger, toujours prêt à se vendre au plus offrant. Il accueillit les propositions allemandes, se fit verser des subsides et entama une action de propagande antifrançaise, mais en évitant soigneusement de s'engager à fond. En dépit de son passé peu recommandable et de sa conduite envers nous, les Espagnols, désirant sans doute imiter notre politique dite des « grands caïds » qui réussissait si bien dans le sud du Maroc, imaginèrent de donner pleins pouvoirs à Raïssouli dans la région insoumise située entre Tanger, Tétouan et El Ksar. Ils le nommèrent « Grand Caïd de la Montagne » avec un traitement de 200.000 pesetas par mois. Quoique devenu fonctionnaire castillan sous ce titre ronflant, Raïssouli n'en continua pas moins à exciter les tribus contre nous, à correspondre avec tous les dissidents du nord et du centre du Maroc et à servir d'agent de liaison entre les Allemands et eux. En février 1917, les Espagnols rompirent avec Raïssouli, qui s'était consciencieusement moqué d'eux. L'ambassade allemande de Madrid cherchait à ce moment à provoquer une action d'ensemble de tous les rebelles et lui offrit un million pour nous attaquer de concert avec El Hiba, Abd el Malek et les chefs du Moyen-Atlas. Il empocha l'argent et ne bougea pas. En somme, le vieux forban ne s'est jamais occupé que de son intérêt personnel et n'a mis son influence au service de ses bailleurs de fonds que dans la mesure strictement nécessaire pour obtenir de nouveaux subsides.

Tout autre était Abd el Malek, petit-fils de l'ancien émir algérien Abd el Kader, que les Allemands gagnèrent à la fin de 1914. J'ai eu l'occasion de rencontrer ce personnage il y a dix-sept ans au camp du rogui Bou Hamara, dont il était le principal conseiller.

Élevé en Syrie, où il avait reçu une bonne instruction, il se distinguait déjà alors par une ambition effrénée, le besoin de paraître, de jouer un grand rôle, et aussi par son animosité envers les Français. Chargé de m'interroger à mon arrivée, il s'en acquitta de la plus mauvaise grâce du monde, prétendant ne pas comprendre notre langue, qu'il parlait à merveille. J'eus à souffrir de son hostilité pendant tout mon séjour chez les insurgés.

Lorsque Abd el Malek vit l'étoile du rogui pâlir, il changea de camp et reçut un commandement du sultan Abd el Aziz. A la déclaration de guerre il exerçait les fonctions d'inspecteur des tabors de police à Tanger. C'est là qu'en janvier 1915 il vendit ses biens, puis il s'enfuit vers le Rif. Le voyage commença mal. Son fils se suicida plutôt que de le suivre. Il n'en persévéra pas moins dans son entreprise, mais à la première étape au delà de Tétouan, les Riffains volèrent ses bagages; à la seconde, ils se saisirent de sa personne. Les Allemands de Tétouan versèrent une rançon de 50.000 pesetas, moyennant laquelle Abd el Malek put continuer sa route.

Il se rendit d'abord chez ses anciens compagnons d'armes de l'époque du rogui, les Riata, au sud de la trouée de Taza, alors en pleine dissidence. Soit qu'il jugeât superflu de prêcher des convertis, soit qu'il se trouvât trop loin de la côte, il repassa bientôt dans le Rif et entreprit de soulever les tribus. Il était là à portée de Melilla, dont les Allemands avaient fait la base principale de leurs agissements au Maroc.

Ce point avait été judicieusement choisi. On ne pouvait souhaiter terrain plus propice. La population civile et militaire était animée contre nous d'une haine qui ne perdait aucune occasion de se manifester. Il n'y a qu'à lire ce que publiaient, aux premiers jours de la guerre, les feuilles locales, le *Debate*, le *Popular*, le *Telegrama del Rif*, pour être édifié sur les sentiments qu'on nourrissait à notre égard.

Les déserteurs de la légion étrangère furent accueillis à Melilla avec enthousiasme. Les autorités leur distribuèrent une indemnité journalière et cela se comprend à la rigueur, car ils manquaient de tout; mais ce qui est moins admissible, c'est qu'on les laissât se promener en toute liberté dans la ville. Quand l'ordre vint enfin de les évacuer sur Malaga, ils en furent prévenus à temps et la plupart s'enfuirent dans la montagne.

On vit bientôt arriver à Melilla, revêtu d'un nom d'emprunt qui ne trompait personne, l'ingénieur allemand Farr, jadis employé dans une mine des environs. Sous prétexte de prospections pour le compte d'une entreprise américaine, il se fit accorder toutes facilités de déplacement, accomplit une tournée de reconnaissance dans le Rif, retourna en Espagne chercher de l'argent, puis revint s'installer à proximité de la frontière, où il commença à recruter des troupes.

Il eut bientôt sous ses ordres une vingtaine de légionnaires et trois cents indigènes. Les tribus regardaient d'un mauvais œil ce chrétien qui rassemblait des forces. Un jour il se vit abandonné de ses soldats marocains, pillé et laissé sans ressources. A cette époque Abd el Malek revenait de chez les Riata. Farr se joignit à lui avec ses légionnaires, mais peu après tomba gravement malade. Une automobile militaire espagnole le transporta à Melilla, où il mourut.

Le vide laissé par la disparition de Farr fut vite comblé. Un autre agent allemand, Bartels, arrivait d'Espagne et prenait sa place. De ce moment datent l'organisation complète et le fonctionnement régulier du ravitaillement d'Abd el Malek en argent et en matériel. Plusieurs Allemands s'étaient établis à Melilla et y recevaient périodiquement les fonds que leur apportait de Malaga la maîtresse de l'un d'eux. Les sommes passaient au pacha de la ville, Bachir, qui les mettait sous enveloppe à l'adresse d'Abd el Malek; celui-ci en donnait régulièrement reçu. On a saisi une partie de cette correspondance. Les mensualités s'élevaient à 300.000 pesetas.

Le trajet entre Melilla et le camp des dissidents offrait quelque incertitude. Les caravanes se formaient près d'une villa de la banlieue où les affiliés, pseudo-commerçants allemands et officiers espagnols, se réunissaient sous couleur d'y prendre des leçons d'escrime; le maître d'armes était un insoumis italien. Les convois partaient de nuit; on y dissimulait généralement les billets de banque dans des paquets de bougies. Grâce aux complicités qu'on trouvait le long du chemin, les fonds arrivaient toujours à bon port. Plusieurs fois des patrouilles espagnoles arrêtèrent les muletiers, mais elles les relâchèrent toujours en feignant d'ignorer le contenu des ballots. Quand les fonctionnaires locaux changeaient et qu'on n'était pas encore sûr d'eux, on adoptait de nouveaux itinéraires, mais après peu de temps, les choses rentraient dans l'ordre établi.

La contrebande d'armes présentait beaucoup plus de difficultés, car les fusils et les cartouches ne sont pas d'un maniement aussi commode que le papier-monnaie. On avait d'abord espéré pouvoir procéder de la même manière, par envois directs sur Melilla, mais un chargement important de fusils ayant été découvert dans des tuyaux de ciment et confisqué, il fallut recourir à d'autres voies. Plusieurs débarquements de mausers allemands et de munitions purent être exécutés sur des points favorables de la côte riffaine et pourvurent pendant quelque temps aux besoins des troupes d'Abd el Malek. Celles-ci reçurent même deux mitrailleuses, dont elles se servirent jusqu'au jour où notre artillerie les détruisit.

Plus tard, lorsque les croisières des navires de guerre alliés mirent fin aux débarquements clandestins, le matériel allemand fut remplacé par des armes espagnoles; le terrain des combats de 1918 était jonché de leurs chargeurs. Quant aux explo ifs employés pour faire sauter les ouvrages d'art de la voie ferrée de Taza, ils provenaient de la mine espagnole des Beni bou Ifrour.

Aux ressources provenant de la zone espagnole et à son encadrement de légionnaires, Abd el Malek dut de pouvoir adopter des procédés de combat tout à fait inconnus des indigènes du Maroc. Ses troupes attaquaient nos postes à la grenade; elles manœuvraient au clairon et au sifflet. Leurs camps étaient couverts par des réseaux de tranchées avec abris à l'épreuve de nos obus. La lutte au sud de Melilla se prolongea pendant trois ans avec le même caractère. Nos soldats de la région de Taza se voyaient sans cesse en butte aux offensives des gens d'Abd el Malek pendant que les tribus du Moyen-Atlas les prenaient à revers. Ce n'est qu'en septembre 1918 que les colonnes du général Aubert infligèrent aux bandes de l'aventurier une défaite décisive presque au même moment où elles obtenaient, vers le sud, la soumission des Riata.

Melilla, centre le plus important des menées allemandes au Maroc, n'était par le seul. Tétouan servait

surtout de bureau de propagande : de là on envoyait
à l'intérieur les journaux et les factums qu'on semait
à profusion à travers le pays. A Larache siégeait
l'agent allemand Kuhnel, arabisant réputé, qui avait
organisé la section d'art musulman de la dernière
exposition de Leipzig. Reconnu et dénoncé aux autorités espagnoles, il fut l'objet d'un arrêté d'expulsion, mais, par un singulier hasard, il s'échappa la
veille du jour où on devait l'embarquer et rejoignit
un lieutenant de Raïssouli, avec lequel il mena contre
nos garnisons du Rarb des attaques qui se renouve-
lèrent encore longtemps après l'armistice.

Enfin les Allemands ne négligèrent pas non plus
le sud du Maroc, où la colonie espagnole du Rio del
Oro devait leur servir de base, comme Melilla et Larache dans le nord. En 1916, les Espagnols y avaient
fondé le poste de Tarfaya, s'étaient abouchés avec
l'agitateur saharien El Hiba et ses frères, nos ennemis jurés, et leur avaient fait des cadeaux. Le 16 novembre, le sous-marin allemand *U-C 20*, sur lequel
avait pris passage l'ancien consul allemand à Fez,
Probster, vint s'embosser à l'embouchure de l'oued
Draa, à la limite du territoire espagnol, et tenta de
mettre à terre une cargaison d'armes et de munitions.
Une forte houle et les patrouilleurs de la division
navale française vinrent troubler la fête; le sous-marin dut reprendre le large sans avoir rien débarqué.
Probster resta seul et se rendit chez El Hiba, mais les
mains vides. Il réussit cependant à le décider à reprendre la lutte contre nous, puis alla aux Canaries
pour y organiser la liaison avec le consulat allemand
de Las Palmas. Fock, ex-consul à Rabat, y dirigeait
les opérations et alimenta El Hiba en argent pendant
les deux dernières années de la guerre. Les Allemands

se gênaient si peu qu'après une expédition heureuse d'un de leurs agents ils lui offrirent, au consulat d'Autriche, un banquet où l'on célébra bruyamment le succès de l'entreprise.

El Hiba ne se risqua pas à se lancer une seconde fois à la conquête du Maroc; le souvenir du désastre que lui avait fait éprouver le colonel Mangin au nord de Marrakech, en 1912, le fit hésiter. Il ne poussa pas plus loin que le Sous, où le général de Lamothe lui infligea une défaite complète. Battu et malade, El Hiba se contenta d'encourager nos autres adversaires et de leur faire parvenir des subsides allemands. Par son entremise, les chefs du Moyen-Atlas continuèrent à être soudoyés; à son instigation, un marabout du Tafilalet, Nifrouten, se souleva et, pendant près d'un an de combats acharnés, mit sérieusement en péril notre situation dans cette partie du Maroc, la plus éloignée de la côte.

Ainsi, grâce à l'excellente organisation de leur service d'espionnage, les Allemands ont répandu l'or jusque dans les provinces les plus reculées du Maroc et, pendant quatre ans, ont entretenu l'agitation en stipendiant tous les chefs dissidents. C'était de bonne guerre. Nos ennemis essayaient de nous nuire partout; ils en avaient le droit.

Ce qui ne s'explique guère, en revanche, c'est l'hospitalité complaisante qu'ils ont trouvée dans la zone espagnole. La loyauté du haut commissaire Jordana n'est pas en cause; il a donné maintes preuves de son désir sincère de faire cesser les agissements allemands, mais ce désir se heurtait à l'inertie du Gouvernement de Madrid et à la mauvaise volonté de ses sous-ordres. Quand, à grand'peine, le général Jordana obtenait l'expulsion d'agents germaniques ou la révocation de leurs complices espagnols, presque aussitôt surgissaient d'autres émissaires, et les nouveaux fonctionnaires se montraient aussi germanophiles que leurs prédécesseurs.

Plusieurs mois seulement après la fin des hostilités en Europe, on procéda enfin sérieusement au nettoyage de la zone espagnole en en éloignant les consuls et les espions qui avaient créé et entretenu les agences ennemies en territoire neutre. On est bien obligé de remarquer que les Espagnols finissaient par où ils auraient dû commencer et signaient ainsi eux-mêmes l'aveu de leur culpabilité. Le Gouvernement allemand, de son côté, l'a soulignée en décorant de la croix de fer, apanage des combattants, les Kuhnel, Bartels et autres individus qui avaient mené la lutte contre nous en se ravitaillant chez nos voisins.

Il ne nous appartient pas de rechercher les causes de l'attitude des autorités espagnoles. Les faits sont là, flagrants; ils se passent de commentaires. Nous nous contenterons donc de constater que les accords internationaux ont confié à l'Espagne un mandat administratif dans une partie du Maroc et que l'Espagne en a usé pour donner abri aux agents ennemis et faciliter leurs opérations. C'est un fait nouveau dont il y aura lieu de tenir compte chaque fois qu'on aura à discuter une question marocaine avec Madrid.

Nous nous rappellerons alors qu'au Maroc, pendant la guerre, tous les ports espagnols ont été des bases allemandes.

DEUXIÈME PARTIE

L'ORGANISATION ET LE FONCTIONNEMENT DU PROTECTORAT

CHAPITRE V

LE RÉGIME DU PROTECTORAT

La pacification du Maroc comprend deux parties. L'une, militaire et politique, dont nous venons de parler, s'exerce à la périphérie : c'est la besogne du corps expéditionnaire. L'autre, politique, administrative et économique, embrasse les régions soumises: elle n'est pas seulement l'œuvre des fonctionnaires, toute la population, colons, industriels, commerçants, y prend part, souvent sans s'en rendre compte elle-même. Son activité organise et stabilise le pays, l'assoit pour ainsi dire, et rend de jour en jour plus improbable un soulèvement là où l'ordre succède à l'anarchie, le labeur au pillage. Les indigènes n'y sont pas étrangers; chaque cultivateur marocain qui étend ses labours, chaque berger qui élève un troupeau au lieu de razzier les bêtes du voisin, chaque ouvrier qui s'embauche sur un chantier est un combattant de moins en même temps qu'un travailleur de plus. Ainsi se développe par le bas la collaboration des deux races qu'a sanctionnée, par le haut, la signature du traité de protectorat, le 30 mars 1912.

Le régime du protectorat a été appliqué de tous temps par les grands peuples colonisateurs. Les Grecs, les Romains l'ont déjà employé; de nos jours, les Hollandais, les Anglais, puis nous-mêmes y avons recouru.

Le système du protectorat répugne naturellement à nos hommes d'État, parce qu'il échappe au cadre rigide et universel de notre administration. On répète toujours que les Français ne sont pas colonisateurs; rien n'est moins exact; ce sont les gouvernements français qui ne l'ont pas été, parce que depuis Louis XIV, en passant par Napoléon, ils sont fondés sur la centralisation à outrance.

« Périssent les colonies plutôt qu'un principe », s'est écrié Danton. Précisément le principe appliqué à nos colonies a été celui de l'uniformité, le plus apte à les faire périr. Les techniciens de Paris échafaudaient un organisme copié sur celui de la Métropole et le faisaient appliquer partout, tout d'une pièce, dans toutes les parties du monde, chez les noirs, les blancs et les jaunes, indistinctement. Les descendants de vieilles civilisations, comme les Arabes et les Annamites, se voyaient mis sur le même pied que les Canaques d'Océanie ou les anthropophages du Congo.

Notre premier protectorat, celui de Tunisie, imposé par les conventions diplomatiques, rompait cette belle unité; aussi fut-il accueilli avec une extrême froideur. Son succès inouï, contrastant avec le marasme des vieilles colonies, obligea les plus récalcitrants à en reconnaître la valeur. Tous les gens clairvoyants se félicitèrent de voir adopter le même système au Maroc. Cependant il existe encore — et il existera sans doute toujours — un grand nombre d'irréconciliables, qui ne pourront se consoler de voir une partie de notre domaine colonial sans préfets, conseillers généraux, députés, privée des rouages de la vie publique de France, qui provoquent des discours au lieu d'actes et favorisent la routine au lieu de l'initiative.

Le Maroc peut moins que n'importe quel autre pays s'embarrasser d'une pareille organisation. Nous y avons trouvé un sol vierge, où tout fructifie prodigieusement. La plus grande difficulté est de ne pas être débordé par la rapidité de la croissance. Il y faut avant tout une forme de gouvernement capable de décisions promptes et de réalisations immédiates.

Voilà un premier argument en faveur du protectorat. Ce n'est pas le seul.

Si vite que se fasse l'immigration, les Français ne seront jamais en nombre suffisant pour assumer à eux seuls la tâche de développer le Maroc. Il y aura le plus grand avantage à s'adresser comme auxiliaires, non à des étrangers comme cela a été fait ailleurs, mais aux autochtones. Le Français a donc besoin de l'indigène.

Le Marocain est intelligent, travailleur, patient, doué d'une puissance d'assimilation remarquable et d'un sens très aiguisé de son intérêt. Il n'a rien de l'indolence de ses coreligionnaires orientaux. Ses qualités naturelles le disposent admirablement à l'évolution rapide qu'il va subir, qu'il subit déjà.

On ne peut s'empêcher, quand on a vu les deux pays, d'être frappé des analogies qui existent entre le Maroc et le Japon. Tous deux, au commencement du XVIIe siècle, ont été coupés en même temps du monde extérieur, l'un à la suite de l'expulsion des derniers Maures d'Espagne, l'autre à l'avènement de la dynastie des shogun Tokugawa. Ils ont vécu depuis repliés sur eux-mêmes, mais sans rien perdre de leurs qualités naturelles, de la riche sève qui les animait. Le Japon a pu accomplir sans secours extérieur la transformation merveilleuse qui l'a mis en une génération au niveau des puissances occidentales. Le Maroc en est incapable, parce qu'il manque à son peuple les qualités maîtresses qui seules ont pu rendre possible l'évolution spontanée des Nippons, l'union, la volonté, la discipline. C'est à la France que revient la mission de reconstituer l'unité de l'Empire chérifien et de le conduire dans la voie du progrès.

Ainsi les deux races ne peuvent se passer l'une de l'autre. L'une et l'autre ont besoin du protectorat pour harmoniser leurs efforts. Le respect du régime actuel est non seulement notre devoir, mais encore notre intérêt.

La tâche est singulièrement lourde, car au moment de l'établissement du protectorat, en 1912, nous nous trouvions devant le néant absolu. Le Sultan ne régnait que sur la partie de son empire tenue en respect par nos baïonnettes. Le vieil édifice de l'État marocain, qui menaçait ruine depuis si longtemps, s'était effondré. Notre rôle consistait d'abord à faire revivre le gouvernement déchu.

Mais au Maroc ce n'est pas seulement le makhzen qui est tombé en décadence depuis des siècles. La civilisation tout entière, naguère si brillante, les sciences, les arts, l'instruction, les métiers eux-mêmes ont subi une régression profonde. Là aussi il faut faire renaître ce qui est mort, avant que le peuple marocain atteigne un niveau capable de le mettre en état de réceptivité — qu'on me pardonne ce bar-

barisme expressif — de la culture moderne. Alors seulement on pourra utilement le familiariser avec nos méthodes. Dans aucun domaine on ne doit se montrer plus circonspect que dans celui-là, car une hâte exagérée conduirait à des catastrophes.

De récents exemples attestent le péril qu'il y a toujours à ne pas doser convenablement l'éducation d'une race dont l'état d'esprit est éloigné du nôtre. Est-il besoin de rappeler ce qui se passe aujourd'hui en Égypte, ce qu'on voit aux Indes depuis bien des années déjà? Dans ce vaste empire les peuples guerriers, dont l'assujettissement a coûté tant de luttes aux Anglais, sont maintenant leurs plus loyaux serviteurs; au contraire les gens du Bengale, soumis sans résistance, mais auxquels on a dispensé inconsidérément l'instruction secondaire et même supérieure sans leur assurer de débouchés correspondant à leurs connaissances, comptent une multitude de déclassés, qui s'agitent, complotent à la mode anarchiste et créent plus de difficultés à leurs maîtres que les farouches populations du Pendjab et les montagnards de l'Himalaya.

Ce qu'il convient d'éviter par-dessus tout, c'est de céder au mirage de la politique d'assimilation. Elle est vaine en pays d'Islam. Le maréchal Bugeaud a dit que si on faisait bouillir dans la même marmite une tête de Français et une tête d'Arabe, il en sortirait deux bouillons qui ne se mêleraient pas. C'est une boutade, mais elle est parlante. Entre le musulman et le chrétien, il existe un fossé que rien ne comblera. Je sais que chez beaucoup de tribus berbères le sentiment religieux n'est pas très fortement enraciné, mais il n'en reste pas moins une formation, une tradition séculaires qui persistent malgré tout.

Une autre tendance qui se rencontre chez beaucoup de Français, amis des musulmans mais ne les connaissant pas, consiste à vouloir se montrer toujours prêts à soutenir la cause de l'Islam en favorisant le culte, en subventionnant les fondations pieuses, en construisant des mosquées. L'intention est excellente, mais l'enfer est pavé de ces intentions-là. Il y a deux choses dont on ne doit jamais parler à un mahométan, sa religion et sa femme. Il les tient jalousement cachées des regards des étrangers; en les mentionnant on les souille à ses yeux. La foi musulmane et les coutumes qui en dérivent sont choses intangibles pour l'Européen.

Ces réserves faites, rien n'empêche le Marocain et le Français de s'entendre sur tous les terrains, économiques et même sociaux, où la religion n'est pas en cause. Il suffit que chacun reste à sa place et traite l'autre comme il convient. A ce propos on ne saurait trop déplorer l'attitude de certains Européens, nouveaux venus au Maroc. Il y en a qui arrivent comme dans un pays conquis, prêts à importer l'esprit de ces colons algériens qui affichent un mépris souverain pour l'indigène, le « bicot », et prétendent le traiter en vaincu, voire en esclave; d'autres, coupables de l'excès inverse, se répandent en familiarités non moins déplacées. Ceci me rappelle une expérience personnelle, il y a quelques années, à Java. Quand je partis de Batavia pour voyager à l'intérieur de l'île, le fonctionnaire qui me remit mon passeport esquissa une petite conférence sur la conduite à tenir avec les gens du pays. En termes courtois et précis, il m'expliqua le danger que les intempérances de langage et les fautes de tenue présentaient pour le prestige des blancs. « Il y a ici, dit-il, près de 30 millions d'in-

digènes et à peine quelques milliers d'Européens.
Nous ne maintenons notre autorité que grâce à une
administration paternelle, mais ferme, et nous comp-
tons sur le bon sens des étrangers pour qu'ils ne com-
promettent pas cette politique. » Là-dessus, il me mit
au courant de ce qu'il fallait faire et ne pas faire,
dire et ne pas dire, chaque fois qu'on se trouvait en
présence des Malais.

Je souhaiterais de voir acclimater cette habitude
au Maroc. En même temps qu'on vaccine l'immigrant pour le préserver de la petite vérole, pourquoi
ne pas l'immuniser contre d'irréparables maladresses
en lui indiquant en quelques mots, soit oralement,
soit par écrit, ce que sont les Marocains et quels rapports il convient d'avoir avec eux?

Voilà une bien longue digression, mais j'ai voulu
montrer quelques-uns des écueils qui nous guettent
dans l'évolution du Maroc. Cette évolution se fera
nécessairement; il faut veiller à ce qu'elle se fasse
pour et non contre nous.

Nous devrons la surveiller constamment, l'orienter
avec soin et patience. Pour cette œuvre délicate, le
régime du protectorat, étant le plus souple, sera le
plus efficace et le plus sûr. Seul il permettra de ne
pas heurter des susceptibilités, dont la méconnais-
sance provoque l'hostilité et quelquefois la haine.

Il y a protectorat et protectorat, comme il y a
fagot et fagot. On en a vu où le protégé, aussi puissant que son protecteur, gouvernait dans une indépendance complète. Dans d'autres, le souverain local
est un simple personnage représentatif et n'entre
aucunement en ligne de compte, pas plus que ses
sujets, dans la gestion des affaires politiques; c'est

l'annexion déguisée. D'un de ces extrêmes à l'autre s'échelonne toute la gamme des nuances. Laquelle s'adapte le mieux à la situation du Maroc?

En présence des magnifiques résultats obtenus par le Protectorat tunisien, il pouvait sembler naturel de l'appliquer au Maroc sans y rien changer. On eût commis ainsi une grave erreur, car les deux pays, s'ils ont bien des points communs, présentent aussi des différences très accusées.

La Tunisie, située au centre de la Méditerranée, où elle paraît se porter au-devant de la Sicile, n'a jamais cessé de subir l'influence de l'étranger. Avant notre intervention, on y voyait déjà d'importantes colonies européennes, des ports aménagés, quelques routes, même un chemin de fer. C'est une région de plaines et de collines, dont la population, en grande partie citadine, de mœurs douces, est surtout orientée vers le commerce. Le Maroc, dernière terre d'Islam, baigné par le flot rude de l'Atlantique, sillonné de montagnes hautes et abruptes, nourrit des campagnards et des guerriers. Depuis longtemps plus de communications avec l'extérieur; les ministres des puissances eux-mêmes n'étaient pas admis à habiter la capitale où résidait le Sultan et se voyaient relégués à Tanger, la « ville des chiens ».

Ce sont là bien des dissemblances. Plus frappant encore est le contraste entre les souverains des deux États. Le bey de Tunis, simple fonctionnaire turc qui s'est rendu indépendant, est issu d'une famille bourgeoise de Candie. Le sultan du Maroc, descendant et successeur du Prophète, à la fois chef spirituel et monarque temporel, appartient à la dynastie qui règne depuis trois siècles sur l'Empire.

De toute évidence une formule unique ne s'adaptait pas automatiquement à des contrées, des peuples, des États si différents.

Le facteur principal, celui dont nous avions à tenir compte avant tout au Maroc, était le délabrement absolu du pouvoir central et de l'administration dans toutes ses branches. Une réédification à peu près complète s'imposait, à laquelle succéderait un long travail de consolidation et de mise au point. Alors seulement on pouvait entrevoir le commencement d'une troisième phase : le développement des institutions reconstituées et fortifiées.

Nous nous proposons d'exposer la question de la réorganisation du gouvernement et de l'administration marocains d'après les procédés qui nous ont servi pour l'étude de la pacification, en examinant successivement la situation au moment de l'établissement du protectorat, les réformes accomplies, les résultats qu'elles ont donnés et ceux qu'elles laissent prévoir dans l'avenir.

CHAPITRE VI

LE GOUVERNEMENT MAROCAIN
AVANT LE PROTECTORAT

L'organisation administrative de l'Empire marocain a reposé de tout temps sur deux principes : la souveraineté absolue du Sultan et le fractionnement de la population en tribus. Théoriquement, le Sultan gouvernait l'ensemble de l'Empire et déléguait son autorité dans chaque tribu à un fonctionnaire muni de pleins pouvoirs, le caïd.

Les sultans de la dynastie actuelle, qui règne depuis le xviie siècle, sont chérifs, c'est-à-dire descendants directs de Mahomet. Leur personne est sacrée; ils détiennent la *baraka*, la bénédiction musulmane. Ainsi lorsque leur ancêtre Hassan vint d'Arabie au Tafilalet, la première récolte de dattes qui suivit son arrivée fut d'une abondance exceptionnelle, grâce à la baraka que le saint homme apportait dans les plis de son manteau. L'Empire marocain est donc une monarchie de droit divin au premier chef, spirituelle et temporelle.

Pour l'assister dans l'exercice du pouvoir, le Sultan s'entourait d'un certain nombre de vizirs, dont la réunion formait le makhzen. Leurs attributions étaient mal définies; quand nous les appelions ministres de la Guerre, des Affaires étrangères, des Finances, nous nous servions de dénominations un peu vaines et trompeuses. Qu'est-ce qu'un ministre qui n'a ni budget, ni comptabilité, ni archives et dont les bureaux se réduisent à une chambre de quelques pieds carrés, où il se tient assis avec deux ou trois secrétaires?

Souvent il arrivait qu'un de ces personnages prît sur le prince un grand ascendan . Il disposait alors d'une puissance presque illimitée, comme El Menebbi, ministre de la Guerre d'Abd el Aziz. Le favori évinçait alors ses rivaux, les remplaçait par des gens à lui et gouvernait à son profit, sans frein ni ménagement. Sa position restait toujours précaire; les intrigues du palais, les coalitions des courtisans le menaçaient sans cesse. Il lui fallait beaucoup de clairvoyance et d'adresse pour entretenir les bonnes dispositions du maître à son égard, éventer les complots et les déjouer en temps utile. La disgrâce du favori entraînait généralement, non seulement la destitution et l'éloignement, mais encore la confiscation des biens et quelquefois l'emprisonnement. Si Mohammed Seghir, un des vizirs les plus influents de Moulaye Hassan, fut arrêté à la mort de celui-ci et resta quatorze ans dans les geôles de Tétouan.

Les membres du makhzen n'étaient que peu ou point payés. Ainsi le délégué auprès du corps diplomatique à Tanger, fonctionnaire assimilable à un ministre des Affaires étrangères ou tout au moins à un ambassadeur, touchait un traitement annuel de 8.000 francs environ; son principal adjoint en recevait à peine 2.000. Dans ces conditions, ministres et employés n'avaient d'autre préoccupation que de remplir leurs poches dans la mesure où le permettaient les prérogatives de leur charge. La richesse des vizirs se mesurait à la longueur du temps qu'ils étaient restés en place.

Les postes gouvernementaux étaient naturellement fort recherchés. Les présents offerts au Sultan et à ses favoris constituaient les meilleurs titres à l'appui des candidatures. Il n'était pas rare de voir un postulant emprunter des sommes considérables destinées à faire valoir ses mérites; s'il réussissait à se faire agréer, l'argent des contribuables remboursait le prêteur. Vénalité, arbitraire, compétitions, voilà tout l'ancien makhzen.

Si du gouvernement central nous passons à l'administration régionale, caïds des tribus et pachas (gouverneurs) des villes, nous y trouvons les mêmes vices, les mêmes appétits, une égale indifférence pour le bien public.

Le caïd est chargé, au nom du Sultan, de conduire les guerriers de sa tribu en campagne, de rendre la justice pénale et d'en assurer l'exécution, de recouvrer l'impôt.

L'organisation du système judiciaire de l'Empire chérifien se divisait en deux parties. Les caïds et les pachas s'occupaient de la justice répressive, les cadis, lettrés versés dans les préceptes du Coran, des causes civiles, immobilières et de statut personnel, en un mot de toutes les questions relevant de la loi islamique.

Les fonctions judiciaires des caïds et pachas leur donnaient la possibilité d'emprisonner à leur guise les gens inoffensifs et de ne les relâcher que contre rançon, ce qui constituait une des principales sources de leurs revenus.

La justice du cadi s'entourait de plus de formes. Tandis que le caïd ne prononçait que des sentences verbales, exécutoires sur-le-champ et se gardait d'en conserver trace, les arrêts du cadi étaient toujours enregistrés. Tout plaignant devait d'abord faire rédiger l'énoncé de ses griefs par un notaire, puis le présentait au cadi en fournissant en même temps une liste de douze témoins et un cautionnement destiné à assurer le paiement des frais. Il était alors admis à soutenir sa cause lui-même ou par l'intermédiaire d'un avocat. Si le jugement ne lui était pas favorable, il lui restait la ressource de consulter un expert et de porter devant le cadi la décision de cet arbitre. Cette procédure eût présenté certaines garanties si toutes les opérations se fussent faites en séance; mais elles s'exécutaient séparément et à des jours différents, en sorte que les arguments sonnants finissaient généralement par prévaloir. Quoi qu'il en soit, les cadis faisaient preuve d'une moralité un peu supérieure à celle des autres fonctionnaires; on rencontrait parmi eux les derniers Marocains pour lesquels la probité et l'impartialité n'étaient pas des mots vides de sens. Les connaissances dont il leur fallait justifier pour obtenir leur emploi maintenaient leur corporation à un niveau relativement élevé.

Aucune condition du même genre n'était exigée des caïds. Lorsqu'un poste devenait vacant, on voyait arriver à la Cour une foule de solliciteurs. Les autorités consultaient pour la forme les notables de la tribu et donnaient la charge au plus offrant. Le nouveau caïd recevait un sceau et une lettre d'investiture qu'il faisait lire dans les mosquées et les marchés du territoire soumis à sa juridiction. Il était désormais libre d'y agir à son gré, à la seule condition de verser au Trésor impérial la somme fixée comme impôt de sa tribu.

En principe, les contributions consistaient surtout dans les dîmes coraniques portant sur les récoltes et la valeur du bétail. Si la perception de ces redevances se fût effectuée régulièrement, elles n'eussent pas imposé aux indigènes une charge exagérée. Il fut une époque où l'assiette de l'impôt était établie équitablement, du moins les historiens le racontent; ils parlent d'une carte cadastrale établie en 1160 par un des souverains almohades. Les choses ont bien changé; à mesure que l'autorité des sultans a décliné, les caïds, échappant de plus en plus au contrôle du makhzen, en ont profité pour pressurer davantage leurs administrés.

Afin de mettre un terme à ces exactions, le makhzen remplaça, vers le milieu du siècle dernier, les dîmes par une taxe globale, dont le montant équivalait approximativement à leur rendement. Ce ne fut qu'un court répit. Les dépenses du Sultan augmentaient à vue d'œil; on éleva à mesure le chiffre des versements de chaque tribu. La population se vit plus lourdement grevée que jamais. Par exemple la somme à payer par les Chaouïa, primitivement fixée à 90.000 francs, avait été portée à 1.200.000 après la guerre de 1860 contre l'Espagne. Si on ajoute à ces charges écrasantes les suppléments que les caïds prélevaient à leur profit, on comprend que la population n'ait pu supporter un pareil despotisme et que des insurrections aient éclaté dans tout l'Empire.

Les rebelles ne faisaient d'ailleurs que se conformer aux plus antiques usages. De tout temps, les tribus les plus éloignées et les moins accessibles se sentant assez fortes pour résister aux armées du Sultan ont refusé de payer l'impôt et ont vécu dans une indépendance complète; presque tous les montagnards berbères étaient dans ce cas. On appelle le territoire qui échappait ainsi à l'autorité des souverains *bled es siba*, pays insoumis, par opposition au *bled el makhzen*, pays de gouvernement. Les régions soumises ont souvent suivi l'exemple des territoires siba, lorsque les exigences du makhzen devenaient trop vexatoires. Il fallait alors organiser des expéditions militaires pour les réduire et « manger » la tribu révoltée, besogne dont les contingents chérifiens s'acquittaient consciencieusement. Les sultans se mettaient généralement à la tête des troupes. Quelques-uns d'entre eux ont ainsi passé la plus grande partie de leur règne en campagne; le fameux Moulaye Ismaïl aurait, si l'on en croit la tradition, guerroyé treize ans sans se déshabiller.

La position des caïds, exposés à la fois aux rancunes des contribuables et à l'impatiente avidité du Gouvernement, était délicate; ils se voyaient placés entre l'enclume et le marteau. Certains hommes habiles excellaient à dépouiller leurs administrés sans les faire trop crier et, en même temps à n'envoyer aux autorités qu'une modeste part du produit de ces opérations. D'autres s'en tiraient moins bien. Malheur à l'imprudent qui amassait trop de richesses sans s'être assuré des bonnes dispositions du Sultan. Un beau jour les argousins du makhzen s'abattaient sur sa demeure, la démolissaient pour découvrir le trésor caché et, s'ils n'y réussissaient pas, traînaient jusqu'à la capitale le fonctionnaire suspect; là de savantes tortures lui déliaient la langue; sinon les portes de la prison se refermaient sur lui jusqu'à ce que sa famille désintéressât le fisc. C'est ce qu'on appelait « faire un caïd ». Malheur aussi à celui qui escomptait avec trop de confiance l'appui des troupes impériales et opprimait ses administrés avec exagération. Une révolte éclatait; on le chassait; on brûlait sa kasba, quelquefois on le massacrait lui et les siens. Au XVIIIe siècle, les gens de Rabat, non contents de tuer leur pacha, le firent couper en morceaux et obligèrent les bouchers juifs à détailler cette chair dans leurs échoppes. Le Sultan marcha contre la ville pour la châtier, mais on envoya au-devant de lui des ambassadeurs munis de présents, et l'affaire s'arrangea.

Après les colossales augmentations de l'impôt qui suivirent la guerre contre l'Espagne, les caïds, en présence de l'effervescence générale, se virent obligés de fuir ou de faire cause commune avec les tribus contre le makhzen. Le sultan Moulaye Hassan (1873-1894), pour obliger ses sujets à rentrer dans le devoir, dut rivaliser d'activité guerrière avec son illustre aïeul Moulaye Ismaïl. Il combattit sans trêve ni repos, du Sous à Oudjda, de Tanger au Tafilalet. Mais c'était aussi un profond politique, qui sut à merveille mettre à profit les rivalités des caïds dissidents et des tribus insoumises. A sa mort, le chambellan Ba Ahmed se saisit du pouvoir et sut mieux encore obtenir d'importants résultats par d'adroites négociations pendant ses six années de gouvernement.

Le régent s'éteignit au moment où le sultan Abd el Aziz parvenait à l'âge d'homme. On sait comment ce prince s'entoura d'étrangers, indisposa ainsi tous ses sujets et vida le Trésor pour satisfaire ses goût puérils et dispendieux. Sous son règne, la tradition du vieux makhzen se perdit. Les favoris que le jeune souverain éleva au viziriat ignoraient tout de la politique de tribus, si adroitement maniée par les gouvernements précédents. Les quelques qualités de l'ancien régime disparurent, il n'en subsista que les faiblesses, les tares, auxquelles s'ajoutaient des vices nouveaux et une insatiable rapacité.

Si néfaste qu'eût été le règne d'Abd el Aziz, il fut dépassé en abjection par celui de Moulaye Hafid. Prince cupide, cruel et fourbe, il acheva de ruiner l'État, dilapida le domaine chérifien, s'attaqua même aux biens des fondations pieuses et précipita l'effondrement du Gouvernement marocain..

Lorsque fut signé, le 30 mars 1912, le traité qui attribuait à la France la mission de veiller sur les destinées du Maroc, nous trouvions sur le terrain administratif un état de choses aussi difficile que dans le domaine militaire. Rien ne subsistait plus de l'organisation du Maroc d'autrefois.

Le Sultan, discrédité et honni, se dérobait à toute collaboration et ne songeait qu'à négocier au plus haut prix son abdication. Le makhzen, sans valeur et sans autorité, n'existait plus que de nom. Les tribus, en pleine révolte partout où nos troupes n'occupaient pas le territoire, s'épuisaient dans la plus complète anarchie. Tout était à refaire.

Pour rendre la vie aux institutions, il fallait des hommes capables d'en assurer la marche, et c'est ce qui manquait le plus. Les fonctionnaires de tout rang et de toute catégorie avaient participé au pillage des deniers publics et à l'oppression des contribuables. On peut affirmer sans exagération que du Sultan lui-même au plus humble employé, tous ceux qui détenaient une fraction du pouvoir ne la considéraient que comme une prérogative servant à leurs intérêts personnels et n'impliquant pour eux aucun devoir, aucune obligation. Pas un Marocain qui songeât à l'intérêt général, au sort de l'Empire.

Du côté français, le plus grand défaut était l'inexpérience. Sauf quelques officiers du Service des renseignements, certains agents des consulats qui s'étaient trouvés par leurs fonctions en rapport avec les indigènes, personne ne savait rien du Gouvernement, de la population, des mœurs. Encore, ces rares privilégiés ne résidaient-ils que depuis fort peu d'années au Maroc et leur rayon d'action était demeuré restreint. La plus grande partie du pays restait inconnue, avec de vastes régions encore inexplorées. Cependant, il importait de recruter sans délai un personnel nombreux, qui fût compétent, habile et d'une probité éprouvée, susceptible de résister, malgré la modicité des traitements, aux tentations qu'offrait un milieu où administrateurs et administrés n'avaient jamais vu qu'un régime de vénalité et n'attendaient pas autre chose des nouveaux venus.

Telles étaient les circonstances dans lesquelles débuta le Protectorat en 1912. Cette même année, j'ai fait mon dernier séjour au Maroc avant la guerre; en y revenant après sept ans d'absence, je ne l'ai pas reconnu. A la place du souverain corrompu et haï, on voit sur le trône un sultan dont la dignité de tenue est reconnue et appréciée de tous. Au lieu du makhzen, incapable, inconsistant, un gouvernement où Marocains et Français travaillent en harmonie, chacun dans sa sphère, administrant d'après les principes européens en respectant la religion, les coutumes, les intérêts des indigènes. Il y a sept ans, le Trésor était vide, les biens de l'État aliénés, les propriétés de mainmorte en péril. Depuis lors, le budget a passé de 16 millions à 183; une réserve de 30 millions a été mise de côté; le domaine public est reconstitué, les fondations pieuses sont préservées. Le fonctionnement de la justice, assaini par une surveillance étroite, ne donne plus lieu aux plaintes d'autrefois.

Grâce au régime nouveau, la population rurale, sûre du lendemain comme jamais auparavant, se fixe de plus en plus à la terre, étend ses cultures, commence à s'enrichir. Les routes, les chemins de fer, si médiocres qu'ils soient, facilitent l'écoulement des produits. Les immigrants européens arrivant chaque jour plus nombreux — un peu trop vite peut-être — développent le commerce, entreprennent déjà quelques industries, explorent les richesses du sous-sol. Partout l'activité, le travail, une ardeur croissante, éléments de la prospérité présente, gages d'une prospérité plus grande dans l'avenir.

Est-ce à dire que tout est parfait au Maroc depuis que nous avons pris en main les affaires publiques? Non, certes. Il y a eu de longs tâtonnements; des erreurs ont été commises. Trop de hardiesse ici; là, bien de la lenteur. On discerne encore beaucoup de lacunes à combler, de problèmes importants dont la solution n'apparaît pas. Mais à considérer l'ensemble des résultats obtenus en si peu de temps, malgré le bouleversement de la guerre, l'œuvre administrative du Protectorat est, comme le disait récemment le *Times*, un sujet de juste fierté pour la France.

CHAPITRE VII

LE SULTAN ET LE GOUVERNEMENT CENTRAL

———

Après avoir signé le traité de protectorat, Moulaye Hafid, par son inertie voulue et sa constante dissimulation, nous prouva qu'on ne pouvait attendre de lui aucun concours et qu'il se refuserait toujours à mettre en pratique l'accord auquel il venait de souscrire. On finit par s'en débarrasser en le reléguant à Tanger moyennant une pension de 375.000 francs, mais ses manœuvres perfides et ses protestations de ne vouloir servir les étrangers rendaient d'avance difficile la position de son successeur vis-à-vis de la population.

Le nouveau Sultan devait remplir deux conditions : d'abord accepter loyalement le principe du protectorat et l'appliquer, ensuite renoncer au dévergondage de ses deux prédécesseurs, qui avait scandalisé tout le pays et compromis la dynastie. Le choix qu'on fit de Moulaye Youssef a été particulièrement heureux. Fils de Moulaye Hassan, ce prince avait vécu jusque-là dans une obscure médiocrité, comme c'est ordinairement le cas pour les proches parents du Sultan qui ne sont pas investis de fonctions officielles. Il a justifié toutes les espérances qu'on mettait en lui. Les Marocains n'ont pas vu sans surprise que le premier Sultan du Protectorat était, de tous les souverains qu'ils avaient connus, celui qui remplissait le plus scrupuleusement ses devoirs religieux et le seul dont l'attitude ne prêtât pas à la critique.

Il ne faudrait certes pas croire que Moulaye Youssef jouit de la même popularité que ses ancêtres. Ses sujets n'oublient pas, malgré ses vertus privées, malgré les avantages matériels dont ils bénéficient depuis son avènement, qu'il a pactisé avec les chrétiens. Des années, des générations peut-être, passeront avant que ce sentiment s'efface, mais on peut affirmer qu'étant données les conditions dans lesquelles Moulaye Youssef a pris le pouvoir et l'exerce, nul n'eût mieux réussi à se faire accepter et à reconquérir une partie de l'autorité morale des sultans d'autrefois. La déférence que lui témoignent en toute circonstance les autorités françaises, le soin qu'elles prennent de restaurer le prestige du Trône et d'entretenir celui de l'Empereur n'ont pas peu contribué à ce résultat. Dans un pays où les manifestations extérieures influent si puissamment sur l'imagination populaire, on s'est attaché avec raison à rétablir et amplifier l'ancien apparat de la Cour impériale. J'ai eu l'occasion de faire moi-même la comparaison entre le passé et le présent, ayant assisté à huit ans de distance à deux cérémonies où paraissait le Sultan.

En 1911, lorsque la petite armée du général Moinier vint dégager Fez, Moulaye Hafid exprima le désir de se faire présenter les commandants des colonnes et leurs états-majors; j'appartenais à l'un de ceux-ci. Le Sultan se tenait dans un petit pavillon, contenant une seule chambre, au fond d'un vaste terrain vague, clos de murs. L'accès n'était rien moins qu'engageant; les pluies avaient transformé le sol en marécage et nous dûmes défiler devant une rangée de cadavres de chevaux qui pourrissaient à quelques pas de la salle d'audience. C'étaient les montures des notables d'une tribu venus faire acte de soumission; faute de nourriture, elles avaient péri, encore entravées à leurs piquets d'attache. Les honneurs étaient rendus par la Garde noire, indigne descendance du corps d'élite créé il y a deux siècles par le grand sultan Moulaye Ismaïl. Je n'ai jamais vu de troupe plus misérable. Qu'on se figure un ramassis d'infirmes, bossus, borgnes, boiteux, couverts de loques disparates, dont les moins avariées étaient des tuniques réformées de l'armée anglaise vendues à gros prix une dizaine d'années auparavant à Abd el Aziz par son conseiller écossais. Les pauvres soldats, pieds nus dans la boue, grelottant sous l'averse, paraissaient à peine capables de supporter le poids de leurs fusils rouillés. Pendant la présentation, un orphéon bigarré s'époumonnait à souffler dans des instruments de cuivre, chaque musicien s'acquittant de sa tâche aussi vite qu'il le pouvait, sans doute pour en être plus tôt débarrassé; un de mes camarades crut reconnaître dans cette cacophonie quelques mesures du grand air de *Norma*.

A la dernière fête du *Mouloud* (anniversaire de la naissance du Prophète) à Rabat, Moulaye Youssef, conformément à la tradition, agréa en grande pompe les délégations des tribus qui lui apportaient des présents. Dans l'immense cour extérieure sont massées les escortes des délégués, cavaliers montés sur de petits barbes aux mouvements vifs. C'est encore la Garde noire qui rend les honneurs, mais elle a bien changé d'aspect. Les fantassins, superbes gaillards à la stature de grenadiers, sanglés dans leur uniforme écarlate, gantés de blanc, couverts de buffleteries blanches, manœuvrent avec une impeccable correction. La fanfare de l'escadron est l'égale de celles de nos meilleurs régiments. Elle sonne la marche au moment où le Résident Général, la poitrine barrée du grand cordon de l'ordre chérifien, entouré de son état-major et d'un peloton de spahis algériens, arrive au galop se placer face à l'endroit où se tiendra le Sultan. La porte de la cour intérieure s'ouvre et voici Moulaye Youssef, tout de blanc vêtu, qui s'avance au pas tranquille de son robuste étalon gris; un parasol de velours vert le protège du soleil; deux serviteurs du palais agitent des linges pour chasser les mouches; puis vient, à pied, une suite nombreuse de chambellans et de valets. Le Sultan s'est arrêté. Sans un mot, sans un geste, avec l'impassibilité convenant à son caractère hiératique, il reçoit l'hommage de ses sujets, qui poussent devant eux les chevaux qu'ils lui offrent et les mulets chargés de cadeaux. La fanfare joue, les clairons sonnent, les tambours battent, le canon gronde. Le soleil fait flamboyer les tenues rutilantes et les manteaux blancs. La fête se prolonge jusqu'au soir, en présence de la foule attentive et réjouie.

On a aussi réglé minutieusement les déplacements du souverain lorsqu'il se transporte de l'une à l'autre de ses résidences. Quand, en 1918, il se rendit à Marrakech, il passa à l'intérieur du pays, coupant à travers le Tadla récemment pacifié, par un itinéraire que bien peu de ses prédécesseurs ont osé emprunter. C'est pendant son séjour dans la capitale du Sud que fut célébrée la nouvelle de l'armistice, avec une splendeur qui a paru vivement impressionner les indigènes.

Ces brillantes manifestations, dont le peuple avait depuis longtemps perdu l'habitude, compensent dans une mesure appréciable l'éloignement qu'il peut ressentir pour un régime associant officiellement au Sultan des conseillers étrangers.

Le principe du protectorat consiste à pourvoir les charges gouvernementales de titulaires du pays, dont l'administration est contrôlée par des représentants de la puissance protectrice. Cette conception idéale est rarement applicable, complètement du moins, au début; ce n'était certainement pas possible au Maroc en 1912, faute de fonctionnaires indigènes capables de figurer, même nominalement, à la tête de la plupart des services. On ne voit pas, par exemple, ce que signifierait un vizir des Travaux publics dans un pays où, avant notre intervention, il n'existait ni port, ni chemin de fer, ni route. D'où la nécessité de composer le makhzen de ministères chargés de s'occuper uniquement des institutions indigènes, puis de créer des services français pour toutes les branches intéressant l'ensemble de l'Empire.

En 1912, le makhzen se composait de cinq membres : 1° le grand vizir, équivalent d'un président du Conseil, ministre de l'Intérieur; 2° le ministre des Affaires étrangères; 3° le ministre de la Guerre, espèce d'intendant militaire; 4° le ministre des Réclamations, qui recevait les plaintes contre les employés de l'État; 5° le ministre des Finances, simple caissier du Trésor impérial.

Aux termes du traité du Protectorat, le Résident devenait ministre de la Guerre et des Affaires étrangères du Sultan. Dans la nouvelle organisation, le vizirat des Réclamations n'avait plus d'objet. Enfin, on eut bientôt l'occasion de constater que le ministre des Finances ne possédait pas de connaissances techniques suffisantes pour la gestion de son département. Quatre ministères sur cinq disparaissaient. L'organisme du makhzen apparaissait ainsi quelque peu anémique. On crut bon de lui infuser un sang nouveau en créant d'autres charges.

Ce fut d'abord le ministère chérifien de la Justice et du Culte, qui ne s'occupe bien entendu que de la justice indigène et dont le titulaire est un des jurisconsultes les plus érudits de l'Islam ; puis le ministère des Habous (fondations pieuses), dont les attributions consistent à administrer les biens de mainmorte. Enfin on a récemment constitué le ministère des Domaines. Voici donc le makhzen composé de quatre ministères, dont les opérations, comme nous le verrons plus loin, sont contrôlées par des agents du Protectorat.

En face du makhzen ainsi remanié, nous trouvons les directions et services français, qui suppléent à ses lacunes. Ils relèvent du Délégué à la Résidence, secrétaire général du Protectorat, qui remplace le Résident en son absence.

Les divers départements de l'Administration française peuvent être groupés en trois catégories :

1° Services administratifs proprement dits, qui centralisent les affaires concernant l'administration régionale. Ce sont : la Direction des Affaires civiles pour les provinces régies par les contrôleurs civils et la Direction du Service des renseignements et des affaires indigènes pour les régions placées sous l'autorité militaire (1) ;

2° Services économiques et financiers. Ce sont : la

---

(1) Le Service des renseignements est placé sous les ordres directs du Résident.

Direction générale des Finances, la Trésorerie générale, la Direction générale des Travaux publics, la Direction de l'Agriculture, du Commerce et de la Colonisation, le Service des domaines, le Service des eaux et forêts, le Service de la conservation foncière, l'Office des postes;

3° Services d'intérêt social. Ce sont : la Direction de l'Enseignement, la Direction générale du Service de santé et le Service des beaux-arts, antiquités et monuments historiques.

La simple dénomination de ces divers services suffit à en indiquer le caractère; cette énumération n'a d'ailleurs pas la prétention d'être complète; elle ne mentionne pas une multitude de rouages, dont l'exposé détaillé sortirait du cadre que nous nous sommes fixé. Ce que nous avons voulu montrer, c'est que le makhzen et les services français se complètent sans jamais se mêler; ils ne s'occupent pas des mêmes affaires. La séparation est très nette. Cependant, les deux administrations ne peuvent s'ignorer, d'autant plus que la législation préparée par le Protectorat, qui dispose à cet effet d'une section législative, est signée par le Sultan ou le grand vizir, suivant qu'il s'agit d'ordonnances (dahirs) ou de décrets (arrêtés viziriels); en outre, le contreseing du Résident est nécessaire pour la promulgation. Les pièces sont donc appelées à voyager entre les services et le makhzen, d'où la naissance d'un troisième organe que dirige le Conseiller du Gouvernement chérifien. Ce fonctionnaire est chargé de faire traduire les projets de loi, de les communiquer au Sultan et au makhzen, de leur en expliquer la teneur et de les discuter avec eux. Il agit en quelque sorte comme agent de liaison entre les deux administrations. Ce serait une erreur de croire que le Gouvernement chérifien enregistre purement et simplement les textes qu'on lui soumet. Le Sultan et son premier ministre présentent parfois des objections que leur connaissance des milieux indigènes leur permet de formuler. Leurs observations font souvent modifier, ajourner ou même rapporter certaines décisions. Tel a été le cas pour les lois sur l'enregistrement, les réquisitions militaires et bien d'autres. Comme on le voit, par une contradiction assez piquante, pour les questions législatives c'est le makhzen qui contrôle dans une certaine mesure l'administration française.

Pour l'exécutif, en revanche, nous contrôlons les vizirs. Cette mission est dévolue au Conseiller du Gouvernement chérifien, qui assume à ce titre des attributions tout à fait indépendantes de son rôle d'agent de liaison. Il les remplit avec l'assistance de fonctionnaires de son service, répartis en autant de sections qu'il y a de ministères dans le makhzen : la section d'État (pour le grand vizir), le service de la justice chérifienne, le service du contrôle des habous. En résumé, le Gouvernement central du Maroc se compose de trois éléments : le makhzen, les services francais, le Conseiller du Gouvernement chérifien.

Quelques mots sur le fonctionnement de ce gouvernement. Le grand vizir, Si Mohammed el Mokri, qui remplit sa charge depuis neuf ans, avec une interruption de quatre ans pendant la guerre, est peut-être le seul haut fonctionnaire de l'ancien régime capable, grâce à l'expérience qu'il a acquise au cours de ses séjours en Europe, de présider le makhzen et de se rendre compte des obligations nouvelles qui dérivent pour lui de l'établissement du Protectorat. Sa sagacité en fait un précieux collaborateur, dont il y a toujours profit à recueillir l'avis. Les autres membres du makhzen ont introduit dans leurs départements des procédés administratifs réguliers, avec comptabilité et archives; il n'est pas certain qu'ils apportent beaucoup d'ardeur à aérer le fatras des institutions qui relèvent de leur compétence et à les faire sortir de la pénombre si propice à la nonchalance comme aux fructueuses opérations des fonctionnaires chérifiens de jadis.

Passons à l'administration française. Ce qui frappe d'abord, c'est un fait matériel : l'humilité de son installation. A ce sujet, je me souviens de la première de nos colonies que j'ai visitée, le Gabon, il y a vingt ans. A mon passage à Libreville, je m'y trouvais le seul étranger au pays avec un touriste anglais. Débarqués du même paquebot, nous habitions la même masure, qui servait d'hôtel et de taverne. Je lui demandai son opinion impartiale sur ce qu'il avait vu. « Regardez, me dit-il, le gouverneur et les bureaux des fonctionnaires; ils sont logés dans un superbe palais en pierre, vaste, somptueux, abritant une horde d'administrateurs, d'employés, de commis, de scribes de toute sorte. Au-dessous, dans l'unique rue de la petite cité, nous apercevons une demi-douzaine de factoreries, nichées dans des paillotes à peine meilleures que les cases des indigènes. Voilà qui me dispense d'une appréciation quelconque. »

Si mon ancien compagnon de voyage est encore de ce monde et vient au Maroc, il y fera une constatation très différente. A Casablanca, métropole des affaires, l'artère principale se borde d'immeubles à six étages qui ne le cèdent en rien aux plus imposants de Paris. C'est là que sont établis les comptoirs des maisons de commerce, des entreprises industrielles et financières. Un d'eux a été vendu un million au lendemain de la guerre, avant la hausse des terrains. Les banques ont chacune leur hôtel avec des halls spacieux. Tel grand magasin tient tout un « bloc » à l'angle de la place de France, le point central de la ville, et y a édifié une construction massive, semblable à celles des établissements similaires du boulevard Haussmann.

A Rabat, la capitale administrative, le Résident Général habite l'ancienne demeure d'un vice-consul qu'on a élargie tant bien que mal en y ajoutant une aile disparate et des annexes en bois. Telle quelle, la maison ne suffit pas. Pour les réceptions officielles, on se voit obligé de déménager la salle à manger. Le 1er janvier dernier, les visiteurs venus présenter leurs souhaits au général n'ont pu tous, pendant qu'on prononçait les discours d'usage, trouver place dans cette chambre, pourtant bourrée comme un wagon de métro « aux heures d'affluence »; beaucoup d'entre eux étaient refoulés dans le vestibule.

Les bureaux des services ne sont pas mieux lotis. Ils sont hébergés dans des baraques en planches couvertes de tôle ondulée, glacières en hiver, rôtissoires en été, malgré le revêtement de chaume qu'on superpose à la toiture métallique. Les courants d'air y règnent en maîtres et bousculent les papiers lorsque le vent souffle. Les minces cloisons qui séparent les pièces laissant passer le bruit des conversations, des sonneries du téléphone sans cesse en branle : atmosphère peu propice au travail. On construit dans le haut de la ville des bâtiments moins primitifs, mais ils ne sont pas près d'être terminés.

En attendant, le confort manque dans les locaux où l'Administration du Protectorat accomplit sa besogne quotidienne. C'est une machine compliquée, sur laquelle on ne pourrait porter un jugement qu'en analysant chaque service. Nous nous contenterons de quelques remarques. On est surpris d'abord de la jeunesse de la plupart des titulaires des directions; plusieurs n'ont pas atteint la quarantaine. Il en résulte, chez eux, une grande activité, un esprit d'entreprise très développé. A en croire la rumeur publique, ils auraient les défauts de leurs qualités : débauche de lois et de décrets, déroutant un peu les administrés; tendance à trop centraliser, à ne pas laisser suffisamment d'initiative aux fonctionnaires régionaux, d'où des tiraillements, des lenteurs dans la solution de questions purement locales.

D'ailleurs, si ardents que se montrent certains de leurs chefs, les services n'en constituent pas moins une bureaucratie, dont les membres sont recrutés dans les bureaucraties plus anciennes de France et des colonies. Elle ne peut effacer en si peu d'années la tache originelle. Les vieilles habitudes de routine, de crainte des responsabilités, de laisser-aller se retrouvent chez les sous-ordres. Je n'en donnerai comme exemple que l'Office des postes, dont les employés subalternes ne mettent pas plus de diligence ni de complaisance à aplanir les difficultés que ceux de France et se réfugient volontiers dans le maquis des règlements pour s'excuser du fonctionnement détestable de leur service.

Le général Lyautey s'évertue, infatigable, à secouer la torpeur des fonctionnaires, à combattre leurs minuties, à leur prêcher que dans un État en rapide croissance comme le Maroc, il faut avoir les yeux fixés sur le but et non sur la procédure. « Pour aider à l'enfantement laborieux de ce pays, leur disait-il récemment, je ne veux pas voir des médecins de Molière en bonnet pointu et parlant latin, mais de robustes praticiens qui retroussent hardiment leurs manches et se mettent à la besogne. »

Cette préoccupation constante de raccourcir les étapes, d'abréger les formalités, a amené le Résident à créer un organe, dont je n'ai vu l'équivalent nulle part ailleurs. C'est l'Agence de liaison entre colons et services, qui dépend de son cabinet civil (1). Elle a pour objet de guider les particuliers dans leurs rapports avec l'Administration. Lorsqu'une personne se présente pour une affaire quelconque intéressant le Gouvernement central, l'agence de liaison lui indique d'abord le bureau compétent et l'y fait conduire; lorsque l'affaire est en train, elle en suit le cours, veille à ce qu'elle parcoure la filière administrative aussi vite que possible, ne s'arrête pas en route, ne dorme pas au fond d'un tiroir. Ainsi on évite bien des retards, bien des récriminations.

Cependant l'Administration de Rabat est en général peu populaire à Casablanca. La presse ne lui ménage ni les sarcasmes ni les attaques. Il n'appartient pas au voyageur qui passe de prendre parti. Tout ce qu'il peut dire, c'est qu'en revenant au Maroc après une longue absence on reste confondu devant le travail accompli et les résultats acquis.

-----

(1) Le Résident Général dispose de quatre cabinets : civil, militaire, diplomatique, politique, qui, comme le Service des renseignements et des affaires indigènes, sont à ses ordres directs et demeurent en dehors du reste de l'administration.

CHAPITRE VIII

L'ADMINISTRATION RÉGIONALE

———

L'administration des provinces est décentralisée. Le territoire pacifié a été divisé en plusieurs grandes régions; les unes, le long de la côte, relèvent des contrôleurs civils et de leurs adjoints; les autres, celles de l'intérieur, sont encore soumises à l'autorité du commandement militaire, assisté d'officiers du Service des renseignements. C'est par ces organes que le Protectorat vérifie la gestion des fonctionnaires marocains : caïds, pachas et cadis.

Dans son ensemble, l'ancienne structure de l'Administration chérifienne a été maintenue, mais on a apporté quelques modifications à ses attributions, à son fonctionnement. Les obligations militaires des caïds ont disparu; le recouvrement des impôts urbains a été enlevé aux pachas; seul le statut des cadis reste intact.

Les pachas, qu'autrefois le makhzen payait rarement, souvent même pas du tout, touchent maintenant un traitement fixe, proportionné à l'importance de la population qu'ils gouvernent. Ils représentent le pouvoir central, jugent les causes relevant du droit pénal et assurent l'exécution des sentences sous le contrôle français. La vénalité, l'arbitraire de leurs tribunaux ont fait place à une procédure en bonne forme, dûment enregistrée et par-dessus le marché expéditive, dont je ne puis mieux donner une idée qu'en décrivant brièvement la séance à laquelle j'ai assisté dans un port de l'Atlantique.

La salle d'audience est une chambre de la demeure du pacha sans caractère spécial, qui s'ouvre sur la cour intérieure. Le gouverneur, son *khalifa* (adjoint, remplaçant) et son greffier s'assoient devant une longue table où l'on voit un encrier, un buvard, des piles de papiers, des dossiers, à la mode européenne. Le contrôleur civil se tient un peu à l'écart, près du pacha; il n'adressera pas une seule fois la parole aux prévenus, et lorsque ceux-ci feront appel à lui, il leur indiquera d'un signe qu'ils doivent se tourner vers le gouverneur. Avant qu'ils soient introduits, le khalifa, agissant comme rapporteur, résume les résultats de l'instruction. Le rôle est peu chargé; presque tous les accusés ont avoué.

Voici d'abord Ahmed ould Lhassen, pâle adolescent habillé comme les balayeurs kabyles qu'on a vus à Paris pendant la guerre; employé chez un négociant espagnol, il lui a soustrait 90 francs, dont il a déjà rendu 55. On lui demande où est le reste; il a encore la somme, cachée dans sa chambre. Sur-le-champ il y est conduit par un agent de police et restitue les 35 francs qui manquent. Quatre mois de prison.

Omar ben Sliman, vieillard à l'aspect de patriarche, est poursuivi pour une dette déjà ancienne, qu'il reconnaît, mais refuse d'acquitter, prétendant n'en avoir pas les moyens. On sait pertinemment le contraire; aussi l'envoie-t-on méditer entre quatre murs jusqu'à ce qu'il consente à s'exécuter. Cette attitude est fréquente, me dit-on, chez les débiteurs, mais leur intransigeance fléchit invariablement au bout de trois ou quatre jours.

Je passe sur les condamnations de plusieurs voleurs à la tire et à l'étalage pour en venir à un délit d'ivresse, dont répond Mlle Aïcha bent Abd es Slam, qui est *chira* (lisez artiste lyrique et chorégraphique). Elle s'est abominablement grisée dans le domicile familial, en compagnie de deux individus, dont l'un appartient à la police de la localité voisine, séparée par le fleuve de notre ville, depuis des siècles sa rivale et son ennemie; le crime est de ce fait sensiblement aggravé. Aussi la propre mère de la chanteuse, outrée de la conduite scandaleuse de sa fille, est venue elle-même la dénoncer aux autorités. Au Maroc, Mme Cardinal a des principes.

La prévenue, comme ceux qui l'ont précédée, ne pénètre pas dans la salle et reste assise en travers de la porte. Par dérogation aux usages locaux, qui exigent que les femmes soient strictement voilées, Mlle Aïcha doit à sa qualité d'artiste de pouvoir découvrir le haut du visage, laissant voir ses yeux qui sont fort beaux. Elle reconnaît de bonne grâce les faits, mais semble indignée de se voir seule mise en cause et de ne pas trouver ses complices à côté d'elle.

Le pacha lui reproche durement ses déportements. Qu'ont-ils de commun avec l'art dont elle fait profession? Peut-on tolérer qu'elle déshonore sa corporation? On sent qu'il va l'en exclure ou du moins lui infliger un long internement. Ici le contrôleur, qui jusqu'ici ne s'est pas mêlé aux débats, croit utile d'intervenir, car l'affaire peut avoir une répercussion qui n'échappe pas à sa clairvoyance d'administrateur. Il s'enquiert à voix basse auprès du gouverneur du degré de vogue de la chira; ses talents sont, paraît-il, fort goûtés des riches indigènes; elle est le plus bel ornement de toutes les fêtes. Le contrôleur exprime la crainte de voir créer des mécontents et conseille la clémence. La jeune personne s'en tire avec 100 francs d'amende et un mois de prison, au bout duquel elle sera rendue à l'admiration de la jeunesse dorée du cru. Cette affaire termine la séance.

Il est à remarquer qu'il n'existe aucun code, aucune échelle de peines fixée par la loi. Le juge prononce à son gré, se réglant uniquement sur la tradition orale.

L'administration des pachas est facilement surveillée parce qu'on les a sous la main et qu'ils ne jouissent que d'attributions restreintes. Il n'en est pas de même de celle des caïds, dispersés dans la campagne, où chaque agent du contrôle en a plusieurs à inspecter; en outre, ils ne sont pas investis que de fonctions judiciaires et d'administration pure, mais ont aussi le maniement de fonds importants, en tant que collecteurs des contributions directes.

Le nouvel impôt perçu sur les tribus depuis que le Protectorat a réformé les finances du makhzen s'appelle le *tertib*. Il ne diffère pas, quant au fond, des dîmes prescrites par le Coran, mais offre au contribuable, par son mode de perception, de sérieuses garanties. C'est une taxe frappant les revenus agricoles (récoltes, bétail, arbres fruitiers) et basée sur la déclaration de l'imposé. Cette déclaration est reçue par une commission de notables que préside le caïd et qui fonctionne au printemps de chaque année; c'est encore le caïd qui est chargé du recouvrement à l'automne suivant.

Les caïds ne reçoivent pas de traitement fixe, comme les pachas; leurs seuls émoluments consistent dans un prélèvement de 6 % sur le produit du tertib versé au Trésor. On a évidemment voulu les intéresser au rendement des taxes et les encourager à ne pas dissimuler les ressources de leurs tribus. On y est parvenu et il est même nécessaire de réagir quelquefois contre la tendance inverse. Quoi qu'il en soit, le système en vigueur rend la situation des caïds d'autant plus lucrative que leur commandement s'étend sur des populations plus nombreuses et plus riches. Pour les mettre à l'abri des tentations, il y aurait donc lieu de n'en conserver que le plus petit nombre possible, comme en Tunisie, où ils ne sont qu'une trentaine pour tout le beylicat. Or, au Maroc il en reste encore beaucoup, beaucoup trop assurément. On en compte par exemple 25 dans les Chaouïa, 48 dans la seule région de Rabat ! Dans ces provinces, chaque contrôleur a en moyenne une demi-douzaine de caïds à surveiller ; il n'y parvient pas facilement. Chaque fois que l'occasion s'en présente, on opère des réductions ; ainsi dans les Doukkala, on a abaissé le chiffre de 29 à 12, mais comme il n'est possible souvent que de procéder par extinction, il s'écoulera du temps avant qu'on atteigne une proportion raisonnable.

Les fonctions de caïd imposent au titulaire une certaine représentation, souvenirs des habitudes passées, à laquelle il ne saurait se soustraire sans déroger. Il reçoit fastueusement. Les repas qu'il offre à ses hôtes se composent d'une suite invraisemblable de plats ; on ne touche qu'à quelques-uns d'entre eux, le reste défile simplement sous les yeux des convives ; cela n'en coûte pas moins très cher.

Une autre source de dépenses est la jalousie qui règne entre les fonctionnaires marocains ; ils ne connaissent de repos que quand ils ont éclipsé leurs collègues par un train de maison plus luxueux. Il n'y a pas de sous-préfecture dans nos départements où on soit plus à l'affût des moindres actes du voisin que dans le bled marocain.

— Pauvre hère, me disait un d'eux de son rival le plus proche, il n'a pas d'électricité dans sa maison.

— Je plains mon ami, me confiait l'autre peu après, il n'a su encore trouver de quoi s'acheter une automobile, comme tous ses collègues. On dit qu'il négocie une Ford, qui a déjà servi. Moi j'ai une Panhard de 16 HP, toute neuve.

C'est naturellement la tribu qui fait les frais de ces largesses. Théoriquement, elle est à l'abri de l'oppression, mais en fait les vieilles pratiques ne sont pas mortes. L'administrateur tond ses administrés, quand il ne les écorche pas. Il ne craint plus les révoltes, grâce à l'appui des baïonnettes françaises, et en profite copieusement. La population est tellement habituée à cet état de choses qu'elle l'accepte et ne récrimine que quand les exactions dépassent la mesure, car elle redoute des représailles. Alors elle se plaint à l'officier de renseignements ou au contrôleur. Le caïd est réprimandé, mis à l'amende, voire révoqué s'il y a récidive ou si les extorsions sont exagérées, mais souvent on remplace alors un cheval borgne par un aveugle, car la conception d'une gestion honnête et désintéressée n'a pas encore pénétré dans les cerveaux marocains. L'épuration sera longue et elle ne pourra se faire que progressivement, avec prudence.

Malgré tout, les habitants de la zone pacifiée ont gagné au nouvel état de choses. Nous leur avons apporté un inestimable bienfait, la sécurité matérielle. Les insurrections, les répressions armées du makhzen, les luttes intestines, les pillages, les razzias ont cessé pour toujours. Chacun travaille aujourd'hui avec la certitude de recueillir les fruits de son travail, pour la plus grande partie du moins. A mes premiers voyages au Maroc, j'ai vu les campagnes désertées, les maisons rasées au niveau du sol, la terre en friche. Maintenant le pays est en pleine prospérité. Le cultivateur marocain vend à gros prix ses produits, et s'il achète plus cher son thé, son sucre et son drap, le bilan reste en sa faveur. Aussi étend-il ses propriétés; il ne vend sa terre à aucun prix. Plus de famine comme celles qui désolèrent les régions les plus fertiles il y a une dizaine d'années et obligèrent les paysans à se disputer les racines qui servent aujourd'hui de nourriture aux cochons. Les cultures se succèdent sans interruption sur d'immenses espaces. Tous les signes extérieurs témoignent d'un bien-être croissant. Aux tentes des douars se substituent peu à peu les huttes de chaume, puis les cabanes en torchis; déjà çà et là se dressent des maisons de pierre. Les importations de denrées destinées aux indigènes ont doublé en quantité, triplé, quintuplé parfois en prix. Telle maison de commerce qui vendait 50 pièces de soie en écoule plus de 500. Nos importations de sucre ont passé en sept ans de 16 à 56 millions, celles du thé anglais de 3 à 11 millions, les tissus de laine de moins de 2 millions à plus de 3 et demi. Mais il est un fait qui prouve mieux que toutes les statistiques les avantages que nous assurons aux tribus marocaines: pendant la durée entière de la guerre, malgré la nouvelle de nos premiers insuccès, malgré les excitations des dissidents, malgré la propagande allemande et l'or qu'ont distribué à profusion nos onnemis, nulle part, en aucun point, à aucun moment, ne s'est produit le moindre soulèvement dans la partie du pays soumise à notre administration. C'est la plus belle récompense de ceux qui ont organisé au Maroc le Protectorat français.

CHAPITRE IX

LES GRANDS CAÏDS DU SUD

La description que nous avons donnée de l'administration régionale ne s'applique qu'au nord et au centre de l'Empire; dans le sud, nous trouvons un état de choses exactement contraire. Au lieu d'une poussière de caïds disséminée dans le bled et ne gouvernant que de menues fractions de tribus sous la surveillance du contrôle français, le pouvoir y est exercé par des grands seigneurs féodaux, qui règnent dans une indépendance presque complète sur de vastes territoires.

Ce régime n'a pas été créé par nous; il existait avant l'établissement du Protectorat. A cette époque, on comptait sept grands caïdats, d'importance inégale, dont cinq dans les montagnes du Grand-Atlas et deux dans les plaines au nord de l'oued Tensift.

Au sud-est de Marrakech, à cheval sur les monts, s'allongeaient les domaines de Si Madani, caïd des Glaoua et chef de toutes les tribus des alentours; au sud de la ville, ceux du caïd Goundafi, d'un peu moindre étendue; au sud-ouest, ceux du caïd Mtougui, aussi puissant que le Glaoui. Enfin, le long de la mer, dans la région des Haha, vivaient deux chefs de moindre conséquence, Guellouli et Anflous. Dans la plaine des Abda, derrière le port de Safi, Si Aïssa bon Omar avait soumis à ses lois cette riche et nombreuse confédération; plus à l'est, les Rehamna, pasteurs et nomades, possesseurs d'innombrables troupeaux de moutons, obéissaient au caïd El Aïadi, ancien coupeur de routes, dont la fortune avait pour origine la faveur de Moulaye Hafid, lorsque celui-ci était khalifa du Sultan à Marrakech et indiquait à son acolyte les coups à faire contre les caravanes qui quittaient la ville.

Sauf celui du Mtougui, dont les aïeux commandent depuis plus de cent ans, ces divers fiefs sont de constitution assez récente. Pour bien comprendre la situation actuelle, il est nécessaire de jeter un coup d'œil dans le passé et de résumer l'histoire des trois principaux caïdats existant encore aujourd'hui : ceux du Glaoui, du Mtougui et du Goundafi.

Les Glaoua sont une petite tribu d'un millier de feux répandus sur les deux versants de l'Atlas, près du principal col de la grande barrière, la passe de Telouet; robustes guerriers, mais pauvres, ils vivaient péniblement des produits de leurs arbres fruitiers et d'un maigre troupeau. Un de leurs notables, nommé Si Mohammed ben Ahmed, d'un caractère entreprenant et ambitieux, essaya, vers le milieu du siècle dernier, de réunir sous son autorité toute la tribu, divisée jusque-là en deux fractions. Il échoua d'abord et dut même chercher asile dans un lieu saint pour échapper à la rancune de ses compétiteurs; mais de sa retraite il sut si bien intriguer qu'en 1859 le Sultan lui confia le caïdat convoité. Dans les années qui suivirent, Mohammed augmenta ses possessions peu à peu et, lorsqu'il mourut en 1888, il légua à son fils Si Madani une autorité bien établie et de grandes richesses.

Au retour de la campagne qu'il fit au Tafilalet six ans plus tard, le sultan Moulaye Hassan, pour récompenser Si Madani de l'appui qu'il lui avait donné et de sa somptueuse réception dans sa kasba de Telouet, lui abandonna un canon, des armes, des munitions, que son armée épuisée ne pouvait transporter plus loin. Pendant la minorité d'Abd el Aziz, Si Madani, comprenant qu'il lui serait plus facile de faire des conquêtes vers le sud que vers le nord, multiplia ses expéditions au delà de l'Atlas et pénétra jusqu'aux confins de l'Oranie. Il se mit ensuite à la tête de nombreux contingents pour aider le souverain dans sa lutte contre le rogui Bou Hamara.

L'expédition ne réussit pas; vaincu, blessé, à demi ruiné, le Glaoui rentra dans son pays, ulcéré de n'avoir reçu aucun dédommagement en échange des sacrifices qu'il avait consentis. Il trouva en Moulaye Hafid, khalifa à Marrakech, un allié tout prêt à servir sa rancune. Le makhzen tenta d'apaiser le caïd mécontent en lui donnant le commandement de nouvelles tribus, mais il était trop tard. Les deux complices attendaient une occasion; le débarquement des Français à Casablanca la leur fournit. Moulaye Hafid se proclama Sultan. Ses troupes et celles du Glaoui furent d'abord battues par le Mtougui, mais la grande expédition qu'Abd el Aziz dirigea contre eux se dispersa en un jour de combat, qui termina la rivalité des deux frères.

Moulaye Hafid devenu Sultan n'eut garde d'oublier son redoutable vassal; il le nomma ministre de la Guerre, puis grand vizir et épousa une de ses filles, quoiqu'elle fût laide et marquée de la petite vérole; Hadj Tami, frère de Si Madani, reçut le gouvernement de Marrakech. La famille des Glaoua était à l'apogée de sa fortune. Mais les exactions du grand vizir soulevèrent les tribus du Nord. Fez investi n'était délivrée que par l'intervention du général Moinier. Moulaye Hafid en profita pour se débarrasser de son trop puissant ministre. Si Madani et Hadj Tami furent privés de leurs emplois et ne conservèrent plus que le commandement des tribus de l'Atlas.

Le caïd Abd el Malek Mtougui n'a pas eu comme ses émules Glaoua à conquérir sa principauté. Il la tient de ses ancêtres. Son oncle et prédécesseur gouvernait il y a cinquante ans toute la plaine de Marrakech, dont il fut dépossédé par le sultan Moulaye Hassan, effrayé de voir un de ses sujets s'attribuer une province entière de l'Empire. Abd el Malek a passé son existence à s'efforcer de reconstituer le fief de son oncle, mais ce n'est pas un guerrier; il préfère les intrigues politiques aux combats. D'abord rallié en 1907 au gouvernement insurrectionnel de Marrakech, dans lequel Moulaye Hafid lui donna le ministère de la Justice, il repassa du côté d'Abd el Aziz, défit les troupes que le Glaoui envoya contre lui, mais, à la suite du désastre du malheureux prince, se déclara à nouveau pour son frère. La disgrâce des Glaoua en 1911 lui profita; il recueillit une part de leurs dépouilles, se vit nommer représentant du Sultan dans tout le Sud et plaça des hommes à sa dévotion comme pachas à Marrakech et à Demnat. Jamais le pouvoir du Mtougui n'avait été mieux assis qu'en 1912, lorsque l'agitateur El Hiba s'empara du Sous et s'apprêta à franchir l'Atlas.

Si Taïeb el Goundafi est un des plus valeureux guerriers du Maroc; il a fait vingt et une campagnes et reçu plusieurs blessures. Sa carrière politique a commencé à l'âge de treize ans, lorsqu'on l'envoya à la cour de Fez, où il passa cinq mois. A son retour, il décida son père, qui n'avait jamais reconnu l'autorité du makhzen, à se soumettre au Sultan. La situation de ses possessions, entre celles des Glaoua et du Mtougui, l'a mis constamment aux prises avec ses voisins; Si Madani a assiégé et pris sa kasba. Par rancune sans doute, il s'est déclaré contre Moulaye Hafid et a soutenu Abd el Aziz jusqu'au dernier moment, puis s'est retiré chez lui et s'est refusé à toute démarche pour obtenir les bonnes grâces de l'usurpateur.

Nous avons vu précédemment combien la situation militaire était grave à la fin de mai 1912, lorsque le Résident Général vintau Maroc prendre possession de son poste. Tous les effectifs disponibles combattaient dans le Nord pour dégager Fez et la route d'étapes; il ne restait pas de troupes pour parer au danger venant du Sud, où déjà les visées du marabout saharien El Hiba se précisaient.

Or il y avait sur place, à pied d'œuvre, des forces respectables, les contingents des chefs de l'Atlas; à leur appel, des milliers de guerriers pouvaient se mettre en ligne. Il semblait donc opportun de les rallier à notre cause et d'utiliser leurs ressources en leur fournissant des armes, des munitions, de l'argent. C'est ce qu'on a appelé la « politique des grands caïds », politique qui a eu des admirateurs, des imitateurs même, mais aussi des détracteurs acharnés.

Pour la mettre en action, il importait d'abord de réconcilier entre eux ces hommes qui jusque-là n'avaient fait que se quereller et se combattre. Mtougui tenait alors le premier rang. Sans rien lui enlever de ses domaines propres, on rétablit le pouvoir des

Glaoua en rendant aux membres de leur famille les gouvernements des villes de Marrakech et de Demnat. Malgré la résistance du Mtougui, les pourparlers étaient en bonne voie, l'union paraissait imminente, quand l'orage éclata. Beaucoup plus tôt et surtout beaucoup plus vite qu'on ne le prévoyait, la vague saharienne inonda le Sous, bondit jusqu'au pied de l'Atlas et, avant que la résistance eût pu s'organiser, déferla dans la plaine de Marrakech. Les caïds pris au dépourvu ne purent que subir la domination du vainqueur, mais tout en lui rendant publiquement hommage, ils ne lui prêtèrent aucun appui, le laissèrent poursuivre la campagne avec ses seuls moyens et continuèrent clandestinement leurs relations avec nous. Hadj Tami Glaoui, redevenu pacha de Marrakech, sut habilement soustraire au fanatisme des envahisseurs les Français de la ville, en leur donnant asile chez lui. El Hiba alla s'enferrer sur la colonne Mangin dans la plaine de Sidi bou Othman et s'enfuit de l'autre côté des monts aussi vite qu'il était venu.

La conduite des caïds de l'Atlas souleva l'indignation de bien des gens. On les accusa de nous avoir trahis, de s'être livrés de bon cœur à l'ennemi. C'était mal juger la situation; ceux qu'on accusait ainsi n'avaient fait que se conformer aux vieilles traditions de la guerre marocaine, où l'on évite toujours de défier celui qui est momentanément le plus fort pour attendre patiemment l'heure du reflux. Le Gouvernement du Protectorat, mieux instruit, ne leur tint pas rigueur et persévéra dans sa politique malgré ce premier échec. Il allait bientôt en subir un second.

Moins de quatre mois plus tard, les deux caïds de l'Atlas maritime, Guellouli et Anflous, peut-être vexés d'avoir été un peu négligés par le makhzen, s'insurgèrent, mais furent vite cernés et pris. Après un court internement, on les priva de leurs charges et de leurs biens, pour les laisser à Marrakech en résidence libre, mais surveillés.

Vient la guerre. A toutes les tentations antérieures s'ajoute celle des subsides allemands. Les trois grands caïds de l'Atlas, non seulement y résistent, mais combattent pendant cinq ans, avec un loyalisme qui ne s'est pas démenti, tous les fauteurs de troubles.

Seul Aïssa ben Omar, chef des Abda, prête l'oreille aux avances germaniques. Son propre fils le dénonce. Convaincu d' « intelligences avec l'ennemi », ce puissant seigneur, aussi riche que les Glaoua, aussi craint que Mtougui, aussi populaire que Goundafi, plus fastueux qu'eux tous, subit le sort misérable de Guellouli et d'Anflous.

Au contraire, ceux qui nous ont aidés voient leurs services récompensés. Mtougui accroît ses territoires vers l'ouest, Goundafi reçoit l'investiture de toute la marche de Tiznit, au sud du Sous, les Glaoua ont carte blanche dans la région du Dadès jusqu'aux confins du Tafilalet.

A la mort de Si Madani, qui succombe en 1918 peu après son fils préféré, tué dans un combat contre les dissidents, Hadj Tami réunit sous son autorité l'immense domaine de sa famille, tout en conservant le gouvernement de Marrakech.

La politique des grands caïds a fait ses preuves. Pourtant ses adversaires ne désarment pas. Voyons donc où nous en sommes.

La région de Marrakech, qui couvre près d'un tiers du territoire pacifié de l'Empire, a été divisée en deux parties : au nord la zone dite administrative, au sud la zone d'influence politique. La ligne de démarcation court parallèlement à l'Atlas et à 30 kilomètres en moyenne en deçà de sa base. En zone administrée, le régime est le même que dans le reste du Maroc. La zone d'influence politique est le domaine exclusif des trois grands caïds de la montagne, moins la vallée du Sous et les deux marches militaires de l'Est (au delà de Demnat) et de l'Ouest (Agadir). Nous n'y exerçons aucun contrôle, nous n'y avons même aucun agent de surveillance, aucun officier de renseignements. La couverture est au compte des caïds, qui nous déchargent de tout souci militaire dans ces pays si difficiles, peuplés de tribus guerrières que jamais le makhzen n'a réussi à soumettre. Grâce à cette organisation, le commandant de la région de Marrakech assure le maintien de l'ordre avec six bataillons, dont deux sont réduits à l'état de squelettes, tandis que les quatre autres, manquant de cadres et d'instruction, ne représentent qu'une valeur incertaine. Il y a là une économie d'effectifs, dont on ne pourrait se passer.

« D'accord, dit la critique, mais vous achetez cette économie au prix d'inconvénients d'ordre politique et financier qui ne sont pas en proportion avec le bénéfice qu'on recueille. Les fiefs des grands caïds, en partie fort riches, coûtent très cher au Protectorat sans rien faire entrer dans ses caisses; le tertib du Glaoui s'est monté l'an passé à 100.000 francs, une aimable plaisanterie. Ces potentats ont augmenté grâce à nous leur autorité déjà trop considérable. Ils pourraient un jour être tentés de s'en servir contre la France. Leur influence dépasse, et de beaucoup, les limites de leur gouvernement. Dernièrement, pour une fête familiale, Hadj Tami s'est vu offrir par des caïds éloignés, des Doukkala et même des Chaouïa, d'opulents cadeaux, tels que le Sultan n'en reçoit pas. Cependant la population est opprimée comme jamais on n'a encore osé le faire et notre consentement la contraint à se courber sous le joug. »

La défection des grands caïds dont on menace ainsi le Protectorat n'est guère à appréhender, car depuis longtemps ils ont compris que la plupart des avantages acquis l'ont été à cause de la faveur que leur témoigne le nouveau régime. Ils ont tout à perdre, rien à gagner en changeant d'attitude. Leur pouvoir est solide dans la montagne, mais à Marrakech, où ils vivent presque toute l'année et ont dépensé des sommes énormes à embellir leurs palais, ils sentent que nous sommes maîtres d'eux; ils sont habitués aux délices de la ville et s'en priveraient difficilement pour passer leurs jours dans l'âpre climat de l'Atlas. Et puis l'exemple de Si Aïssa ben Omar leur rappelle la vanité de la destinée des caïds.

Le Goundafi, avec ses fiefs séparés en deux parties, comme jadis ceux du duc de Bourgogne, se rend certainement compte de cette faiblesse; l'extension de son commandement l'a rendu plus vulnérable qu'autrefois.

Le Mtougui est le type du vieux baron féodal, dur à ses sujets, au courant de tout ce qui se passe chez lui, voyant chaque chose lui-même. Il thésaurise à l'ancienne mode, enfouissant les pots de miel, les sacs d'orge, les piles de douros dans des cachettes sûres. Il n'est pas insensible aux honneurs, recherche les décorations et souffre de toute négligence protocolaire à son endroit. Quand, au 14 juillet 1919, on envoya une délégation de chefs à Paris, il montra quelque humeur de n'y point figurer.

— Si l'on m'avait invité, j'aurais dû refuser à cause de mon état de santé, dit-il, et je n'eus gêné personne; on a manqué l'occasion de me faire plaisir à peu de frais.

Le Mtougui a soixante-dix ans et paraît plus âgé encore quand on le voit passer affaissé sur sa mule ou marchant péniblement, entouré d'esclaves prêts à le soutenir en cas de défaillance. Parmi ses héritiers naturels, personne n'est capable de lui succéder.

Hadj Tami Glaoui a quarante ans. C'est vraiment un homme supérieur. Chef de guerre vaillant et heureux, politique habile, il a su se moderniser rapidement. Depuis quelques années, il s'occupe beaucoup d'affaires, achète des immeubles à Casablanca, à Tanger, spécule sur les terrains et sur les denrées. Ses fonctions lui permettent de placer toutes les chances de son côté dans ses opérations commerciales et ce n'est pas le simple jeu de l'offre et de la demande qui le rend, à Marrakech, maître du marché des huiles, du chanvre et d'autres produits. La ville est régentée par sa police; il en use sans ménagements. Ses insatiables appétits, sa brutalité le font haïr des habitants, mais on le craint plus encore qu'on ne le déteste. A voix basse, on l'accuse de tous les crimes, même d'assassinats. D'ailleurs ses charges sont multiples. Il avait quatre-vingt-dix femmes et esclaves dans son harem quand Si Madani mourut; il doit pourvoir depuis à l'entretien de celles de son frère, qui lui en a légué cent cinquante. Avec cela, généreux et dépensier; sa maison, ses réceptions sont d'un luxe de bon aloi. Il a fait pour deux millions d'emplettes pendant son dernier séjour à Paris.

Nous avons de grandes obligations envers le Glaoui, qui courut de gros risques pour sauver nos compatriotes en 1912. Mais est-ce une raison pour tolérer tous ses excès? Qu'il mette des territoires éloignés en coupe réglée, peu importe : c'est ce qui s'y est toujours passé et nous pouvons l'ignorer, n'ayant là-bas aucun représentant. Au contraire, à Marrakech, il est choquant de voir le bon plaisir du pacha s'exercer sous les yeux des autorités françaises. Il y aurait avantage pour lui et pour nous à ce qu'il changeât quelque peu ses procédés administratifs.

Cette réserve faite, nous ne trouverons que profit à continuer la politique qui nous a si bien servi aux moments critiques. Qu'on oriente de plus en plus l'action des grands caïds vers le Sud en limitant impitoyablement leur influence vers le Nord, telle semble la solution naturelle de cette question si controversée.

CHAPITRE X

L'ASSISTANCE MÉDICALE ET L'INSTRUCTION PUBLIQUE

———

Dans les chapitres précédents, nous avons vu ce que le Protectorat a fait pour la situation des indigènes, comment, tout en maintenant le cadre de l'ancienne administration, il l'a assainie, donnant ainsi à tous une sécurité complète et une justice meilleure. Nous traiterons plus loin, quand nous parlerons de la colonisation, des mesures prises pour empêcher les Européens d'exproprier les Marocains de leurs terres. Il nous reste à examiner comment le Gouvernement s'est occupé de la condition physique et morale de ses administrés.

L'assistance médicale.

La race marocaine, quoique fruste et vigoureuse, est viciée par une foule de maladies qui y règnent à l'état endémique. La tuberculose, les affections du sang, de la peau, des yeux, exercent des ravages étendus; la mortalité infantile fait contrepoids à une natalité très forte et enraie l'accroissement de la population. Pas de soins médicaux, aucune hygiène, surtout dans les agglomérations urbaines, où l'individu s'étiole et la collectivité s'abâtardit. Pourtant, ceux qui négligent ainsi leur santé sont les descendants des Maures de Cordoue, dont les savants et hardis chirurgiens furent les premiers du monde à pratiquer avec succès la ligature des artères. Ce souvenir donne la mesure de la décadence du Moghreb, de sa décrépitude actuelle, de l'immense effort à accomplir pour le rendre à la civilisation qu'il a si bien servie et si complètement oubliée. Cette civilisation, non seulement les Marocains l'ignorent, mais ils la redoutent, l'écartent instinctivement, comme s'ils craignaient d'être submergés sous son flot menaçant. Ils n'en acceptent sans appréhension, sans arrière-pensée, qu'une seule manifestation, la médecine, parce qu'ils en apprécient le bénéfice immédiat. Jusque dans les douars les plus reculés, le *toubib* chrétien est reçu en ami, écouté aussi religieusement que le plus saint marabout. On se conforme sans hésitation à ses prescriptions; on vient de loin pour les solliciter.

Le corps expéditionnaire, dès le début de ses opérations, a compris qu'il n'avait pas de meilleur auxiliaire que l'assistance médicale et en a usé en toute circonstance. Il ne faisait que se conformer ainsi à la vieille tradition de l'armée coloniale dans tout notre domaine d'outre-mer.

Partout où s'installe un poste, le major de la colonne ouvre un dispensaire; les malades des tribus voisines y affluent aussitôt. Avec une largeur de vues que le succès a récompensée, on accueille les indigènes sans distinction, amis ou ennemis. Le dissident encore en armes reçoit les mêmes soins que le guerrier rallié à notre cause. Souvent on guérit ainsi celui qui, le lendemain, tirera sur nos soldats, mais on y trouve son compte. L'officier du Service des renseignements du poste met à profit la présence de cet agent d'information inconscient; il lie conversation avec lui, sait l'interroger adroitement, se procure sans y paraître de précieuses indications. Souvent on s'assure ainsi un allié, qui continue ses relations avec nous une fois rentré chez lui, parle en notre faveur, détermine quelquefois des soumissions.

Il appartenait au Gouvernement de coordonner cette action à mesure que la pacification s'étendait, de lui donner plus d'ampleur et surtout plus de stabilité. En effet, telle colonne qui séjournait quelque temps sur le territoire d'une tribu le quittait un beau jour lorsque les nécessités militaires l'appelaient ailleurs et le dispensaire disparaissait avec elle. De même, chaque fois qu'on poussait un poste plus en avant, les résultats obtenus par de patients efforts s'évanouissaient. Il y avait le plus grand intérêt à faire cesser ces pérégrinations des dispensaires et des infirmeries, à instituer des centres médicaux fixes et durables, puis à doter la zone pacifiée de ressources équivalentes à celles de la périphérie, malgré le petit nombre de garnisons qui s'y trouvaient. Enfin il fallait songer aux villes et les pourvoir des établissements hospitaliers que réclament des agglomérations, dont certaines dépassent cent mille habitants.

Ce fut l'œuvre du Service de la santé et de l'hygiène publiques. Sa direction et la plus grande partie de son personnel appartiennent au corps des médecins militaires, ce qui s'explique par l'origine même de l'assistance médicale au Maroc. Cependant le Protectorat recrute aussi des praticiens civils qui sont appelés à remplacer peu à peu leurs collègues de l'armée.

Le service comprend :

1° Dans les villes, des hôpitaux ou infirmeries, suivant leur importance, et des bureaux d'hygiène permanents. De ce dernier organe dépendent deux espèces d'établissements dont l'objet est de prévenir la propagation des épidémies. Celles-ci se répandent principalement d'une ville à l'autre et dans les villes mêmes par les truands du Maroc, pauvres hères repoussés de partout et qui courent le pays dans l'espoir de trouver un lieu moins inhospitalier que les autres. Là où ils se rassemblent, ils forment une véritable cour des miracles, foyer de pestilence des plus dangereux. Les bureaux d'hygiène entretiennent des asiles de nuit où on les accueille, les examine, les nettoie, où on désinfecte leurs hardes. Ceux qui sont contaminés ou suspects passent dans des camps d'isolement en dehors de la ville, où on les maintient jusqu'à ce que leur état ne mette plus en péril la santé publique. Grâce à ces précautions, les épidémies de peste, de petite vérole et d'autres maladies qui décimaient périodiquement le Maroc s'espacent et diminuent de violence ;

2° Dans les campagnes, les infirmeries et dispensaires sont généralement annexés aux postes militaires, aux bureaux du Service des renseignements, des contrôles civils. Leur rayon d'action se prolonge par les tournées de groupes sanitaires mobiles, dont il existe déjà un par région ; ces groupes sont dotés de moyens de transport automobiles pour le personnel, le matériel et les médicaments, qui leur permettent d'exécuter des randonnées lointaines. Ils fréquentent surtout les marchés ruraux, où les indigènes de la province se réunissent par milliers et où les médecins ont quelque peine à satisfaire la foule insatiable des clients.

A cette organisation générale il faut ajouter dix cliniques pour les maladies des yeux et de la peau à Rabat, Casablanca, Fez, Marrakech, un institut anti-rabique et un laboratoire central à Rabat.

Voilà pour les indigènes. Les Européens du Maroc, d'abord en petit nombre, ont été admis au début dans les formations sanitaires de l'armée, dont plusieurs se sont transformées en hôpitaux mixtes, en attendant la séparation complète. L'hôpital Marie-Feuillet, à Rabat, ainsi nommé d'après l'infirmière-major de l'Union des Femmes de France morte il y a quelques années au Maroc, victime de son dévouement, est le plus bel édifice de la ville.

L'organisation et le fonctionnement du Service de santé appellent deux observations. La première porte sur son extension qui n'est pas suffisante et se développe trop lentement. Le nombre des infirmeries indigènes et des groupes sanitaires mobiles devrait être fortement augmenté et cela non seulement pour des raisons d'hygiène, mais aussi par politique. On ne saurait trop le répéter : rien ne concilie davantage les Marocains, ne leur inspire plus confiance en nous, ne les apprivoise plus sûrement que l'assistance médicale. Les sacrifices pécuniaires qu'elle entraîne seront remboursés au centuple par ses bienfaisants effets. Dans le dernier budget, les dépenses du chapitre santé et hygiène publiques n'atteignent pas 3,5 % du total, proportion bien faible. Il faut noter cependant que sur l'emprunt de 744 millions voté au mois de juillet, une tranche de 43 millions est affectée à la construction d'hôpitaux, sanatoria, dispensaires, etc.

D'autre part, l'assistance médicale n'a de vertu que si elle est gratuite, et elle l'a longtemps été. Il semble que depuis quelque temps on veuille changer de méthode. Ainsi j'ai vu dans un poste de la périphérie, sur le territoire d'une tribu encore en partie insoumise, un médecin civil qui donnait des consultations payantes. Comme dans un cas de ce genre le médecin se double d'un pharmacien et vend ses drogues, les indigènes le considèrent comme un commerçant quelconque et son ascendant est perdu. Dans la partie que nous jouons pour gagner la population, on abandonne ainsi de gaieté de cœur le meilleur atout. Cette maladresse est profondément regrettable.

L'instruction publique.

Après les soins du corps, la culture de l'esprit. Le problème de l'éducation des indigènes a toujours été, aux colonies, le plus délicat à résoudre. Si on les laisse dans l'ignorance, on se voit taxer d'égoïsme, d'inhumanité; on encourt le reproche de sacrifier à sa sécurité l'intérêt de ses administrés, de forfaire à la mission civilisatrice, qui est la seule excuse à l'assujettissement d'un peuple par un autre. Si au contraire on répand de façon inconsidérée l'instruction dans un milieu dont le niveau matériel et moral n'est pas assez élevé pour en tirer avantage, on lui donne des appétits qu'il ne peut satisfaire et on crée des mécontents, des révoltés, impatients d'une autorité dont ils sont pourtant encore incapables de se passer.

Le hasard d'un voyage en Extrême-Orient, il y a quinze ans, m'a valu de voir à quelques jours d'intervalle les exemples les plus caractéristiques de ces deux méthodes, l'une dans les îles de la Sonde, l'autre aux Philippines.

Java est à coup sûr la colonie où il a été le plus fait pour le bien-être matériel des indigènes et le moins pour leur développement intellectuel.

L'administration autocratique des gouverneurs hollandais, dont les plus célèbres, le maréchal Daendels et Van den Bosch, ont été jusqu'à employer le régime des cultures forcées pour obliger les Malais à travailler, a obtenu de prodigieux résultats. La population, de 3.500.000 habitants au commencement du siècle dernier, dépasse aujourd'hui 30 millions; cette nation, devenue par l'effet d'un régime alterné de pression et de liberté, active et industrieuse, vit largement sur son sol fécond, cultivé dans ses moindres recoins; on n'y trouve pas un mendiant. Les ressources naturelles y sont mises en valeur comme nulle part ailleurs sur le globe. En revanche, la condition morale et intellectuelle des Javanais n'a pas fait le moindre progrès pendant que leur prospérité croissait dans de si étonnantes proportions. Ils ignorent jusqu'à la langue de leurs maîtres, qui les régissent depuis trois siècles; ceux-ci, officiers et fonctionnaires, sont rompus aux idiomes du pays, au nombre de quatre, et dont l'un, celui des sultanats du Centre, ne comporte pas moins de trois dialectes différents suivant le rang social de la personne à qui l'on parle. Cette politique a donné aux Pays-Bas une colonie dont ils ont tiré d'inépuisables richesses et qu'ils tiennent sous leur domination sans révoltes, sans même d'opposition, avec une poignée de soldats et quelques administrateurs. Dans tout Java il n'y avait pas, quand j'y suis passé, quarante mille Européens.

Mais cette médaille a son revers. Si aujourd'hui les Hollandais disparaissaient pour une raison ou pour une autre, rien d'eux ne subsisterait. Les routes superbes, les travaux d'irrigation rappelleraient seuls cet empire si prospère, où rien n'a été entrepris pour pénétrer l'âme du peuple et former son esprit.

Les États-Unis ont appliqué aux îles Philippines un système diamétralement opposé. Après avoir arraché l'archipel au règne despotique et brutal de l'Espagne, ils ne cherchèrent pas à en faire une possession lucrative, mais se proposèrent très sincèrement de lui octroyer son indépendance dès que la population se montrerait capable de se gouverner elle-même. L'instruction publique devait leur en fournir le moyen. Avec leur enthousiasme habituel, les Américains se mirent à l'œuvre, expédièrent des fournées d'instituteurs yankees, bâtirent partout des écoles. En 1903, moins de cinq ans après la conquête, il y avait déjà 1.300 établissements scolaires dans les îles. On y enseignait à tour de bras l'anglais, l'arithmétique, la géographie, tout le programme primaire de la Métropole. On eut l'idée d'y ajouter des leçons de vie politique, où on divisait les élèves d'une classe en partis opposés, qui apprenaient à rédiger des motions, à les défendre, à les voter. Il n'y avait qu'une ombre au tableau, c'est que les petits Philippins, tout en s'initiant dans la langue de Shakespeare aux mystères du ballottage et de l'élection à deux degrés, ne mangeaient pas à leur faim, car le Gouvernement se souciait seulement de l'avenir et négligeait le présent. Il ne s'occupait pas de mettre la terre en valeur, laissant cette initiative aux naturels, dont la paresse n'a d'égale que l'imprévoyance et qu'il faut stimuler sans cesse pour en obtenir le moindre travail. Voilà comment, avec les plus louables intentions et un désintéressement digne d'une meilleure fortune, les Américains se rendirent aussi impopulaires que leurs prédécesseurs et durent réduire par la force de fréquentes insurrections.

Je me suis étendu assez longuement sur ces deux cas typiques, non certes avec l'intention de recommander l'un ou l'autre, mais pour montrer toute la complexité du problème, car on trouve naturellement dans les autres colonies la gradation des nuances allant de l'une à l'autre de ces méthodes extrêmes. Pour ma part, j'en ai retenu ceci : c'est qu'il ne faut pas se hâter de résoudre la question sur des données abstraites, en s'inspirant d'un pur principe qu'on entreprend d'acclimater sans tenir compte des conditions locales. Il importe au contraire d'envisager le cas particulier qui se présente, d'acquérir une connaissance parfaite du caractère des indigènes, de leurs mœurs, de la nature et du degré de leur civilisation propre; après quoi on peut choisir en connaissance de cause une solution convenable et même alors on ne peut être certain de ne pas se tromper.

De tous les peuples soumis à la tutelle européenne, il n'en est point de plus délicats à manier que les musulmans. Leur foi met obstacle à un contact intime avec ceux qui ne la professent pas; elle domine l'existence de ses adeptes, règle leurs moindres actes, sert de loi en toutes choses. Si une question se pose, si une difficulté surgit, il suffit au mahométan de recourir au Coran ou à ses commentaires. Une pareille religion atrophie peu à peu chez les fidèles la faculté de raisonner. Tout progrès scientifique devient impossible, car ils perdent à la fois le goût et le moyen d'y atteindre. Cependant, durant une courte

période de leur histoire, certains peuples de l'Islam
se sont affranchis de cet asservissement au dogme
et ont traversé alors une ère brillante, à l'avant-
garde de la civilisation. Malheureusement, le dogma-
tisme reprit le dessus et assujettit définitivement la
culture musulmane à une scolastique rigide et bor-
née, qui n'a fait que se racornir avec le temps. Dis-
parus, oubliés, les philosophes libéraux, les médecins,
les astronomes, les mathématiciens qui illustrèrent le
califat de Cordoue. Les soi-disant savants de l'Islam
actuel ne connaissent que les livres saints. On n'enseigne pas autre chose dans les medersas, les collèges
musulmans.

Pendant vingt ans de voyages dans bien des pays
je ne me souviens pas d'avoir assisté à un spectacle
qui m'ait inspiré plus de répulsion que celui de l'enseignement donné à la mosquée El Ahzar, au Caire,
l'université la plus célèbre du monde arabe. Dans les
petites classes, les enfants passent leur temps à apprendre par cœur d'innombrables textes sacrés en
balançant le corps de droite à gauche et de gauche à
droite, d'un mouvement continu, comme des animaux
en cage ou des êtres privés de leur sens. Les étudiants
plus âgés, accroupis en cercle autour du maître,
s'épuisent à ergoter sur l'interprétation d'une phrase,
d'un passage que des générations d'érudits ont dis-
cutée avant eux. Ils ne voient rien au delà de cette
érudition stérile. Aucune idée générale, aucun souffle
vivifiant ne passe dans cet enseignement où l'élite
musulmane puise sa vaine science. Façonné à cette
école, l'Islam s'éloigne des sociétés européennes, où
le rationalisme, sorti enfin vainqueur de sa longue
lutte du Moyen Age contre la scolastique, a produit
le merveilleux épanouissement de ces quatre derniers

siècles. La divergence des routes suivies par les deux civilisations s'est tellement accentuée au cours des années que l'âme européenne et l'âme musulmane ne se comprennent plus. Un exemple : pendant mon récent séjour au Maroc, je visitai la medersa de Salé, dont le directeur, homme fort courtois et hospitalier, me faisait les honneurs. Je lui demandais combien d'années en moyenne durait l'enseignement. Il fut incapable de répondre à ma question et ne put que dire, en désignant successivement chaque élève : « Celui-ci étudie depuis trois ans, celui-ci depuis quatre », et ainsi de suite. La faculté de généraliser, d'abstraire un instant sa pensée lui était interdite.

Voilà l'état d'esprit, si différent du nôtre, auquel nous avons affaire. Voilà les hommes auxquels des théoriciens de bibliothèque méditent d'imposer à haute pression la science moderne que notre peuple a acquise par un effort soutenu et prolongé. Comment concevoir que l'âme musulmane puisse l'absorber précipitamment et l'assimiler? C'est une chimère.

Voyons de quelle manière les choses se présentent en pratique. Dans les écoles ordinaires, les jeunes Marocains apprennent à lire, à écrire, à compter, puis s'adonnent uniquement à l'étude de la littérature sacrée et du droit coranique dans les medersas, qui correspondent, pour l'âge des élèves, aux classes supérieures de nos lycées. Les plus brillants sujets de ces collèges vont ensuite perfectionner leurs connaissances théologiques à la mosquée Karouiine de Fez, université de réputation presque égale à celle d'El Ahzar.

Communiquer notre instruction aux adultes, ce serait peine perdue. Prendre les enfants très jeunes, les isoler de leur milieu avant que leur esprit ait été déformé par l'enseignement coranique, ce serait heurter les scrupules religieux des parents; il ne faut pas y songer. Tout ce qu'il est possible d'obtenir sans froisser les sentiments des Marocains, c'est de faire suivre nos cours aux jeunes gens après qu'ils ont terminé les études religieuses indispensables aux yeux de leurs compatriotes, études qui durent plusieurs années. Même alors, il y a bien des défiances à surmonter.

Le Résident Général m'a raconté à ce propos que lorsqu'il eut décidé de créer la première institution où des maîtres français instruiraient les fils de quelques notables de Rabat, il en parla au Sultan. Il vanta l'utilité de ce collège, en fit briller les avantages, mais attendit vainement un signe d'acquiescement. Le visage du prince restait fermé; il ne répondait qu'avec contrainte, par monosyllabes. Comme le Résident insistait, il finit par demander quel serait le directeur de l'école. Quelques noms furent prononcés. A l'un d'eux, le Sultan sourit, visiblement satisfait.

— Pourquoi ce candidat vous plaît-il particulièrement? demanda le général.

— Parce que je le sais chrétien fervent; fidèle à sa religion, il respectera la nôtre et nos enfants n'en seront pas détournés.

Ce n'est que peu à peu, après avoir vécu à nos côtés et vu à l'œuvre nos administrateurs, nos industriels, nos colons, que les meilleurs éléments de la société marocaine reconnaîtront qu'il leur est indispensable d'acquérir des connaissances nouvelles, de les demander à l'enseignement français. Une trop grande hâte à vouloir les convaincre réveillerait leur méfiance et aboutirait au résultat inverse de celui que l'on cherche.

On ne réussira que par la patience, par l'exemple de jeunes gens ayant passé par nos écoles et devenus ensuite les premiers parmi leurs coreligionnaires dans les carrières qu'ils auront entreprises.

C'est afin de créer de tels exemples qu'on a fondé un collège musulman à Rabat, puis un autre à Fez; leurs élèves proviennent des familles de hauts fonctionnaires et de riches commerçants. Ils y apprennent le français, un peu de mathématiques, d'histoire, de géographie, programme équivalent à celui de notre enseignement primaire supérieur. En même temps, ils poursuivent leurs études coraniques, de manière à pouvoir tenir leur rang plus tard parmi leurs compatriotes lettrés et ne pas paraître inférieurs à ceux qui ont suivi les cours des medersas.

On compte surtout dans ces collèges préparer un futur personnel de fonctionnaires indigènes plus aptes à remplir les charges de l'État que les non-valeurs qui les encombrent maintenant. L'incapacité de ceux-ci a été le principal obstacle que le Protectorat a rencontré pour s'organiser. Quoique le makhzen ait été réduit à quatre vizirats, on n'a pu dans tout le Maroc trouver des titulaires convenables à ces postes; l'un d'eux au moins est notoirement insuffisant. J'ai dit ailleurs combien la majorité des caïds et des pachas, hommes ignorants et cupides, laissent à désirer.

Il est certain que les collèges musulmans, bien dirigés par des professeurs expérimentés, peuvent fournir au bout de quelques années des éléments d'un niveau beaucoup plus élevé. Il faudra savoir doser l'enseignement qu'on y donne, surveiller le recrutement des élèves, les suivre de très près pendant tout le cours de leurs études. On ne devra jamais perdre de vue que pour avoir ouvert trop largement les portes d'institutions semblables à de jeunes indigènes sans leur assurer ensuite de débouchés en rapport avec leurs aspirations nouvelles, on a produit dans mainte colonie une classe de semi-intellectuels, prétentieux et déçus, qui agissent comme un levain dangereux sur la masse de leurs compatriotes. Nous avons dit que les Anglais en ont fait la cruelle expérience aux Indes. Nous-mêmes commençons à ressentir les fâcheux effets de notre imprévoyance en Tunisie, où cette année la cérémonie officielle qui marque la fin du Ramadan a été troublée par une manifestation de Jeunes-Tunisiens réclamant une constitution au bey.

Les précautions à prendre afin d'éviter de pareilles aventures au Maroc sont au nombre de deux. D'abord, interdire l'accès des lycées français aux enfants marocains, qui ne devront fréquenter que des collèges créés spécialement à leur usage. Ensuite, orienter tous les élèves de ces établissements vers des carrières où ils soient certains de trouver un emploi de nature à les satisfaire. A cette fin, ceux qu'on destine aux charges publiques devraient être, dès leur sortie du collège, admis comme stagiaires dans les bureaux du Gouvernement, où on achèverait de les éduquer jusqu'au moment de leur entrée en fonctions. De même, pour les professions libérales ou les affaires, la direction du collège assurerait à ses élèves des situations aussitôt qu'ils le quittent. Qu'on se garde de former ces avocats sans cause, ces lettrés sans spécialité, ces commerçants sans capitaux qui errent à la recherche d'un gagne-pain et échouent fatalement dans l'agitation politique.

Les premiers résultats obtenus dans les collèges

musulmans de Rabat et de Fez ne sont pas encourageants. La plupart des étudiants en sont partis avant d'avoir parcouru le cycle complet des études. Ils ont eu hâte de profiter du peu qu'ils avaient appris, car leurs connaissances, si incomplètes qu'elles soient, leur donnent l'occasion de gagner quelque argent et bien peu résistent à cette tentation. Sur 103 sujets qui sont sortis des deux collèges après y avoir passé plus ou moins de temps, 36 seulement sont entrés au service de l'État. D'autres ont réussi à se placer dans des entreprises privées, avec des fortunes diverses. Enfin quelques-uns ne font rien. Ils utilisent leur connaissance du français à courir les music-halls et à pérorer dans les cafés; ce sont les jeunes gens appartenant aux familles les plus riches et les mieux considérées, ce qui n'a rien d'étonnant, car, dans l'aristocratie marocaine, le chef de famille ne donne aucune direction morale à ses enfants.

On a ouvert il y a peu de temps à Meknès, dans l'ancien arsenal du grand sultan Moulaye Ismaïl, une école militaire pour élèves officiers indigènes. Les jeunes gens y reçoivent, en dehors de l'enseignement technique, une instruction générale analogue à celle des collèges de Rabat et de Fez. Le directeur est un officier supérieur français, le sous-directeur un des lettrés arabes les plus réputés de la ville, ce qui vaut à l'établissement une considération de bon augure dans les milieux musulmans. La réputation en était parvenue jusqu'à un caïd d'une tribu éloignée; il fit le voyage de Meknès avec son fils et le présenta. On eut beau lui répéter qu'il n'y avait pas alors de place disponible, que les cours étaient commencés et qu'il eût à revenir au commencement de la prochaine année scolaire, il ne voulut rien entendre, et insista si bien qu'on agréa le jeune homme.

L'incomparable avantage de cette institution est que les élèves y sont internes et soumis à la discipline militaire; on les soustrait ainsi à la fâcheuse influence de leurs familles; on peut s'occuper non seulement de leur instruction, mais aussi de leur éducation. Le prestige de l'uniforme, la perspective du grade d'officier, un certain confort matériel attirent les cadets et les retiennent à l'école. On compte bien ne laisser définitivement dans l'armée que quelques-uns d'entre eux; les meilleurs, après plusieurs années de service, passeront dans l'administration et deviendront d'excellents candidats aux caïdats vacants. Si l'expérience réussit, comme on a tout lieu de l'espérer d'après ce qu'on peut déjà voir, il y aura lieu de multiplier les établissements de ce genre et d'y constituer la pépinière des futurs fonctionnaires indigènes, dont le besoin se fait sentir si impérieusement.

Ce que nous venons de constater pour l'enseignement secondaire s'applique aussi à l'instruction primaire. Il y a déjà près d'une centaine d'écoles franco-arabes au Maroc, où on inculque aux petits musulmans les rudiments des matières enseignées dans nos écoles communales. Les instituteurs algériens qui y professent ont souvent plus de dévouement que d'aptitudes pédagogiques, en sorte que les produits de leurs écoles forment déjà une armée respectable de jeunes voyous, ressemblant comme des frères à ceux qui font le plus bel ornement des rues de Tunis et des quais d'Alger. Intermédiaires naturels entre Européens et indigènes, ils le sont pour toutes les besognes et généralement pour les moins avouables. De leurs études ils ont retenu juste de quoi se nourrir de la lecture des journaux français de Casablanca, littérature peu édifiante qui se consacre à peu près uniquement à des polémiques de la pire espèce.

Le remède est dans l'extension d'écoles professionnelles qui devraient être le complément obligé de l'instruction primaire, comme les stages d'application celui de l'enseignement secondaire. Il en existe déjà, mais il est à souhaiter que leur développement aille de pair avec celui des écoles franco-arabes.

La plus sérieuse entrave à la marche satisfaisante de l'instruction des indigènes à tous les degrés est le manque de professeurs qualifiés par leur connaissance de la langue du pays. Nous ne pouvons à ce sujet nous en prendre qu'à nous-mêmes. Nous gouvernons l'Algérie depuis près d'un siècle; des centaines de mille Européens y sont établis; si un grand nombre d'entre eux baragouinent un lamentable sabir, bien peu parlent correctement l'arabe, moins encore savent l'écrire. Rien de surprenant à cela, puisque dans toute la colonie il n'existe pas un établissement d'instruction à l'usage des Français où l'étude de l'arabe soit obligatoire, alors qu'elle devrait l'être dans tous. Aussi à chaque instant nos officiers, nos administrateurs, nos commerçants sont arrêtés dans leur travail par leur ignorance. Parmi les fonctionnaires français du Maroc, combien sont capables de discuter sur le pied d'égalité avec les lettrés du pays? Je l'ai demandé. On m'a cité un nom, un seul. Inutile d'insister.

La Direction de l'Enseignement du Protectorat a jusqu'ici calqué servilement l'organisation scolaire pour les enfants européens sur celle d'Algérie. Aucun enseignement de l'arabe dans les écoles primaires françaises; enseignement facultatif dans les établissements secondaires, avec quel brillant résultat! Au lycée de Casablanca, 43 élèves suivent les cours d'arabe sur un total de 484, au collège français de Rabat, 24 sur 213. Quant aux dialectes berbères, si utiles dans l'Atlas et le Sous, où la plus grande partie de la population ne connaît pas d'autre idiome, on a construit à Rabat un charmant petit palais pour les y professer; mais il donne asile à sept auditeurs.

Peut-être s'apercevra-t-on de cette lacune. Peut-être le Gouvernement du Protectorat donnera-t-il en cette matière, comme il l'a fait en tant d'autres, le bon exemple à ses aînés d'Algérie et de Tunisie et introduira-t-il l'étude obligatoire de l'arabe au moins dans l'enseignement secondaire. Ainsi les générations futures ne seront pas désarmées comme les présentes dans nos possessions de l'Afrique du Nord.

Je n'ai parlé encore que des écoles musulmanes et françaises; il existe une troisième catégorie, celle des écoles israélites. Bien avant notre intervention au Maroc, l'Alliance israélite universelle y avait des établissements scolaires. Cette œuvre de bienfaisance, dont le siège est à Paris, s'alimente de cotisations provenant des communautés juives du monde entier. Elle s'est fixé comme but de pourvoir à l'instruction de ses coreligionnaires dans les pays dont le Gouvernement ne leur en donne pas le moyen. On trouve ses écoles dans tout l'ancien Empire turc et jusqu'en Perse. L'enseignement est donné en français d'après le programme des écoles communales françaises, par des professeurs dont aucun, je crois, n'est Français lui-même. Ils sont recrutés parmi les anciens élèves et se perfectionnent dans une école normale à Auteuil.

Par la force des choses, cette institution, quoique internationale, exerce une vaste action de propagande française. Au Maroc notamment, en dépit des fréquents soulèvements qui l'ont obligée à fermer plusieurs fois ses écoles des villes de l'intérieur, elle a formé un grand nombre de sujets parlant bien notre langue et dont les services comme interprètes ont été fort appréciés pendant les premières années de l'occupation. Les écoles de l'Alliance ont pris un nouvel essor depuis l'établissement du Protectorat qui les a placées sous son contrôle. Le programme est celui de notre enseignement primaire avec quelques heures d'instruction religieuse.

CHAPITRE XI

LES FINANCES DU MAROC

« Faites-moi de bonne politique, je vous ferai de bonnes finances », a dit un ministre célèbre. Le Gouvernement du Protectorat a fait une excellente politique, avisée, ferme, prudente; il en est récompensé par des finances en pleine prospérité. Pourtant les débuts furent pénibles. Qu'on se rappelle l'arrivée du Résident Général à Fez en 1912. L'impôt ne rentrait alors que dans quelques villes et une seule province, celle des Chaouïa, parce que les troupes françaises les occupaient. Le Trésor était vide et la dette se montait à 160 millions. C'est dans de pareilles circonstances que le Protectorat eut à élaborer son premier budget. Rien d'étonnant à ce qu'il ne dépassât pas le chiffre modeste de 16 millions et se soldât par un déficit. Il y a de cela huit ans à peine. Depuis lors, on a traversé la grande crise universelle, puis la période de renchérissement qui l'a suivie. Après cette chaîne ininterrompue d'épreuves, nous trouvons en 1920 un budget de 183 millions, un fonds de réserve de 30 millions. Le pays s'est couvert de routes; un grand port est en construction, d'autres ont été améliorés; le commerce a passé de 140 à 574 millions. Les cours des emprunts marocains témoignent de la confiance qu'inspire le Protectorat; pendant le premier semestre de cette année son 5 % a oscillé autour du pair, tandis que le 5 % français ne s'est pas élevé au-dessus de 88,75.

Voilà le bilan de huit années d'une sage administration. Peu de gouvernements peuvent s'enorgueillir d'aussi brillants résultats pendant une période si troublée.

L'organe qui a présidé à cette œuvre est la Direction générale des Finances du Protectorat, dont les attributions sont semblables à celles des départements des Finances dans tous les gouvernements contemporains. Nous nous garderons de les examiner toutes, même de les énumérer; nous nous bornerons à parler des questions qui présentent un intérêt général :

Le budget et les impôts;

Le régime douanier;

La Banque d'État;

La question monétaire.

Le budget et les impôts.

Nous avons dit qu'en huit ans le budget du Maroc a plus que décuplé. Les trois premiers exercices ont présenté un déficit total de 14 millions, mais depuis 1915 les recettes ont donné sur les dépenses des excédents, représentés par le tableau suivant :

1915	7 millions
1916	24 —
1917	23 —
1918	29 —
1919	15 —
TOTAL.	98 millions

Ces excédents ont servi principalement à indemniser les adjudicataires de travaux publics des pertes que leur fait subir la hausse imprévue des salaires et des matières premières. Près des deux tiers des économies y ont été consacrés. La presque totalité du reste (1), soit 30 millions, constitue un fonds de prévoyance destiné à faire face éventuellement à un déficit dans la rentrée des impôts, accident toujours possible dans un pays qui vit à peu près exclusivement de ses ressources agricoles et où une mauvaise récolte diminue infailliblement la capacité de paiement du contribuable.

Si les budgets se sont accrus progressivement, c'est surtout parce que la zone pacifiée s'est étendue et avec elle la faculté d'achat de la population. Les trois sources principales qui alimentent le Trésor sont, en effet, les contributions directes (tertib dans les campagnes, taxe urbaine dans les villes), les impôts indirects, les douanes, avec des chiffres sensiblement égaux pour les trois catégories, une cinquantaine de millions pour chaque; l'appoint est fourni par les monopoles, les domaines et divers autres produits.

Le tertib est l'impôt direct que paient les propriétaires ruraux. Étant donné le rôle important de cet impôt dans l'économie de la vie publique au Maroc, il n'est pas inutile d'en donner la description complète, telle qu'elle a paru dans le *Bulletin officiel du Protectorat* en mai 1915 :

Le tertib est un impôt sur les revenus agricoles, assis sur les récoltes annuelles, sur les arbres fruitiers et sur le cheptel. Il est basé sur une déclaration du contribuable.

____

(1) Une somme de 4 millions a été prélevée sur les excédents budgétaires pour consentir une avance aux sociétés d'habitations à bon marché.

Les déclarations sont reçues — jusqu'au 20 mai pour les cultures d'hiver et de printemps et pour les animaux, jusqu'au 30 juin pour les cultures d'automne — par des commissions composées, sous la surveillance de l'autorité de contrôle, du caïd de la tribu et du cheikh de la fraction assistés de notables et d'un adel (notaire).

Pour les cultures, les déclarations portant sur la nature de l'ensemencement et les superficies ensemencées sont reçues en hectares, en charrues (superficie labourée pendant la saison agricole par un attelage normal) ou en quantités de semences mises en terre.

Les déclarations en semences et en charrues sont converties en hectares d'après des barèmes établis suivant la nature des terrains.

Les déclarations sont vérifiées par l'Administration à des dates annoncées à l'avance sur les marchés et autres lieux publics.

L'imposition est faite à l'hectare, d'après le rendement présumé de la récolte.

L'évaluation du rendement des récoltes à l'hectare, et le classement en cinq catégories (de 15 quintaux à 3 quintaux à l'hectare) sont faits dès que l'état des cultures le permet. Les commissions d'évaluations comprennent des experts, des mesureurs et des écrivains, assistés du cheikh et des notables du territoire.

Les contribuables sont admis à réclamer dans les vingt jours de la clôture des opérations si des erreurs se sont produites dans l'évaluation des surfaces ou du rendement. En outre, des dégrèvements peuvent leur être accordés si des dégâts se produisent après l'évaluation du rendement.

La taxation est faite d'après des tarifs fixés chaque année par un dahir spécial, et basés sur le cours des produits imposés.

Les rôles sont établis par les soins de la Direction générale des Finances.

Un délai d'un mois après la mise en recouvrement est accordé aux contribuables pour réclamer contre les erreurs matérielles qui auraient pu être commises dans la liquidation de leur cote.

Le recouvrement est fait par les soins des caïds et cheikhs qui reçoivent, à cet effet, les quittances établies d'avance pour les contribuables de leur circonscription.

Ils touchent des remises de 6 % (pour les caïds) et 4 % (pour les cheikhs) qui constituent, avec les remises sur droits de marchés, l'unique rémunération de leurs fonctions.

Comme on voit, le tertib n'a rien de commun avec l'impôt foncier de France, qui frappe la terre, dont la valeur change beaucoup plus rapidement que les évaluations cadastrales, infiniment trop rares. Le tertib n'est pas non plus l'impôt sur le revenu du sol, sur la récolte. C'est l'impôt sur la surface ensemencée multipliée par le coefficient de rendement normal établi par des techniciens dans des conditions donnant toute garantie au contribuable. Le propriétaire qui, par son industrie, par ses soins, obtient une moisson supérieure à la moyenne, n'est pas taxé pour ce surplus, dû à la qualité de son labeur. L' « inquisition fiscale », si abhorrée du contribuable français, n'a pas de part dans le tertib.

Les qualités que présente cet impôt l'ont fait accueillir favorablement des indigènes puisqu'ils le paient en moins de quinze jours, que les versements en retard se chiffrent par 3 % et les réclamations par 1 %. Ces résultats montrent combien la Direction des Finances a fait preuve de sens politique et d'habileté professionnelle en parvenant sans longs tâtonnements, presque du premier coup, à un système d'impôt direct aussi apprécié des contribuables qui le versent que du Gouvernement qui le recueille.

Les propriétaires d'immeubles citadins sont assujettis, au lieu du tertib, à la taxe urbaine, dont le principe a été fixé par l'acte d'Algésiras. En voici la définition :

La taxe urbaine est basée sur la valeur locative brute des immeubles.

L'assiette en est faite d'après les résultats de recensements triennaux revisés annuellement. Les recensements sont effectués par des commissions composées de contribuables opérant sous le contrôle d'agents de l'Administration. Le taux est de 8 % de la valeur locative.

Le produit en est partagé également entre l'État et les municipalités, après prélèvement de 10 % pour frais d'administration.

La taxe urbaine est l'équivalent exact de l'impôt français sur le revenu de la propriété bâtie, mais le recensement en est triennal au lieu de décennal.

Les impôts de consommation, les monopoles et autres contributions indirectes n'appellent pas d'observations particulières. Il n'en est pas de même de la troisième catégorie des ressources qui alimentent le budget du Protectorat, les recettes douanières.

Le régime douanier.

Le Maroc est le seul pays du monde qui ait deux régimes douaniers différents et simultanés. Les marchandises importées par mer paient 12 1/2 % de droits *ad valorem* (1), les marchandises importées par

---

(1) Sur ces 12 1/2 %, une tranche de 2 1/2 % est prélevée au profit de la caisse spéciale des travaux publics. Divers articles, tissus de soie, bijouterie, métaux précieux, vins et liqueurs, sont dégrevés de 5 %.

terre (frontière d'Algérie et des enclaves espagnoles de Ceuta, Melilla), 5 % seulement. Quelles sont les causes et les effets de cette situation extravagante?

Son origine première est lointaine. Elle remonte à 1867, date à laquelle le Gouvernement français promulgua une loi admettant en Algérie au bénéfice de la franchise les produits du Maroc importés par voie de terre. Au moment où l'Empire chérifien commença à se disloquer par suite des folies d'Abd el Aziz, la France songea à faire état des avantages qu'elle reconnaissait depuis si longtemps au Maroc pour en obtenir à son tour. Deux accords conclus en 1901 et 1902 établissaient le tarif de 5 % *ad valorem* pour les marchandises entrant au Maroc par l'Algérie. Cette convention nous donnait un moyen de pénétration efficace dans la province d'Oudjda qui, comme nous l'avons déjà dit, est le prolongement naturel, géographique et économique, de notre grande colonie africaine.

Quatre ans plus tard, l'acte d'Algésiras conférait au Maroc sa charte douanière. Elle fixait un nouveau régime de droits sur les importations par les ports, mais consacrait les titres acquis par l'Algérie et étendait le même privilège aux possessions espagnoles de Ceuta et Melilla. De cette époque datent les deux tarifs actuels, 12 1/2 % par mer et 5 % par terre.

Quand, en 1912, la France établit le protectorat au Maroc, son point de vue changea. Jusqu'alors nous n'étions, dans le pays, que des clients; nous y devenions les propriétaires ou du moins les détenteurs de l'autorité; nous envisagions les choses du dedans et non plus du dehors. Aussi les accords de 1901-1902 et leur confirmation à Algésiras, que nous avions considérés, au moment de leur conclusion, comme des succès, perdaient maintenant toute leur valeur. Du point de vue politique, nous n'éprouvions plus aucunement le besoin d'un moyen de pénétration dans une région qui devenait la nôtre; du point de vue économique, ce que gagnait notre colonie d'Algérie, c'était notre Protectorat marocain qui l'abandonnai;. En tant que Français, ce qui entrait dans une de nos poches sortait de l'autre.

Ces conséquences n'apparurent pas d'abord, à cause de la solution de continuité complète qui continuait à exister entre le Maroc Oriental et le Maroc Occidental. C'est seulement à partir de 1914 que les inconvenients de la dualité douanière pour le Protectorat commencèrent à se révéler, lorsque la trouée de Taza fut dégagée, que des chemins de fer s'en rapprochèrent, qu'une route y passa, reliant les deux tronçons jadis séparés et ouvrant entre eux des relations commerciales.

Un exemple récent fera comprendre tout de suite le préjudice dont souffrent les finances marocaines de ce fait. Un entrepreneur de transports de Fez avait acheté cent camions automobiles d'une marque italienne au prix moyen de 30.000 francs. Au lieu de leur faire emprunter la voie habituelle, celle de l'Atlantique, il les dirigea sur Oran. d'où ils gagnèrent leur destination par la route Tlemcen—Oudjda—Taza. La valeur totale du matériel ainsi importé étant de 3 millions, la différence entre les droits perçus à la frontière et ceux qui auraient été versés à Casablanca ou Kenitra s'élève à 225.000 francs, chiffre de la perte que subit le Protectorat pour cette seule expédition.

Lorsque le chemin de fer à voie normale d'Oudjda à Fez, dont la construction vient d'être décidée, sera achevé, le courant des transports d'Oran à Fez augmentera rapidement d'intensité; il nuira au développement de Casablanca, de Kenitra et privera le Trésor du Protectorat de rentrées considérables. Il n'y aurait là que demi-mal, si on n'entrevoyait d'ores et déjà un danger qui menacera à bref délai non seulement les ports de l'Atlantique, mais plus encore Oran lui-même.

Melilla, qui jouit du même tarif privilégié que l'Algérie, est en outre favorisé par sa position géographique à 280 kilomètres seulement de Fez. Dès que les Espagnols auront poussé des voies de communication vers le sud, leur port méditerranéen fera une très sérieuse concurrence à ceux de l'Atlantique à cause de ses avantages douaniers et évincera complètement Oran en raison de sa proximité. Ce péril est imminent. Il ne s'agit pas d'attendre que nos voisins aient construit routes et chemins de fer et de mettre alors sur le tapis la question douanière, car ils pourraient arguer des sacrifices qu'ils auraient faits. C'est tout de suite qu'il importe de prendre un parti. Quelles sont les solutions?

La Chambre de Commerce d'Oran a suggéré, dit-on, de reporter la frontière douanière vers l'ouest jusqu'à la Moulouya et d'assimiler ainsi toute la région d'Oudjda à l'Algérie ou de la transformer en zone franche. Le moindre défaut de cette prétention est de se mettre en opposition directe avec les accords internationaux; elle éveillerait les susceptibilités des puissances, qui y verraient le premier pas vers une annexion, que nous ne désirons pas

On a aussi parlé d'une séparation douanière absolue entre les zones espagnole et française; ce serait déplacer la difficulté au lieu de la résoudre, car l'Espagne aurait des arguments valables pour revendiquer sur la nouvelle frontière les mêmes droits qu'à Melilla.

La seule mesure profitable aux intérêts français bien compris est l'abrogation du régime préférentiel de la frontière algéro-marocaine, qui partagerait le sort commun en élevant son tarif à 12 1/2 %. Le privilège de Melilla disparaîtrait du même coup, car l'acte d'Algésiras ne le lui a attribué que pour rétablir l'équilibre des avantages entre l'Espagne et la France en vertu du principe de la nation la plus favorisée.

L'Algérie ne veut pas entendre parler d'une liquidation dans ce sens et s'obstine à défendre avec une aveugle obstination ses « droits imprescriptibles », dont elle serait la première victime, si on les maintenait. Elle ne s'aperçoit pas, malgré l'évidence, que la prolongation du *statu quo* la lésera bien plus encore que le Protectorat marocain pour le seul profit d'un port étranger.

La Banque d'État.

La conférence d'Algésiras avait pour mission de doter l'Empire chérifien des instruments nécessaires à sa régénération tout en sauvegardant les droits des États européens; elle devait tenir compte des titres spéciaux de la France et de l'Espagne, puissances limitrophes, ne pas négliger la situation commerciale acquise par l'Angleterre, enfin donner quelque pâture aux appétits de fraîche date de l'Allemagne. Il n'est pas étonnant qu'en partant de ces bases complexes elle ait abouti sur bien des points à des solutions dont la simplicité n'est pas la qualité maîtresse.

Dans le domaine financier il parut souhaitable aux négociateurs de créer au Maroc un organe semblable aux banques nationales des autres pays, qui s'occuperait des emprunts, des émissions de billets et en général de toutes les opérations incombant à ce genre d'établissements. Elle fonda ainsi la Banque d'État du Maroc, dont le statut portait la marque des compétitions qui avaient présidé à sa naissance.

Son capital de 15.400.000 francs fut réparti en quatorze parts égales, soit une part pour chacune des treize nations représentées à la conférence et une part supplémentaire attribuée à la France en échange de l'abandon de certains droits de préférence que le makhzen lui avait reconnus antérieurement. Les États-Unis ayant exprimé le désir de ne pas bénéficier de leur part, celle-ci revint aussi à la France, qui disposa donc, dès la fondation de la Banque, des trois quatorzièmes du capital. A chacune de ces quatorze parts correspondait un siège au Conseil d'administration.

Depuis la proclamation du Protectorat français, plusieurs des puissances signataires de l'acte d'Algésiras se sont désintéressées des affaires marocaines et ont renoncé aux droits financiers qu'il leur conférait; d'autre part, l'Allemagne et l'Autriche-Hongrie en ont été privées depuis. C'est encore la France qui a recueilli ces diverses successions, de sorte que ses délégués occupent maintenant une situation prépondérante.

Au moment de la crise consécutive à la déclaration de guerre, la Banque de l'Algérie, qui avait fondé plusieurs agences au Maroc, offrit ses billets afin d'aider à surmonter les difficultés de l'heure. Cette offre fut acceptée et on reconnut aux billets de la

Banque d'Algérie la même valeur libératoire en francs qu'à ceux de la Banque de France. Cette décision procurait à la Banque de l'Algérie une situation de fait au Maroc en face de la situation de droit de la Banque d'État.

On gagna ainsi la fin des hostilités, époque à laquelle on fut amené à envisager si des modifications radicales ne s'imposaient pas. Le caractère international de la Banque d'État comportait des inconvénients pour le présent comme pour l'avenir. Le moment n'était-il pas venu de négocier avec les intéressés son remplacement dans la zone française par un organe purement français en laissant à l'Espagne toute latitude de créer un établissement similaire dans sa zone? Mais alors que devenait le principe de la souveraineté du Sultan? Que serait le régime de Tanger?

Ces dernières considérations ont prévalu. On a décidé de maintenir la Banque d'État, mais en y faisant une place à la Banque de l'Algérie, qui est désormais représentée dans le Conseil d'administration. Cet accord entre les deux grandes banques a permis de résoudre définitivement la question monétaire par la suppression du hassani dans la zone française et l'institution d'un franc fiduciaire spécial au Maroc, gagé sur la circulation du billet algérien.

La question monétaire.

De même qu'il subit un double régime douanier, de même le Protectorat s'est longtemps trouvé aux prises avec une dualité monétaire; il vient seulement de s'en affranchir.

Avant notre intervention, la monnaie du pays était l'argent frappé par les sultans Moulaye Hassan et Abd el Aziz, connu généralement sous le nom de hassani. Les premières pièces remontaient aux environs de 1880. Les commerçants européens employaient aussi entre eux les espèces françaises et surtout espagnoles. L'immigration de nos compatriotes fit bientôt disparaître celles-ci, de sorte que le Protectorat à ses débuts se trouva en présence du hassani et du franc. Il dut admettre concurremment les deux monnaies dans les caisses publiques et dans sa comptabilité. La Banque d'État continuait à frapper des pièces marocaines. Chaque année, à l'automne, le tertib faisait entrer dans le Trésor d'importantes sommes en hassani, qui en sortaient ensuite peu à peu pour le règlement de la solde des troupes marocaines, des salaires des ouvriers et des traitements des fonctionnaires indigènes. Le change entre les monnaies suivait les fluctuations de la valeur de l'argent-métal sans écarts brusques. Ce régime était grevé de tous les désagréments inhérents à la complexité des comptes qu'il entraînait, mais n'offrit d'abord aucun danger, car le hassani restait toujours très inférieur au franc.

La guerre allait changer la face des choses à cause de deux faits nouveaux : la disparition du numéraire français et la hausse de l'argent-métal. Les indigènes commençaient à s'habituer à notre monnaie, même au billet de banque, lorsqu'ils virent nos pièces d'or et d'argent se raréfier soudain pour faire place à une circulation de papier-monnaie sans cesse croissante. Leur confiance dans le franc-papier diminua et ils recherchèrent uniquement le hassani, dont le cours se releva progressivement.

Une impression de malaise se manifesta. On songea

alors à faire examiner la question monétaire par une commission de spécialistes qui siégea à Paris. Il y fut décidé, pour des raisons d'ordre politique plutôt que financier, de soutenir le franc (1916).

Afin de mettre en pratique le principe ainsi admis, le Protectorat décida de stabiliser d'office le change, qu'il fixa à 125 %. Il comptait par cette mesure rendre confiance à l'indigène, l'accoutumer à manier indistinctement les deux monnaies, le familiariser avec le franc; en même temps on coupait court à l'agiotage, on simplifiait la comptabilité publique et privée. C'étaient là, il faut le reconnaître, de réels avantages, mais ils n'allaient pas sans susciter un péril, qu'on acceptait peut-être un peu légèrement. En fixant elle-même, officiellement, le cours du change, l'Administration engageait sa responsabilité. Jusque-là, les deux monnaies avaient voisiné fraternellement, si on peut ainsi s'exprimer, sans se gêner. Maintenant on les opposait l'une à l'autre, la lutte était ouverte entre elles et le Gouvernement descendait dans l'arène pour y prendre part. Il allait combattre pour le franc-papier contre le hassani-argent sans qu'on pût prévoir jusqu'où cela l'entraînerait, si les conditions économiques mondiales faisaient monter la valeur du métal. C'est précisément ce qui arriva l'année suivante. Une hausse très vive se produisit. Après avoir « tenu le coup » quelque temps, on fut contraint de renoncer au cours de 125 % et d'adopter celui de 100 %, solution très pratique pour les besoins de la vie quotidienne, car elle mettait fin à tous les calculs, à toutes les traductions de francs en hassani et réciproquement. Mais aux risques anciens s'en ajoutait un autre. En effet, dès que le cours eut été fixé à 100 % et quoique la Direction des Finances eût insisté sur le fait que cette égalité pouvait n'être que temporaire, le mot de *parité* fut prononcé et interprété. Le public se prit à considérer que la relation du franc au hassani était devenue invariable, que rien ne les distinguait plus. Ce malentendu issu de l'acception erronée d'un mot devait avoir de fâcheuses conséquences.

Pendant deux ans la parité avait été maintenue, non sans effort, quand tout à coup une seconde hausse de l'argent-métal, plus brusque que la première, vint tout bouleverser. Quelle en était la cause? Fort lointaine, certes, étrangère même au drame qui avait ébranlé le monde pendant cinq ans. La condition troublée du Mexique, principal pays producteur, appauvrissait le marché au moment précis où la Chine décidait de réformer son système monétaire et cherchait à se procurer pour cette opération de grandes quantités d'argent. Cette demande se produisant lorsque les stocks manquaient servit fort bien des spéculateurs avisés qui accaparèrent les lingots disponibles, d'où une ascension prodigieuse des cours. L'argent monta à des prix inouïs, impossibles à prévoir.

Ces événements eurent bientôt leur contre-coup au Maroc. Le hassani commença à être drainé hors de la zone française, car on ne pouvait y négocier qu'au pair cette marchandise qui se vendait beaucoup plus cher partout ailleurs. Le Protectorat se vit aussitôt débordé; s'il conservait la parité tout le hassani s'évadait et on courait à la catastrophe. Pour comble de disgrâce, la crise s'était déclarée si subitement qu'on n'avait pas eu le temps de prendre des mesures pour y parer, ni même de recourir à des palliatifs. Il ne restait qu'à se rendre sans combat.

Le 15 octobre 1919, une décision officielle rend la

liberté au change. Dès que cette nouvelle est connue à Casablanca le numéraire disparaît de la circulation, les magasins ferment, le hassani monte au cours de 160 en quelques heures; on voit des indigènes cracher sur les billets de banque, en déchirer, en jeter au feu. Le surlendemain, après deux jours d'hésitation, les adversaires du Gouvernement s'emparent de l'occasion, organisent des meetings, fulminent dans les journaux à leurs gages, crient à la trahison, jettent l'anathème sur le Protectorat qui a sacrifié le franc au hassani. La Chambre de Commerce suit le mouvement en donnant sa démission en corps; un comité de protestation, dit des 21, se constitue. Pourtant de tous ces détracteurs indignés aucun ne parvient à découvrir une solution meilleure que celle du Gouvernement; leurs injures ne masquent pas leur manque d'arguments. Le public n'est pas long à s'en apercevoir et l'agitation tombe aussi vite qu'elle est née. Le hassani revient au cours de 120, les coupures émises à Rabat remplacent la monnaie divisionnaire, les affaires reprennent, la Chambre de Commerce rapporte sa décision, le Comité des 21 s'évanouit au lendemain de sa première séance.

Cette effervescence d'un jour, envenimée et prolongée pendant plusieurs autres par des moyens artificiels, n'a été en somme qu'un feu de paille sans conséquences sérieuses. Elle n'a déterminé aucune faillite. Cependant elle a montré clairement les risques de la dualité monétaire et l'a condamnée sans appel. Dès ce moment le Gouvernement était décidé à s'en défaire, aussitôt que l'opération deviendrait possible, même si elle devait impliquer des sacrifices pour le Trésor.

La Direction des Finances se mit immédiatement

en devoir de préparer la démonétisation du hassani en en achetant toutes les quantités disponibles sur le marché, malgré la montée constante des cours qui devait durer jusqu'au printemps suivant. Elle s'informait aussi auprès des fonctionnaires régionaux des suites que la démonétisation pouvait avoir dans les provinces; tous ou presque répondirent qu'elle ne rencontrerait aucune résistance à condition de prendre quelques précautions de détail.

La libération du change avait arrêté l'exode de la monnaie d'argent vers la zone espagnole et Tanger. Les rachats en remplirent à nouveau les caisses publiques. Pendant les trois premiers mois, plus de 30 millions furent réintégrés. La continuation de la hausse se traduisit bientôt par d'appréciables bénéfices pour le Protectorat. C'est ce qui permit de procéder enfin à la démonétisation complète et de donner le coup de grâce au hassani.

Le 19 mars 1920, parut le dahir déclarant qu'il cesserait d'avoir cours légal dans la zone française à partir du 20 mai suivant. Dans l'intervalle le rachat s'exécuterait au taux de 200 %, soit 10 francs pour un douro (écu) marocain. On accorda par la suite un délai supplémentaire à la région éloignée du Sous, au delà de l'Atlas, mais en raison de la baisse de l'argent-métal survenue depuis, le rachat y fut fixé à 130 % au lieu de 200.

Ce dahir a eu son complément naturel dans un autre, en date du 20 juin, créant le nouveau billet-franc marocain, gagé sur les billets algérien et français, sans obligation de remboursement en numéraire par la Banque d'État.

Quel est le résultat pratique pour le Trésor de la démonétisation du hassani? On estime à un peu plus de 200 millions la valeur totale des pièces d'argent mises en circulation depuis Moulaye Hassan et dont un grand nombre ont été fondues, exportées ou perdues.

Au moment de la rupture de la parité (15 octobre 1919) l'encaisse métallique de la Banque d'État était réduite à 6 millions de pesetas hassani. Après la démonétisation elle se monte à 84.600.000, dont 76.300.000 provenant des remboursements, savoir :

1° Rachats à des cours variant de 125 à
    140 %. 35.500.000
2° Démonétisation à 200 %. 39.000.000
3° Démonétisation à 130 % (Sous) 1.800.000
             TOTAL des remboursements . 76.300.000

La différence entre ce total des remboursements et l'encaisse est représentée par le hassani appartenant au Protectorat sans avoir été racheté et par le hassani de Tanger et de la zone espagnole, propriété de la Banque d'État.

La moyenne des remboursements est de 175 % environ. Ce prix est un peu supérieur à la valeur de l'argent-métal à la fin de la période des remboursements, celle-ci étant tombée de 50 % pendant le dernier mois, mais il reste avantageux par rapport au remonnayage futur de l'argent.

En somme, le Protectorat se tire sans dommage d'une ère de difficultés qui ont à certains moments paru presque inextricables et on peut conclure qu'il est parvenu dans d'excellentes conditions à l'unification de sa monnaie qui étend la circulation du franc et du franc seul à tout notre domaine de l'Afrique du Nord.

———

TROISIEME PARTIE

LA MISE EN VALEUR DU MAROC

—

CHAPITRE XII

LE PORT DE CASABLANCA

—

La côte de l'Atlantique.

Nous avons montré comment le Maroc est demeuré jusqu'à notre siècle isolé du reste du monde. Malgré sa proximité, cette belle contrée n'a jamais été pénétrée par la civilisation européenne.

Ce phénomène de réclusion s'explique par les difficultés d'accès du Maroc. Un cordon de hautes montagnes le barricade du côté des terres, ne lui laissant d'autre issue que la trouée de Taza, entre le Rif et le Moyen-Atlas, long défilé, sinueux et accidenté. Quant à la côte de l'Océan, c'est par excellence le *littus importuosum*, le littoral sans ports. Aucun abri naturel depuis le détroit de Gibraltar jusqu'au Sahara. Dans le rivage rectiligne, de rares indentations offrent un abri précaire aux barques; quelques embouchures de fleuves donnent asile aux bateaux à faible tirant d'eau, mais la barre les rend inabordables pendant la moitié de la mauvaise saison. Aussi les « ports ouverts au commerce : par le Gouvernement chérifien n'avaient-ils de ports que le nom. Les navires y mouillaient en pleine mer, conservant toujours leurs feux allumés, prêts à prendre le large en cas de gros temps. Malgré ces précautions, tous les hivers la navigation paie un tribut plus ou moins lourd aux tempêtes. Cette année, deux paquebots français, le *Pax*, à Larache, et le *Venezuela*, à Casablanca, se sont échoués dans ces conditions. Les opérations de chargement et de déchargement se font à l'aide de grosses barcasses à rames, qui viennent se placer le long des navires lorsque la houle n'est pas trop forte. Les points de la côte ainsi utilisés avant l'intervention française étaient Larache (embouchure du Loukkos), Rabat (embouchure du Bou Regreg), Casablanca, Mazagan, Safi et Mogador.

Premiers travaux.

Dans certains de ces ports, des travaux, d'ailleurs modestes, ont été entrepris antérieurement à l'établissement du protectorat. Au moment de la course aux concessions entre les puissances, pendant le règne du sultan Abd el Aziz, l'Allemagne reçut en partage l'édification de quais à Tanger et à Larache, tandis que la France fut chargée de construire un port à barcasses à Casablanca et un wharf à Safi. Ce dernier ouvrage ne tint pas contre les assauts de l'Océan; il fut détruit en 1910.

Le petit port de Casablanca ne connut pas d'abord une meilleure fortune. Le programme fixé par le makhzen comportait une jetée de 400 mètres de long protégeant des terre-pleins et deux darses. La *Com-*

pagnie Marocaine obtint la concession; les crédits s'élevaient à 6 millions. On se rendit bientôt compte que la somme allouée serait insuffisante pour l'exécution du projet. Alors, comme trop souvent en pareil cas, on proportionna le but aux moyens et non les moyens au but. Faute de fonds supplémentaires, on économisa sur les matériaux en réduisant le profil de la jetée; celle-ci manqua de solidité. La mer en emporta 50 mètres pendant l'hiver de 1909 à 1910. Un an après, les terre-pleins, dont les bords verticaux donnaient trop de prise au choc des lames, disparurent à leur tour dans un raz de marée. Ces accidents produisirent la plus fâcheuse impression sur le public et l'opinion se persuada qu'à Casablanca la force des vagues aurait toujours raison des bétons les plus résistants.

Cependant l'entreprise du port n'avait pas comme seul adversaire la fureur des flots; elle se vit aussi en butte à l'hostilité des indigènes. On sait comment plusieurs ouvriers furent tués par la foule en 1907, ce qui détermina notre intervention dans le Maroc Occidental. Casablanca n'était plus seulement le débouché d'une fertile province marocaine; elle devenait la base de ravitaillement du corps expéditionnaire. Nous nous trouvions désormais intéressés directement à la prompte exécution des travaux; on leur consacra une somme de près de 2 millions prise sur l'amende imposée aux tribus des environs lorsqu'elles firent leur soumission.

Malgré cette aubaine, la réalisation du projet primitif n'était pas terminée lorsque la signature du traité de Fez, le 30 mars 1912, attribua à la France la mission de diriger les destinées de l'Empire chérifien. Le Gouvernement du Protectorat, dès qu'il fut constitué, comprit qu'il n'avait pas d'obligation plus urgente que celle de mettre fin à l'isolement dont souffrait le pays en ouvrant toute grande la porte si longtemps close, que nous n'avions encore que timidement entre-bâillée. Sous le nouveau régime, le commerce extérieur du Maroc allait sans aucun doute se développer rapidement. Il ne s'agissait plus de remanier des abris pour allèges et chaloupes à vapeur, mais de créer un véritable port où les plus grands navires pourraient par tous les temps mouiller en eau calme et accoster à quai.

Quel serait l'emplacement du grand port du Maroc? Nous avons dit que la colonie française était convaincue de l'impossibilité de le construire à Casablanca. Cette colonie se composait alors surtout de gens venus sur la côte marocaine à la suite des troupes pour faire rapidement fortune; la plupart comptaient y parvenir par d'heureuses spéculations foncières. Chacun ne songea plus qu'à se procurer des terrains près du futur port. On en acheta à Fedala, à Rabat, à Mazagan, ailleurs encore et, naturellement, les acquéreurs se mirent en devoir de prôner les avantages magnifiques du lieu où ils étaient propriétaires. Ainsi le Protectorat, à son aurore, voyait se dresser devant lui des intérêts particuliers fort peu soucieux de l'intérêt général.

Il sut les faire taire en nommant une commission de spécialistes qui parcourut toute la côte de la zone française à la recherche du point remplissant les meilleures conditions. Ces conditions étaient de deux sortes : d'ordre technique et d'ordre géographique. Il importait d'abord de connaître les points de la côte où la protection naturelle permettrait de diminuer le plus possible la longueur et la masse des jetées, faisant économiser ainsi du temps, des matériaux, de l'argent. A ce sujet, les conclusions de la commission furent très nettes. Si, en certains endroits, on trouvait des facilités pour garantir la navigation à faible tirant d'eau, au contraire, dès qu'on voulait atteindre les fonds nécessaires aux grands navires, on se voyait obligé de recourir aux abris artificiels; nulle part le tracé de la côte ne donnait le moyen de les éviter. Il convenait, bien entendu, d'écarter les régions à abords sablonneux ou encombrés de récifs, mais, en dehors de cette restriction, tous les points du littoral se valaient.

Les conditions techniques ainsi mises de côté, il ne restait qu'à s'inspirer des données géographiques. Le Protectorat ne pouvant envisager pendant de longues années que la construction d'un seul grand port, il y avait lieu de lui donner une position centrale d'où il desservirait le Nord comme le Sud, Fez comme Marrakech. La province côtière des Chaouïa semblait donc naturellement désignée. Elle possédait déjà un port ouvert au commerce et, précisément, celui dont des événements fortuits avaient fait notre base militaire, le point de départ de notre progression vers l'intérieur; nulle part nos nationaux n'étaient plus nombreux, nulle part le commerce ne s'était développé davantage. Casablanca fut donc choisi, malgré les protestations intéressées de ceux qui annonçaient à tout venant la faillite de l'entreprise et affirmaient que la mer balaierait jetées et terre-pleins à mesure qu'on les bâtirait.

Disons tout de suite que ces oiseaux de mauvais augure en furent pour leurs frais de prophéties et que les constructions du nouveau port ont tenu intégralement.

Le projet de grand port.

Dès que le Gouvernement du Protectorat eut fixé son choix sur Casablanca, il fit dresser un projet des travaux et en commença l'exécution. Le devis attei-gnait un peu plus de 44 millions. Les finances chéri-fiennes n'étaient pas alors en situation brillante. Seul un emprunt garanti par la France était capable de fournir les fonds nécessaires. Cet emprunt ne fut émis qu'en 1914; il affectait 50 millions au port de Casa-blanca, laissant une marge de 6 millions environ en sus du prix prévu afin de parer au renchérissement possible des travaux pendant le cours de leur exécu-tion. L'adjudication, faite le 25 mars 1913, revint à un groupe financier qui chargea la maison Schneider et Cie de l'entreprise.

Le programme comprend (Voir le plan, p. 145) :

1º La construction d'une grande jetée, d'abord per-pendiculaire, puis parallèle à la côte, longue de 1.900 mètres;

2º La construction d'une jetée transversale, fer-mant le port vers l'est, longue de 1.500 mètres et coupée par une passe de 250 mètres;

3º L'achèvement de l'ancien port à barcasses pour petits bâtiments calant moins de 4 mètres;

4º L'aménagement du nouveau port par la cons-truction de darses, de quais et de terre-pleins.

Ce projet donne au nouveau port une surface d'eau de 140 hectares (1), avec des fonds dépassant 12 mè-

---

(1) Surfaces d'eau d'Oran, 100 hectares; d'Alger, 115; de Marseille, 132; du Havre, 180; de Dakar, 400.

tres, accessibles par conséquent aux vaisseaux du plus fort tonnage actuellement en service.

Dans l'ensemble du programme, la première partie, la grande jetée, est de beaucoup la plus considérable; c'est elle qui protège tout le reste. Pour être certain qu'elle résistera, on lui donne des proportions imposantes. Ses assises sont formées de blocs de béton de 50 à 100 tonnes, entassés sur le fond rocheux de la mer. L'amoncellement s'érige en pente douce (1/1 jus-

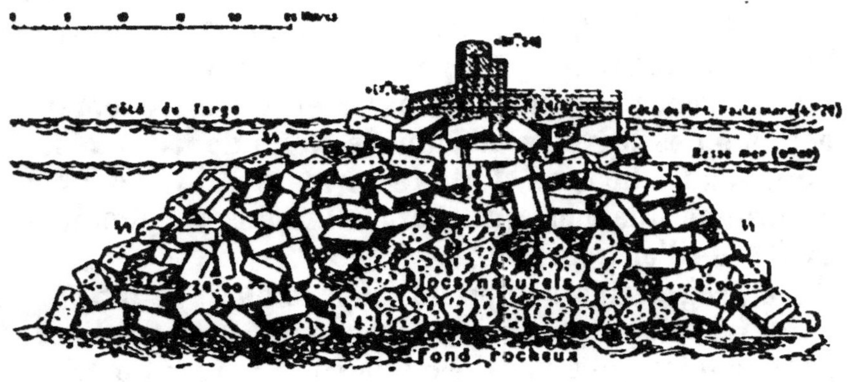

qu'au niveau de la basse mer; 3/1 au-dessus), de manière à offrir le moins de prise possible aux vagues. Dans cette pyramide de blocs s'opère un travail de tassement qui dure deux mois environ après la mise en place. Au bout de ce temps, les assises peuvent être considérées comme stables. Alors on les couronne d'une forte superstructure en ciment, un radier, qui se soude à la couche supérieure de blocs, l'étreint et la maintient définitivement en place par son poids. Ce radier porte à son sommet une plate-forme de 11 mètres de large, masquée du côté du large par un mur contre lequel vient se briser le flot après avoir épuisé sa force sur la pente des blocs de béton. L'importance de l'ouvrage croît naturellement à mesure qu'il avance. A son extrémité, par fond de 16 mètres, sa ' se n'atteindra pas moins de 85 mètres de large. On peut juger, par ce chiffre, de l'immensité de l'effort à accomplir.

Les chantiers.

Comme l'enceinte de la ville surplombait le rivage, on fut obligé de gagner sur la mer l'espace nécessaire à l'installation des bétonnières. A cet effet, on édifia les terre-pleins marqués sur le plan : chantiers de l'entreprise.

Le béton est préparé par des machines qui mélangent automatiquement, dans la proportion voulue, le ciment, le sable et la pierre cassée, dont il est constitué. Le premier de ces matériaux est distribué par un appareil à vis, les deux autres par des godets dans des bennes montées sur wagonnets. Ces wagonnets roulent jusqu'aux bétonnières; là, sur cinq rangées, des files de caissons en bois reçoivent les contenus des bennes, que des grues y déversent. L'amalgame y durcit en se moulant sur les parois du caisson, qui donnent au bloc sa forme, cube allongé, sur deux côtés duquel des rainures longitudinales serviront de logement à des chaînes pour les manœuvres ultérieures.

Les blocs prêts et débarrassés de leurs moules de bois, une grue montée sur pont roulant les saisit et les transporte sur les wagons plats d'un chemin de fer à voie étroite reliant les chantiers à la grande jetée, où a lieu la dernière opération, l'immersion. Un titan,

placé près du point extrême atteint par la jetée, saisit
le bloc sur le wagon, fait virer son bras gigantesque,
et, lorsque le bloc est exactement au-dessus du point
où il doit être mouillé, on largue les chaînes; l'énorme
cube disparaît sous les eaux.

Le sable et la pierre proviennent de carrières voisines de Casablanca; le ciment vient du Boulonnais.
Les bétonnières sont agencées pour un débit journa-
lier de 600 mètres cubes; le mètre courant moyen de
jetée en absorbe 500. Il y a trois titans, deux à vapeur
(50 et 110 tonnes) et un électrique (110 tonnes), qui
a coûté 500.000 francs. L'ensemble de l'outillage des
chantiers est revenu à 6 millions.

Avancement des travaux.

Le cahier des charges de l'adjudication de 1913
portait un délai de sept années pour l'achèvement
du port, y compris les travaux préparatoires de
l'installation des chantiers. L'ancienne entreprise
avait finalement mené à bonne fin les 400 premiers
mètres de la grande jetée; le développement total
mesurant 1.900 mètres, il en restait 1.500 à exécuter. L'avancement du travail devait se faire à
l'allure de 25 mètres par mois, ou 300 mètres par
an, soit cinq ans; en ajoutant un an pour l'établissement des chantiers et un an pour les travaux res-
tant à faire après l'achèvement de la grande jetée,
on obtient le total de sept ans. Le port devait donc
être prêt en 1920.

La guerre a entravé la marche des opérations et y
a apporté de notables retards, dont la cause principale a été le manque de ciment. Le tableau suivant

montre comment la construction de la grande jetée
s'est poursuivie :

<pre>
        Fin 1915 elle atteignait le point   434
        Fin 1916   —   614
        Fin 1917   —   824
    En juillet 1919   —   1.000
    En janvier 1920   —   1.090
</pre>

On voit que le chiffre prévu de 25 mètres par mois
n'a jamais été atteint. Cette lenteur n'a rien d'étonnant en période de guerre, puisque les matières premières faisaient défaut, mais on est surpris de voir
un rendement si faible (15 mètres par mois) pour le
dernier semestre de 1919, car les stocks étaient re-
constitués depuis longtemps.

La stagnation des travaux est due surtout à l'in-
troduction d'un nouveau procédé de construction
adopté pour la grande jetée par raison d'économie.
Au lieu d'édifier les assises uniquement en blocs de
béton, on a décidé d'en constituer le noyau central
en blocs naturels. Or, ces blocs proviennent d'une
nouvelle carrière qu'il faut mettre en exploitation,
et leur emploi exige un matériel spécial commandé
en France et qui a mis beaucoup de temps à arriver.
En l'attendant, on a suspendu le travail pendant une
partie de l'hiver.

Quant à la jetée transversale, d'un profil beaucoup
moins important que la grande, elle ne pourra être
entamée que lorsque la digue principale sera assez
avancée pour la garantir.

L'aménagement intérieur du port se divise en deux
stades : d'abord l'achèvement du port à barcasses du
projet primitif, légèrement modifié, puis la construc-

tion des quais et darses du nouveau port, destinés à l'accostage des grands navires.

Le port à barcasses, terminé en 1917, est utilisé par la flottille de service (barcasses, remorqueurs, chaloupes), ainsi que par les petits bâtiments (tor-

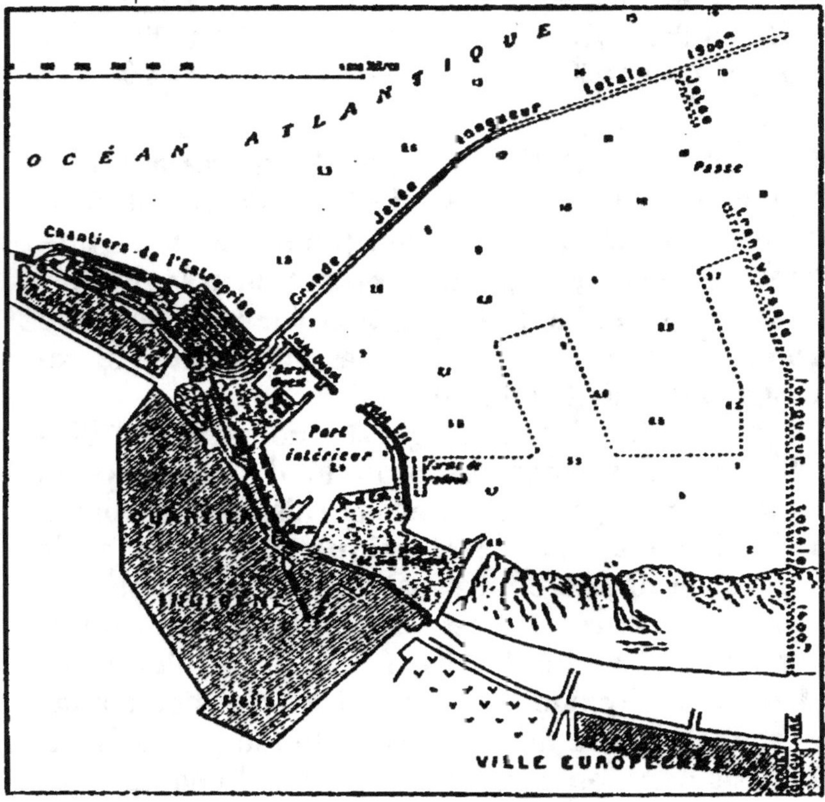

pilleurs, voiliers, chalutiers). C'est surtout un port d'attente, qui facilite la mise à terre des voyageurs et des marchandises tant que le projet principal n'est pas terminé, après quoi il jouera le même rôle que le Vieux Port à Marseille.

Le tracé des quais du grand port n'a pas été arrêté

en même temps que celui des autres travaux en 1913 (1). Cet aménagement dépend, en effet, du genre de denrées qu'on a à traiter; il y a intérêt à disposer de quais spéciaux pour le charbon, les minerais, les céréales, les marchandises diverses, parce que chacune de ces catégories emploie des transporteurs différents du navire au hangar et réciproquement. Or, il y a sept ans on ignorait encore quelle serait la proportion probable de ces diverses séries. Par exemple on ne soupçonnait pas encore l'existence des gisements de phosphates dans l'hinterland de Casablanca.

On a commencé cette année la construction d'un premier quai sur le revers de la grande jetée, où on espère que les passagers pourront débarquer par beau temps dès l'hiver prochain.

Quand l'aménagement sera complété, le port de Casablanca pourra faire face à un mouvement annuel de 2 millions de tonnes, soit environ le tiers de celui du Havre.

L'achèvement du port.

Ce sont là de belles promesses. Malheureusement, leur réalisation n'est pas prochaine. Il y a encore 800 mètres de la grande jetée à faire, soit près de trois ans à l'allure prévue avant la guerre; en ajoutant l'année nécessaire pour les autres travaux, on peut escompter le fonctionnement complet du nouveau port pour la fin de 1924. Ce sont là les chiffres officiels; l'expérience nous apprend qu'ils peuvent être sujets à caution.

---

(1) Le tracé des quais et terre-pleins du grand port sur notre plan n'est donné qu'à titre d'indication générale.

Cependant, le commerce extérieur du Maroc s'accroît de mois en mois; il a dépassé 300.000 tonnes en 1919, année de mauvaise récolte. Le port est menacé d'embouteillage. Le dernier automne a vu déjà une crise grave. Une longue période de mauvais temps coïncida avec l'arrivée de nombreux cargos, dont quelques-uns portaient des marchandises particulièrement difficiles à manier. Plusieurs navires, las de rester sur rade sans pouvoir débarquer le contenu de leurs cales, perdirent patience et repartirent avec leur chargement intact.

De pareils incidents sont extrèmement préjudiciables à la situation économique du pays. Les matériaux ne manquent plus; le Gouvernement a pris à sa charge le supplément de dépenses résultant du fait de la guerre. Toutes les conditions semblent donc réunies pour pousser activement l'ouvrage, et il traîne. L'hiver dernier, c'était un pénible spectacle que celui des chantiers si souvent déserts, des trains arrêtés, des titans immobilisés. Quand on demandait la cause de cette inaction, on vous donnait toujours quelque bonne raison de métier, que le profane ne peut discuter, mais qui ne réussit pas à le convaincre. Pour ma part, j'ai été frappé de ce que chaque fois que je prononçais : rapidité, il m'était répondu : économie.

Certes, tout est cher aujourd'hui; les matériaux sont hors de prix; la main-d'œuvre augmente sans cesse ses exigences. Mais il y a des accroissements de frais auxquels il faut savoir consentir; bien souvent la prodigalité apparente est moins onéreuse que l'épargne mal entendue, car, s'il existe des dépenses superflues, il en est aussi de productives. Au taux actuel du charbon et du fret, à combien revient le voyage d'un navire chargé de marchandises qui fait le trajet de France à Casablanca, reste quinze jours devant la côte marocaine et rentre à son port d'attache avec la même cargaison qu'au départ?

On reproche généralement au Français de ne pas avoir le sens du « manque à gagner » comme ses concurrents d'outre-Rhin ou d'outre-Atlantique. Il semble que cette lacune se retrouve à Casablanca. Qu'on ne croie pas que je cherche à incriminer qui que ce soit, les ingénieurs, la direction de l'entreprise ou les pouvoirs publics. Je constate simplement des faits. Le port de Casablanca a été commencé en 1913 avec une louable ardeur et doté d'un luxueux outillage. Après la crise de la guerre, on a paru lésiner et ne plus connaître l'enthousiasme d'autrefois pour courir au but.

Je lisais dernièrement une étude sur l'installation d'industries aux États-Unis, où il est dit que « des millions de dollars sont dépensés pour faire gagner une seconde dans le temps de fabrication d'un rail, éviter la perte d'un degré dans la température d'un lingot, cette seconde, ce degré représentant des économies annuelles de millions de dollars ».

Évidemment, depuis la guerre, les travaux du port de Casablanca n'ont pas été exécutés à l'américaine.

On peut espérer que les choses iront mieux dorénavant, car le nouvel emprunt du mois de juillet affecte 95 millions à l'achèvement de la grande jetée, 35 à son prolongement de 300 mètres pour constituer un avant-port, 90 à l'aménagement des quais, soit un total de 220 millions.

CHAPITRE XIII

LES PORTS SECONDAIRES DU MAROC

Casablanca est le principal port de la zone française du Maroc; son commerce égale à peu près celui de tous les autres réunis. Cette prépondérance sera encore bien plus accusée quand sa rade mal protégée aura été transformée — dans quatre ans peut-être — en un abri sûr et spacieux. Mais même alors Casablanca ne supplantera pas complètement ses concurrents de la côte atlantique; ils continueront, comme aujourd'hui, à jouer un rôle indispensable dans la vie économique du pays.

Le Gouvernement est si convaincu de leur valeur que non seulement il a entrepris d'améliorer tous ceux qui existaient (Rabat, Mazagan, Safi, Mogador), mais qu'il en a ouvert deux nouveaux au commerce (Kenitra, Fedala) et va prochainement en créer un troisième (Agadir).

Nous nous proposons d'examiner la situation de ces différents débouchés, le caractère spécial de chacun d'eux, les travaux d'aménagement qu'on y exécute, l'avenir qui paraît leur être réservé. Il ne s'agit, bien entendu, que d'un coup d'œil d'ensemble, non d'une étude de détail, qui nous entraînerait trop loin.

Il y a d'abord une première distinction à établir : celle des ports de rivière (Kenitra, Rabat) et des rades ordinaires. Les premiers ont l'avantage de pouvoir donner asile à des navires de petit et même de moyen tonnage, après que la barre qui obstrue l'entrée du chenal a été réduite. Les autres ne permettent d'abriter que des embarcations à très faible tirant d'eau, à moins de gros travaux, comme ceux de Casablanca, qui ne coûtent pas moins d'une centaine de millions et nécessitent un emprunt. Au contraire, l'aménagement de petits ports à barcasses et de rivière, beaucoup moins onéreux, se contente des recettes courantes, grâce à la clause de l'acte d'Algésiras qui prescrit qu'une taxe de 2 1/2 % *ad valorem* est perçue en même temps que les droits de douane sur toutes les marchandises importées par les ports marocains; cette taxe alimente une caisse spéciale destinée aux travaux publics.

Le Gouvernement emploie les sommes ainsi recueillies soit en prenant lui-même l'ouvrage à sa charge (Safi, Agadir), soit en l'adjugeant à des entreprises privées (Kenitra, Rabat, Mazagan, Mogador).

Les ports du Nord.

Le premier port qu'on rencontre en longeant du nord au sud le littoral de la zone française est celui de Kenitra, situé sur l'oued Sebou, à 17 kilomètres de la mer. C'est le débouché naturel du Rarb et de la vallée du Sebou, régions de pâturages et de cultures très riches, dont la valeur s'accroîtra considérablement lorsque les drainages, déjà commencés, auront amendé leur sol marécageux et extirpé les foyers de paludisme qui les rendent insalubres. Rien ne s'oppose à ce que la belle plaine du Sebou devienne un jour l'équivalent de celle de la Mitidja, aux environs d'Alger. Les deux premiers centres de colonisation français s'y sont établis à Petitjean et à Mechra bel Ksiri. Kenitra est aussi le port le plus rapproché de Fez et de Meknès, les deux grandes villes du nord de l'Empire, auxquelles le relie un chemin de fer à voie étroite et dont il absorbe de plus en plus le trafic au détriment de Larache et de Rabat. Cet ensemble de circonstances heureuses est un gage certain de rapide essor pour le port du Sebou. Ouvert au commerce en 1913 seulement, Kenitra pousse comme un champignon.

Je me souviens de mon premier passage à Kenitra, en 1911, avec la colonne de secours de Fez. C'était alors un site désolé entre le fleuve et la lisière de la forêt de Mamora, lande couverte de marguerites géantes et hébergeant un peuplement très dense de scorpions. Quatre murs marquaient l'emplacement de l'ancienne kasba ruinée.

Cette année, j'ai vu au même endroit une petite ville très affairée où plus de 200 lots de terrain ont été acquis par les négociants et les colons. Avec son quadrillage de rues et d'avenues, ses bâtiments publics, ses hangars, ses magasins, ses villas, Kenitra a fort bon air et donne l'impression que son rapide développement n'en est encore qu'à la première étape.

L'activité commerciale y est née spontanément à la suite de l'installation d'une base de ravitaillement militaire. On a dû se hâter de construire un appontement, puis un terre-plein et un quai de 250 mètres, le premier du Maroc où des vapeurs aient pu accoster. Ce ne sont encore que de bien petits vapeurs, car l'accès du port est rendu difficile par la barre et un seuil intermédiaire qui interdisent aux navires calant plus de 3ᵐ 50 de remonter le Sebou. Le projet en cours d'exécution consiste à creuser un chenal de 3ᵐ 80 à marée basse, puis de l'approfondir à 4ᵐ 60, de draguer le port, d'augmenter la longueur des quais et leur outillage.

Un programme du même genre fait l'objet d'une concession pour l'amélioration du port de Rabat, sur le Bou Regreg, dont l'embouchure est à une vingtaine de kilomètres de celle du Sebou. Les conditions locales comme la situation générale y présentent beaucoup moins d'avantages qu'à Kenitra. Le fleuve est étroit, peu profond, et les premiers travaux, maladroitement conçus, ont eu pour effet de l'ensabler dans des proportions assez inquiétantes. D'autre part, Rabat souffrira forcément de plus en plus du voisinage de Kenitra et de Casablanca; son commerce se réduira sans doute à celui de la ville et de l'arrière-pays immédiat, qui comprend les territoires prospères des Zaër et des Zemmour.

Aux trois quarts de la distance qui sépare Rabat de Casablanca on trouve le port de Fedala, à peu près contemporain de celui de Kenitra. Il a été fondé par une société particulière, qui semble bien s'être lancée dans cette affaire en misant sur l'échec de Casablanca. Le Protectorat lui a accordé la concession du port, mais sans garantie d'aucune sorte. Actuellement, Fedala attire une partie du tonnage destiné à Casablanca, lorsque ce dernier port est encombré, mais on s'imagine difficilement qu'il puisse se développer quand son puissant rival sera achevé. Il aura même de la peine à vivre, à moins qu'on ne lui crée des ressources artificiellement.

Les ports du Sud.

Au sud de Casablanca, Mazagan, dans l'opulente province des Doukkala, s'est fait une spécialité de l'exportation des œufs, d'abord parce que les environs en produisent en abondance, mais aussi en raison du calme de ses eaux. Mazagan est de tous les ports du Maroc celui où le mauvais temps empêche le moins souvent les embarquements et par conséquent le plus propice au chargement de denrées périssables comme les œufs. On peut prévoir que ce monopole lui sera enlevé par Casablanca, qui jouira dans quelque temps d'une sécurité très supérieure. Le port à barcasses de Mazagan vient d'être fini.

Safi, sur le territoire des Abda, est le débouché naturel de Marrakech, comme Kenitra celui de Fez. La colonie européenne y est remarquablement active et entreprenante. Malheureusement, la côte de cette région est encore plus inhospitalière que celle des autres, parce que ses abords sont sablonneux; il s'y forme une barre au moins aussi dangereuse que celle des embouchures des cours d'eau. On s'était contenté jusqu'ici de remettre en état le wharf construit en 1908 et enlevé par la mer deux ans plus tard, puis de le protéger quelque peu à l'aide d'une digue de 200 mètres de long. Grâce au nouvel emprunt, qui attribue 40 millions à Safi, on va entreprendre la construction d'un port à barcasses.

Au sud de Safi, la fertilité de la zone du littoral diminue très vite faute de pluies; jusqu'à l'Atlas, les cultures cèdent presque partout la place à une forêt clairsemée. Mogador, sur le rivage de cette contrée peu productive, dépend surtout, pour alimenter ses échanges, des caravanes venant des environs de Marrakech et du Sous. Celles du Sous en seront détournées dès que la mise en exploitation du port d'Agadir, en voie d'aménagement par le Service des travaux publics, leur offrira une issue plus proche. En revanche, la découverte de gisements de phosphates non loin de Mogador lui ouvre des perspectives nouvelles. Un port à barcasses, semblable à celui de Mazagan et concédé à la même société, sera bientôt en état de fonctionner.

L'avenir des ports marocains.

Avec leurs moyens actuels, les ports marocains peuvent faire face, par jour, au trafic suivant :

Kenitra	300 tonnes
Rabat	200 —
Fedala	500 —
Casablanca	1.200 —
Mazagan	600 —
Safi	500 —
Mogador	200 —

La situation représentée par ce tableau ne se modifiera pas sensiblement tant que les travaux seront en cours, mais, quand on les aura terminés, le Nord du Maroc se trouvera beaucoup mieux outillé que le Sud. Il disposera de deux ports de rivière abritant complètement des navires d'un tonnage respectable, tandis que les vapeurs à destination des ports méridionaux devront continuer à charger et décharger sur des rades non protégées. Ce désavantage sera compensé dans une certaine mesure par les facilités que le Sud trouvera dans l'exploitation de ses voies ferrées; on a reconnu sur le bas Oum er Rbia et sur l'oued Abid (Moyen-Atlas) des chutes d'eau suffisantes, croit-on, pour électrifier tout le réseau jusqu'à Casablanca. Le grand port central attirera donc presque certainement le commerce de l'hinterland sud-marocain.

Si l'on ne lésine pas trop sur les crédits, dans un délai de quatre à cinq ans, six ans au plus, on peut espérer que non seulement l'aménagement des ports, mais même que les principales lignes de chemin de fer seront en état; la pacification aura sans aucun doute été menée à bonne fin à la même époque, si l'on ne lésine pas trop sur les effectifs. Le développement économique du pays fera alors un nouveau bond, comme il en a fait un premier lorsque l'établissement du Protectorat a donné à l'Empire chérifien un régime d'ordre et de stabilité, comme il en a fait un second quand l'armistice a mis fin aux restrictions que la guerre sous-marine imposait à la navigation et au commerce.

Il n'est pas improbable que les ports marocains soient alors débordés une fois de plus par l'afflux des marchandises. Gouverner, c'est prévoir. Il y a lieu d'envisager dès maintenant une telle éventualité et de se demander s'il vaudra mieux, le cas échéant, agrandir Casablanca ou construire un second grand port à l'embouchure du Sebou. Cette dernière solution épargnerait au trafic du Nord du Maroc la centaine de kilomètres qui séparerait les deux ports, mais elle entraînerait des dépenses considérables. Le Gouvernement semble l'avoir rejetée puisqu'il a décidé de consacrer 35 millions à amorcer l'extension de Casablanca.

Le projet d'un grand port dans le sud du Maroc semble encore plus problématique à cause des obstacles techniques que le fond de sable oppose à l'ingénieur sur la côte de Safi. Peut-être se rabattra-t-on sur Mogador, mais Marrakech n'y gagnerait que 50 kilomètres à peine par rapport à Casablanca.

En résumé, on aura intérêt, pour le commerce extérieur du Maroc, à développer les ports dans le nord et les voies ferrées dans le sud.

Le débouché du Maroc Oriental.

Nous n'avons considéré jusqu'ici que la partie la plus peuplée, la plus florissante de l'Empire chérifien, le versant de l'Atlantique. Le bassin de la Moulouya et des autres cours d'eau qui tombent dans la Méditerranée est beaucoup moins intéressant du point de vue économique; il est stérile dans presque toute son étendue. La disposition de ses limites, la Moulouya à l'ouest, la frontière oranaise à l'est, qui vont à la rencontre l'une de l'autre en s'élevant du sud au nord, le rétrécit à mesure qu'on s'approche de la mer et réduit presque à rien la partie tellienne, la seule présentant une continuité de terrains cultivables. Au sud de ce petit canton à forme triangulaire, déjà bien mis en valeur par nos colons, le manque d'eau se fait sentir et les seules ressources de ces vastes espaces sont l'élevage du mouton et l'alfa, peut-être certains minerais exploitables.

Les quelques kilomètres de côte entre la zone espagnole et l'Algérie sont envahis par les sables. Dans le voisinage, à Port-Say, un particulier a tenté avec ses propres moyens de créer un port; il y a usé ses capitaux et succombé à la tâche sans obtenir aucun résultat; les travaux ont été enlisés. Dans les conditions présentes, le Maroc Oriental en est réduit à écouler ses produits par Oran, mais Oran est bien loin, mal desservi par une ligne de chemin de fer à voie unique, à tracé incohérent et détourné, fort négligemment exploitée; l'encombrement y est perpétuel. Il serait donc à souhaiter soit que les chemins de fer oranais fussent mis à même de répondre aux nécessités du trafic marocain, soit que le Maroc Oriental fût doté d'un port à lui. Comme il ne peut en trouver sur son sol, on est amené à envisager une rectification de frontière avec l'un de ses voisins.

Il a été question dans certains milieux de négocier avec l'Espagne la cession du cap de l'Eau et des îles Zaffarines, points propices à l'établissement d'un port, à ce qu'on croit, mais, étant donnée l'âpreté hostile des gens d'outre-Pyrénées, il est probable qu'ils ne se dessaisiraient pas de ces quelques hectares sans en demander un prix exorbitant, hors de toute proportion avec le profit qu'on en retirerait.

Sur le rivage algérien, le port de Nemours n'est certainement pas un abri idéal. Malgré ses deux jetées de 410 et de 440 mètres, poussées jusqu'à des fonds de 15 mètres, la surface d'eau protégée est exiguë et reste exposée à certains vents; il y a aussi tendance à ensablement. Enfin les communications par voie ferrée de Nemours avec l'intérieur, projetées depuis longtemps, n'ont jamais été entreprises, ce qui n'a rien d'étonnant en Oranie, où les velléités d'extension du réseau ferré se sont toujours heurtées à une inertie voulue. Il y a 54 kilomètres de Nemours à la ligne Tlemcen—Oudjda, en terrain assez accidenté.

Si peu engageant que soit le port de Nemours, il a le mérite d'exister et le Maroc Oriental pourrait peut-être y trouver le débouché qui lui fait défaut. Il suffirait de reporter la frontière d'une quarantaine de kilomètres à l'est; l'Algérie recevrait en compensation une partie des territoires du Sud avec les oasis de Figuig et d'Ich, tributaires de la grande artère de Colomb-Béchar et dont le rattachement à l'Empire chérifien n'a aucune raison d'être.

Cette solution n'est pas exempte de complications, sans doute, mais rien ne prouve que ces complications soient inextricables. Après tout, le Gouvernement général de l'Algérie et le Protectorat du Maroc font partie d'un même tout, l'Empire colonial français. Ce n'est pas parce que leurs administrations relèvent de ministères différents qu'elles doivent s'ignorer au lieu de se prêter un mutuel appui. Leur devoir commun est de s'entendre pour servir de leur mieux l'intérêt de la France.

CHAPITRE XIV

LES VOIES DE COMMUNICATION DU MAROC

Pour mettre en valeur un pays neuf comme le Maroc, la création de ports est une condition nécessaire, mais non suffisante. Il faut encore que ces ports soient reliés aux centres de production de l'intérieur par des voies de communication capables d'assurer le transport des marchandises à l'aller et au retour. Ces voies de communication ne sont d'ailleurs pas seulement profitables au développement économique des régions qu'elles desservent; elles facilitent la pacification des provinces dissidentes, fixent les tribus soumises; elles servent donc à la fois le commerçant, l'agriculteur, le militaire, l'administrateur.

Le premier grand État colonisateur, la République romaine, a couvert le monde antique de ses chaussées, dont les traces subsistent encore. Son émule, l'Empire napoléonien, en a fait autant dans l'Europe Occidentale. Les gouvernements français qui lui ont succédé ont suivi son exemple dans notre domaine d'outre-mer à mesure qu'il s'étendait, mais quand le rail détrôna la route, ils ne surent pas discerner son importance. Aucune de nos possessions n'est encore outillée en chemins de fer comme elles devraient l'être et toutes souffrent de cette pénurie. Depuis quelques années, l'invention de l'automobile a réveillé la route de son sommeil presque séculaire, de sorte que celle-ci peut compléter le chemin de fer et même prolonger son rayon d'action, mais sans jamais le remplacer. La combinaison de ces deux moyens de communication apparaît de nos jours comme indispensable à l'exploitation rationnelle d'une contrée agricole ou industrielle.

Telle était bien l'opinion de l'Allemagne, au moment où elle conclut avec nous l'accord relatif au Maroc. Obligée de reconnaître notre droit au Protectorat, elle conservait l'arrière-pensée de nous y gêner le plus possible et y réussit avec beaucoup d'adresse en entravant le développement des voies de communication par une clause de la lettre de M. de Kiderlen-Wächter, jointe à la convention du 4 novembre 1911. Il y est stipulé « que la mise en adjudication du chemin de fer de Tanger à Fez, qui intéresse toutes les nations, ne sera primée par la mise en adjudication des travaux d'aucun autre chemin de fer marocain ». C'était la flèche du Parthe. On n'aperçoit pas quel avantage toutes les nations recueillaient du fait que la longueur des communications de Fez à la côte serait doublée; on se rend très clairement compte au contraire des inconvénients de cette mesure pour le Protectorat. Non seulement elle lui imposait un surcroît de travaux et de dépenses, non seulement elle détournait le courant commercial de la capitale du Nord de son débouché naturel, mais elle nous obligeait à entreprendre une œuvre considérable de concert avec l'Espagne, qui n'est jamais très pressée de hâter une solution pour nous faire plaisir, même lorsque son propre intérêt l'y porte. Il fallut plus d'un an pour mettre sur pied avec le Gouvernement de Madrid un protocole à ce sujet, et c'est seulement en 1914, quelques semaines avant la guerre, que la construction de la ligne fut concédée.

La faiblesse de nos négociateurs avait donc, à la fin de 1911, compliqué d'avance la tâche du futur Gouvernement du Protectorat. Lorsque celui-ci se constitua, six mois plus tard, il comprit qu'il ne pouvait attendre la mise en adjudication de la ligne Tanger—Fez pour établir un programme de voies de communication et en entamer l'exécution.

Avant notre intervention, il n'existait au Maroc pas un mètre de chemin de fer ni de route empierrée. Le sultan Abd el Aziz avait voulu, en 1902, réunir deux de ses palais de Fez par un petit decauville, dont il venait de faire emplette pour s'amuser. La foule menaça de lapider les ouvriers qui assemblaient les éléments de la voie et les travaux durent être abandonnés.

Dans tout l'Empire, les transports se faisaient uniquement sur animaux de bât et on n'y voyageait qu'à cheval ou à mulet sur des pistes frayées par les pas des hommes et des bêtes. Pour franchir les fleuves on trouvait de rares et mauvais bacs, quelques vieux ponts bâtis jadis par des renégats chrétiens; partout ailleurs on traversait les cours d'eau à gué et, lorsque les pluies les gonflaient, les caravanes étaient forcées de camper près de la berge et d'attendre souvent plusieurs jours que le niveau eût baissé. Nos premières colonnes, dans les Chaouïa, éprouvèrent fréquemment de grandes difficultés à tirer des terres détrempées les canons et les arabas, ces voitures légères à deux roues sur lesquelles les troupes d'Afrique chargent leurs approvisionnements. J'ai vu un attelage de douze chevaux ne réussir qu'après de longs efforts à sortir une pièce de 75 d'une fondrière du chemin que nous suivions.

En 1912, nos colonnes du Maroc Occidental opéraient à l'est de Fez, le long des contreforts du Moyen-Atlas, à Marrakech; dans le Maroc Oriental, nous avions progressé jusqu'à la Moulouya. Ainsi le front s'était avancé à plus d'une centaine de kilomètres dans l'intérieur. Le ravitaillement employait des convois lourds, lents, extrêmement coûteux, qui s'allongeaient à l'infini sur les pistes du bled marocain. Cette situation ne pouvait durer. A défaut de chemin de fer à voie normale, il était urgent de soulager lo corps expéditionnaire par la création de routes et de lignes stratégiques à voie étroite, qu'aucun traité international ne prohibait.

A cette époque il existait déjà dans les Chaouïa quelques routes construites par le génie, ainsi que deux lignes de 60 centimètres, l'une de Casablanca à Ber Rechid, où les wagonnets étaient traînés par des chevaux réformés de l'armée, l'autre de Casablanca à Rabat, exploitée d'une manière moins primitive. Le projet d'ensemble de travaux publics que le nouveau gouvernement se proposait de réaliser comportait l'extension immédiate du réseau routier et du réseau ferré à voie étroite. Les routes seraient surtout destinées au commerce, les chemins de fer exclusivement au ravitaillement des garnisons. Les fonds nécessaires à la construction seraient fournis pour les premières par un emprunt, pour les seconds par le budget de la Guerre français. Et on se mit au travail.

Les routes.

Le réseau routier du Maroc comprend aujourd'hui
2.000 kilomètres environ de routes principales, analogues à nos routes départementales, et plus de 500 kilomètres de routes secondaires, analogues à nos
chemins de grande communication. Les premières

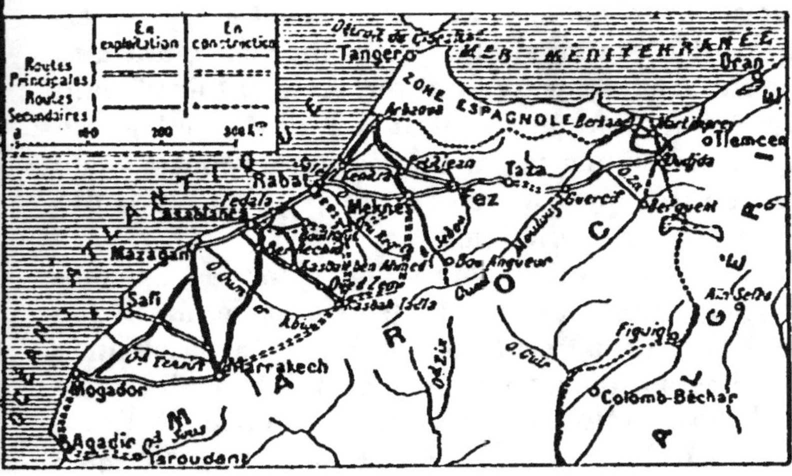

RÉSEAU ROUTIER DU MAROC

desservent les ports et les villes importantes de l'intérieur, les secondes les régions agricoles les plus actives; certaines d'entre elles, appartenant à l'une et
l'autre catégorie, ont un caractère stratégique.

Les grandes artères se répartissent comme suit :

1° Une route de rocade côtière allant de Mogador
à la frontière espagnole par Mazagan, Casablanca,
Rabat, Kenitra;

2° Le groupe de Marrakech : quatre routes reliant

la capitale du Sud aux ports de Mogador, Safi, Mazagan, Casablanca;

3º Le groupe de Fez : deux routes de Fez à la côte (Kenitra et Rabat) et une de Fez à la frontière algérienne par Taza et Oudjda;

4º Plusieurs transversales entre les routes du Nord.

Les routes secondaires sillonnent deux régions : les Chaouïa et le tell de la province d'Oudjda.

Les routes stratégiques sont celles de Casablanca au Tadla et la voie de pénétration du Moyen-Atlas central, qui ne va encore que de Meknès au poste de Bou Angueur, près de la source du Sebou.

Tout ce réseau fait partie du programme primitif, qui a été augmenté depuis. La guerre, en effet, non seulement n'a pas nui à l'exécution des travaux, mais elle l'a accélérée. Le Gouvernement du Protectorat a su convaincre la Métropole de l'intérêt qu'il y avait à ne pas entraver la continuation de l'œuvre commencée; elle consolidait la pacification en offrant aux indigènes de l'ouvrage à bon prix et cela sans réclamer d'importations, tous les matériaux se trouvant sur place. Le général Lyautey a résumé cette politique en une phrase qui a fait fortune : « Tout chantier ouvert vaut un bataillon. »

Un premier emprunt, en 1914, attribuait aux routes une somme de 36 millions; un autre s'y est ajouté en 1916 et a presque doublé les crédits par un apport de 35.500.000 francs.

Les deux programmes établis sur ces bases sont maintenant achevés sauf en quelques points, à cause de l'épuisement des crédits. Il reste notamment à construire une fraction de la route d'Algérie entre Taza et la Moulouya, ainsi que les ponts sur l'Oum er Rbia (à Azemmour) et sur le Sebou (à Kenitra),

qu'on franchit encore à l'aide de bacs d'un maniement dangereux.

Un nouvel emprunt de 744.140.000 francs, affecté
presque en totalité aux travaux publics autres que
les chemins de fer, a fait l'objet d'un projet de loi
que le Parlement a voté en juillet dernier. Sur cette
somme une tranche de 60 millions est attribuée aux
routes. Elle servira à mener à bonne fin la partie de
l'ancien programme laissée en suspens et à créer de
nouvelles voies, dont les principales sont :

1º Casablanca à Meknès;

2º Rabat à Kasba Tadla;

3º Meknès à Marrakech, par Kenitra et Kasba
Tadla;

4º Mogador à Taroudant, par Agadir.

Les routes du Maroc sont bien tracées, mais s'usent
vite à cause de la circulation intense, qui augmente
sans cesse. Dans la plaine du bas Sebou, en terrain
d'alluvions où on ne trouve pas de pierre dure, les
chaussées ont été tellement détériorées qu'il a fallu
en interdire l'accès aux poids lourds. Sur tout le réseau, malgré un grand luxe de travaux d'entretien,
la dégradation est rapide. L'insuffisance des chemins
de fer se fait sentir fâcheusement; il importe d'y
remédier sans retard.

Les chemins de fer militaires.

Dès 1912, la voie étroite était poussée avec une
remarquable célérité vers les points où combattaient
nos troupes : Fez, le Tadla, la Moulouya. La ligne
Casablanca—Fez avait été construite jusqu'à Rabat
en décembre 1912; elle atteignait Kenitra en mars

1913, Meknès en juillet 1914, Fez l'année suivante. Au Maroc Oriental, le rail arrivait à Taza en juillet 1915, à peine un an après l'occupation de la ville. La ligne du Tadla, dont l'urgence était moindre, fut amenée en 1917 jusqu'à l'oued Zem.

Dans le sud de l'Empire, la densité des effectifs était beaucoup plus faible que dans le nord; les grands caïds de l'Atlas y assumaient avec leurs tribus la garde du territoire et libéraient presque entièrement le corps expéditionnaire de cette charge. Dans ces conditions, on n'a prolongé la ligne de Ber Rechid sur Marrakech que beaucoup plus tard — elle a été achevée cette année — et surtout pour des raisons économiques.

La déclaration de guerre de l'Allemagne rompait en effet tous les accords conclus avec cette puissance; la clause prohibitive du Tanger—Fez disparaissait. Dès que les transports militaires le rendirent possible, les chemins de fer à voie étroite furent mis, dans une certaine mesure, à la disposition du public.

Les voies militaires du Maroc ont d'abord été construites avec des éléments métalliques Péchot, du modèle employé dans les camps retranchés de l'Est. Comme il fallait avant tout marcher vite, on a adopté des tracés souvent sinueux, à courbes de très faible rayon, pour éviter les ponts et les tunnels. On travaille aujourd'hui à rectifier ce tracé et on remplace peu à peu les éléments Péchot par des rails plus lourds et des traverses en bois. Les trains circulent sans précipitation; on les suit aisément à cheval. Des draisines (automobiles sur rails) fonctionnent pour le transport des voyageurs et se déplacent à une allure raisonnable; on leur reproche une tendance exagérée à sortir de la voie comme les chevaux de course mal dressés. Pour ma part, j'y ai fait confortablement et assez rapidement de nombreux trajets, sans aucun incident fâcheux.

Pendant la guerre la Direction des Chemins de fer militaires a accompli de véritables prodiges dans l'exploitation de ses lignes, mais aujourd'hui elle est débordée. Elle est obligée, à la fois, de transporter

LES CHEMINS DE FER MILITAIRES AU MAROC

le ravitaillement des troupes, le matériel pour les constructions nouvelles et de faire face au trafic commercial qui croît dans des proportions inouïes. Malgré les améliorations apportées à la voie, le réseau ne « débite » plus. Les marchandises et même une partie des approvisionnements militaires sont obligés d'emprunter la route à grands frais. La tonne kilométrique revient à 60 centimes par le chemin de fer, à 2ᶠ 15 en moyenne par convoi et 2ᶠ 20 par camion. L'économie réalisée par l'emploi de la voie ferrée est telle qu'elle se trouve amortie en un peu moins de deux ans.

Pendant la discussion du budget du mois de juin à la Chambre, les chemins de fer à voie étroite ont passé un mauvais quart d'heure. « Nous étions liés, dit un des orateurs, par l'acte d'Algésiras. Il avait été convenu que tant que la ligne Tanger—Fez ne serait pas construite, nous ne pourrions construire que des voies de 60 centimètres. En 1914, le jour de la déclaration de guerre, nous n'étions plus liés par l'acte d'Algésiras avec l'Allemagne, nous n'étions plus liés qu'avec nos alliés. Je demande pour quelle raison on a continué pendant tout le temps de la guerre à construire des voies de 60 centimètres, alors que l'on sait très bien que ces voies ne pourront pas rendre des services économiques utiles. »

Ces déclarations, accueillies par les applaudissements de l'Assemblée, sont un tissu d'erreurs. D'abord, ce n'est pas l'acte d'Algésiras qui nous liait, mais l'accord de 1911 conclu avec l'Allemagne seule. Il est donc inexact de dire que, en 1914, nous étions encore liés avec nos alliés. Nous ne l'étions plus avec personne. D'autre part, si on a continué à construire des voies de 60 centimètres, c'est parce qu'on ne pouvait en construire d'autres par manque de matériel d'abord, et ensuite faute de l'autorisation du Parlement, comme nous le verrons plus loin. Ces voies de 60 centimètres, si vilipendées, ont permis au Maroc de vivre tant bien que mal pendant la guerre et depuis; elles nous ont épargné un nombre respectable de millions et nous en épargnent encore.

Aussi se hâte-t-on de lancer des lignes à la suite de nos détachements de chaque côté et le long du Moyen-Atlas, ligne de la Moulouya et ligne de Meknès à Aïn Leuh (1), pour faciliter leur ravitaillement, mais cette extension du réseau ne profite qu'au corps expéditionnaire. L'agriculture, l'industrie, le commerce attendent depuis huit ans les moyens de communication qui leur sont indispensables. La voie étroite, malgré les services qu'elle rend, n'est qu'un palliatif passager. Partout règne l'encombrement; il persiste malgré l'importation en grand de camions automobiles. La construction de chemins de fer à voie normale et à grand rendement est le seul moyen de sortir de l'ère des difficultés où se débattent les transports du Maroc.

Les chemins de fer à voie normale.

Nous avons dit que la rupture avec l'Allemagne donnait au Protectorat le droit de construire des chemins de fer à voie normale, mais c'était alors un avantage purement théorique. Les rails manquaient. Comment le Maroc pouvait-il demander un matériel dont la pénurie se faisait sentir en France même et sans lequel la Métropole n'aurait pu continuer la lutte? Cependant le Gouvernement de Rabat, avec une remarquable prévoyance, procédait à l'étude d'un réseau commercial et établissait les bases d'un contrat avec un consortium de compagnies (Compagnie Générale du Maroc, Compagnie Marocaine, Paris-Orléans, P.-L.-M.) en vue de la construction et de l'exploitation de ce réseau. Un projet de loi portant approbation de cette convention était déposé à la

---

(1) On vient de décider que la ligne de Meknès à Aïn Leuh serait faite à l'écartement normal.

Chambre des Députés le 22 mai 1917. Le programme des travaux comprenait : la ligne de Casablanca à Petitjean, qui se raccordait en ce point au Tanger—Fez, la ligne du Rarb, reliant Kenitra à un autre point du Tanger—Fez, plus au nord; la ligne Fez—Oudjda; la ligne Casablanca—Marrakech. Ce réseau, s'ajoutant au tronçon Petitjean—Fez, du Tanger—Fez, constituait une grande artère continue de Marrakech à l'Algérie et de là à la Tunisie jusqu'à Gabès, à travers tout notre domaine nord-africain.

En faisant déposer ce projet le Gouvernement espérait pouvoir en commencer l'exécution dès le lendemain de la cessation des hostilités, quand les usines du monde entier fabriqueraient, au lieu d'obus, des rails et des locomotives. L'inertie du Parlement en décida autrement. La loi dormit dans quelque commission, d'où elle ne sortit jamais. N'est-il pas piquant de voir, en 1920, la Chambre s'étonner de la construction des chemins de fer à voie étroite que sa propre indifférence a rendue nécessaire depuis 1917?

Après un an d'attente vaine, le Protectorat, devant l'impossibilité d'aboutir, s'est vu dans l'obligation de commencer ses chemins de fer avec ses économies; celles-ci se montaient à 30 millions, réserve produite par les excédents de recettes des budgets annuels. Grâce à ces ressources on a mis en adjudication, au mois de mars dernier, une première section de la ligne Casablanca—Petitjean. Début modeste, trop modeste. Au point où on en était, il ne s'agissait plus d'entamer timidement une tranche du programme, mais de se mettre carrément à l'œuvre partout à la fois, sur toutes les lignes. Profitant du séjour à Paris du Résident Général au printemps dernier, on décida de reprendre le projet de 1917 en y ajoutant la ligne de Settat à Oued Zem, desservant la région des phosphates. Les Chambres se sont montrées cette fois aussi promptes à donner leur assentiment qu'elles avaient été obstinées jusqu'ici à le réserver. Peut-être l'approche des vacances a-t-elle influé sur leur détermination. En moins de vingt-quatre heures la loi franchissait sans encombre, sans même un mot de

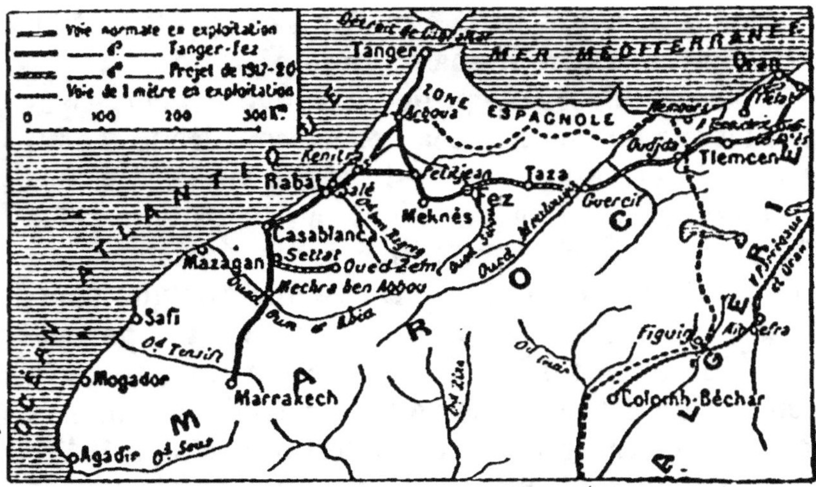

PROGRAMME DE RÉSEAU A VOIE NORMALE

discussion, les caps redoutables de la Chambre et du Sénat.

Cependant le programme de 1917, parcimonieusement augmenté cette année, semble déjà démodé, insuffisant. La ligne Casablanca—Marrakech est seule à desservir le sud du Maroc, dont les ports sont médiocres. Il importe, pour ne pas retarder le développement de fertiles provinces, de prolonger la voie de rocade côtière Kenitra—Casablanca jusqu'à Mogador et même jusqu'à Agadir; ce serait l'amorce du futur transsaharien de Dakar.

Il faudrait aussi ne pas lésiner sur le tracé comme on l'a fait pour le réseau militaire dont les lignes décrivent des courbes invraisemblables afin d'éviter les frais d'un tunnel ou d'un pont.

Enfin, le plus grave reproche qu'on puisse adresser au projet actuel, c'est de n'envisager que la construction de lignes à voie unique. Encore un faux principe d'épargne, par quoi on risque d'être débordé de nouveau au premier jour. Les expropriations de terrain porteront sur une bande assez large pour y faire passer une double ligne. C'est trop peu. Il est nécessaire que l'infrastructure et les ouvrages d'art soient exécutés d'emblée pour la seconde voie et qu'il n'y reste plus que les rails à poser.

Nous avons sous les yeux l'exemple de l'Algérie, dont le réseau est entièrement à voie unique, à tracé tortueux, à rampes raides, où les trains s'époumonent lamentablement. On y voyage comme en Europe il y a cinquante ans. N'introduisons pas dans le Protectorat ce régime archaïque, par routine, par faux esprit d'économie.

Le Maroc, pays jeune, plein de sève, ne demande qu'à respirer, à grandir. Qu'on lui donne sans tarder de l'air et des forces, des ports sûrs et des chemins de fer modernes.

CHAPITRE XV

LA COLONISATION

Les Français qui se fixent au Maroc sans esprit
de retour y viennent comme industriels, commerçants
ou colons. Avant leur arrivée il n'existait pas d'industrie dans le pays, mais seulement des métiers,
presque tous en décadence; dans ce domaine nous
ne créons donc aucune concurrence à l'indigène. Il en
est de même du commerce, les négociants marocains
trafiquant à l'intérieur, tandis que les Européens
s'occupent surtout d'importations et d'exportations
avec l'étranger.

La situation est différente pour les colons. Nous
avons trouvé tout le sol cultivable et les pâturages
répartis entre la population, qui laisse une forte proportion de ses propriétés inutilisée et exploite assez
mal le reste. Pourtant le Marocain n'est pas exempt
de qualités. Dans le mélange des conquérants arabes
et des autochtones berbères, ce dernier élément l'emporte; il est intelligent, énergique, capable d'assimilation, âpre au gain et très attaché à la terre. Mais
la réclusion millénaire et l'anarchie constante dont
l'Empire a souffert ont empêché tout progrès et per-
pétué l'ignorance. Telle est la raison du médiocre
rendement de ce pays fertile, que nous entreprenons
aujourd'hui de mieux mettre en valeur.

Qu'a-t-on fait en Algérie ? Les Français y sont entrés en conquérants et ont assujetti les Arabes; ils ont ensuite adopté une solution simple, celle dite du refoulement, qui consistait à enlever aux indigènes la partie des terres qu'on estimait superflue entre leurs mains, pour la remettre aux colons européens.

Au Maroc, rappelons-le encore, les conditions ne sont pas les mêmes. Nous ne sommes pas dans une colonie, mais dans un pays de protectorat. Certaines tribus ont accepté volontairement le nouveau régime; nous soumettons les autres au nom du Sultan. C'est la pacification, non la conquête. Ces principes nous imposent l'obligation de respecter les biens des indigènes. Il n'est d'ailleurs pas de meilleure politique. L'épreuve de la guerre l'a démontré, puisque le Maroc est le seul pays de l'Afrique du Nord où aucune insurrection n'a éclaté dans les provinces soumises.

Est-ce à dire qu'il faille laisser les choses en l'état et ne pas tenter d'effort pour améliorer l'agriculture ? Assurément non; mais le seul moyen de guider le paysan vers le progrès est de lui mettre sous les yeux le succès obtenu par des procédés moins primitifs que les siens, et pour cela il faut qu'il puisse voir des terres cultivées par des Européens. Ainsi la colonisation fera prospérer l'Empire, d'abord en augmentant elle-même la production du sol, ensuite en servant d'exemple à l'indigène qui se perfectionnera peu à peu à son contact. Elle permettra en outre d'implanter au Maroc une population française, dont la présence est désirable, car sans elle notre occupation serait trop ténue, trop artificielle; le commerçant, l'industriel, après fortune faite, sont plus portés à quitter le pays que le colon qui a travaillé sur son domaine et a transformé par son labeur une parcelle du bled inculte en champ de riches moissons.

Le Gouvernement du Protectorat est donc conduit à favoriser la colonisation, tout en protégeant les biens des indigènes. Il semble qu'il y ait là un cercle vicieux. Voyons comment on a essayé de concilier ces deux propositions, en apparence contraires.

D'abord quelques mots sur le régime de la propriété foncière. Les biens immobiliers au Maroc sont de cinq espèces : 1° les biens *melk* ou propriétés individuelles; 2° les biens de *djemaa* ou propriétés collectives des tribus; elles sont inaliénables à titre définitif, mais peuvent être louées; 3° les biens *guich*, appartenant à certaines tribus auxquelles le Sultan a concédé des terres à charge par elles de fournir des troupes à tout appel du souverain; c'étaient de véritables colonies de soldats analogues à celles des confins militaires autrichiens et des cosaques de la Sibérie Orientale; 4° les biens *habous* ou fondations pieuses, inaliénables en principe, mais qui peuvent être loués ou même échangés; 5° les biens *makhzen* ou domaine de l'État.

Pour sauvegarder les intérêts des tribus, il a été créé à Rabat un conseil de tutelle chargé de surveiller la location de leurs biens fonciers collectifs. Une ordonnance récente prévoit que ces locations peuvent être conclues à long terme ou même à perpétuité, mais seulement avec le consentement du conseil de tutelle. En ce dernier cas le paiement ne se fait pas sous la forme d'une somme versée une fois pour toutes, mais d'une rente annuelle. Le profit de cette disposition est de rendre possible l'acquisition des terres de djemaa par les Européens sans infraction au texte de la loi islamique. En outre, le mode de paiement avantage les deux parties, car il ne grève que légèrement le locataire au moment où il a le plus besoin de ses fonds et enlève aux propriétaires la possibilité de dissiper d'un seul coup le prix de leurs terres, comme cela s'est passé par exemple pour les musulmans de Bosnie sous le régime austro-hongrois.

Les tribus guich sont exonérées de toute charge militaire depuis que le Protectorat a fait disparaître l'ancienne organisation des armées chérifiennes. En échange, elles ont cédé une partie de leurs propriétés, qui font retour au domaine de l'État.

Enfin l'administration des biens habous et leur location éventuelle ont été soumises au contrôle du Gouvernement; un vizirat (ministère) spécial s'en occupe.

Telles sont les mesures que le Protectorat a prises dans l'intérêt des indigènes. Passons à celles qui visent à encourager la colonisation française.

En 1916 a été fondé un Comité de colonisation, composé des chefs de service français et des membres du makhzen dont les départements sont intéressés à la question; il a pour principale attribution d'examiner dans quelles conditions les terres domaniales peuvent être cédées aux colons européens. Cette assemblée a élaboré un programme portant sur trois catégories différentes: grande, moyenne, petite colonisation. Disons tout de suite que la petite colonisation ne concerne que la culture maraîchère aux environs des grandes villes; ce n'est pas de la colonisation à proprement parler.

Le terme de grande colonisation s'applique à des

propriétés d'une surface supérieure à 400 hectares. On les met aux enchères et un cahier des charges impose à l'adjudicataire certaines obligations de mise en valeur (emploi de machines, construction de bâtiments, défrichements) auxquelles il doit satisfaire avant d'être mis en possession du titre de propriété définitif. Le paiement est échelonné sur plusieurs années; c'est le seul avantage accordé à l'acquéreur.

Les propriétés de moyenne colonisation (150 à 400 hectares) sont concédées comme les précédentes (vente aux enchères, cahier des charges), mais bénéficient de l'assistance du Gouvernement. Celui-ci choisit, pour les allotir, des terres fertiles, à proximité d'une ligne de chemin de fer, et les dote de l'outillage économique nécessaire (route, eau, services publics, etc.). Les facilités de paiement sont plus libérales que pour les grands domaines. En somme, ces établissements ressemblent aux villages de colonisation d'Algérie.

Depuis la création de la Commission de colonisation, c'est-à-dire depuis trois ans et demi, on a adjugé une demi-douzaine de grands domaines et quatre lotissements de moyenne colonisation (1). Il faut y ajouter la concession d'une région marécageuse du Rarb à une compagnie française, qui devra l'assécher, puis en partager l'exploitation avec les tribus locales. On voit combien le Gouvernement s'est engagé avec prudence dans la voie de la colonisation officielle.

Reste la colonisation libre. Théoriquement, rien

---

(1) Petitjean, Mechra bel Ksiri, Foukrane (près de Meknès), un lotissement dans les Doukkala.

n'empêche un particulier ou une association privée d'acheter des propriétés melk et, dans certaines conditions, de louer à bail perpétuel des biens collectifs ou habous; mais, dans la pratique, de pareilles opérations sont devenues très difficiles, pour ne pas dire impossibles, à cause de la répugnance des indigènes à vendre leurs terres.

Prenons l'exemple de la province des Chaouïa, la première pacifiée. Au début, alors que notre occupation semblait pouvoir n'être que temporaire (1908-1912), les tribus ont consenti à se défaire d'une notable partie de leurs pâturages. Ces pâturages étaient médiocrement rémunérateurs pour elles par rapport aux belles terres de culture; ils appartenaient aux marches limitrophes, séparant les diverses tribus, servant à la fois de terrains de parcours à leurs troupeaux et de champ de bataille à leurs guerriers. En 1912, la signature du traité de protectorat garantit définitivement la sécurité du pays. A la même époque, les propriétés acquises et transformées par les Européens donnaient leurs premières récoltes et montraient aux indigènes ce qu'on pouvait faire rendre à des terres qu'ils avaient négligées. Depuis ce moment, ils cessèrent presque complètement de vendre, et ce fut bien pis lorsque la crise monétaire amena le remplacement des douros sonnants par du papier-monnaie que les Marocains connaissaient mal et qu'ils voyaient se déprécier rapidement. Il y a aujourd'hui dans les Chaouïa une soixantaine de propriétés européennes d'une surface supérieure à 100 hectares; sur ce total, une demi-douzaine seulement ont été achetées aux indigènes depuis 1912. Même situation dans toute la région du littoral au sud de Casablanca jusqu'à l'Atlas; acquisitions un peu plus nombreuses au nord, dans la province côtière du Rarb. Enfin, dans tout l'intérieur du Maroc, la colonisation libre est à peu près inexistante.

Le manque de terrains à vendre n'est pas le seul obstacle; l'imprécision de la situation juridique des immeubles s'y ajoute. A la faveur de la période d'anarchie qu'a traversée le Maroc au commencement du siècle actuel, on a volé un peu partout les terres, de tribu à tribu comme de particulier à particulier. Aujourd'hui il n'y a guère un arpent de lande qui ne soit revendiqué par plusieurs postulants, tous possesseurs de titres, d'actes, de contrats plus ou moins authentiques. Dès qu'une vente est conclue, les contestations surgissent. Aucun acheteur n'est sûr de ce qu'il achète, en sorte qu'on ne dit pas d'un propriétaire au Maroc : « Il a tant d'hectares », mais : « Il dit avoir tant d'hectares. »

Afin de mettre un terme aux réclamations et aux procès perpétuels, le Gouvernement, dès 1913, a promulgué une loi d'immatriculation, empruntée à la législation de la Tunisie, où elle a fait merveille (1). Chaque propriétaire qui désire se mettre à l'abri des contestations peut requérir l'immatriculation de son domaine. En même temps que cette réquisition, il dépose ses titres de propriété. Ce dépôt est rendu public par affichage et insertion au *Bulletin officiel* du Protectorat. Les autorités procèdent au bornage de l'immeuble et en font lever le plan. Un délai de deux mois est laissé aux opposants pour faire valoir

---

(1) La Régence a emprunté elle-même cette loi à l'Australie, où elle est connue sous le nom d'*acte Torrens* (1858), mais la conception première en revient à un de nos compatriotes, Decourdemanche (1832).

leurs droits. S'il ne s'en présente pas, la procédure est close. Si des contestations s'élèvent, le litige est porté devant le tribunal et l'immatriculation n'est accordée que si le jugement est favorable au requérant. Le registre des immatriculations constitue un véritable état civil foncier, mais il convient d'insister sur le fait que cette immatriculation est facultative; nul n'est obligé d'y recourir; c'est un avantage qu'on offre aux propriétaires et rien de plus. Tous les Européens y recourent et les indigènes s'en servent chaque jour davantage.

Après avoir perdu beaucoup de temps et dépensé beaucoup d'argent à chercher une terre, à en négocier l'achat, à la débarrasser des réclamations, le colon est enfin chez lui et peut commencer à travailler, mais dans des conditions bien différentes de celles du cultivateur de France. Il ne trouve que la terre nue, sans aucun aménagement. Il lui faudra d'abord creuser un puits, construire des abris pour lui, sa famille, ses ouvriers, ses bêtes, se munir d'instruments aratoires et recruter des travailleurs. La question de main-d'œuvre n'est pas la plus compliquée. La plupart des colons que j'ai vus ne s'en plaignaient pas; ils en trouvaient relativement à bon compte. Mais ce que tous considéraient avec épouvante, c'était la hausse des prix des matériaux de construction et de l'outillage agricole. Il est vrai que les produits du sol se vendent de plus en plus cher, que le colon sérieux, actif et capable peut récupérer en quelques récoltes l'argent qu'il a dépensé.

Voici l'exemple de deux entreprises qui ont bien réussi près de Casablanca :

1º En 1912, achat de 1.000 hectares, à 200 francs

l'hectare, pour la culture des céréales et de la vigne. Dépenses de mise en marche (achat de matériel, constructions, défrichement, etc.) : 800.000 francs. Total : 1 million. Il n'y a pas eu de bénéfice pendant les cinq premières années, mais en 1918, il se montait à 125.000 francs; en 1919, à 300.000; il sera de 500.000 cette année.

2° En 1917, rachat à un Européen d'un domaine de 1.000 hectares (déjà en partie aménagé et défriché) à 425 francs l'hectare. Dépenses totales par hectare de vignoble : 10.000 francs. Rendement brut au cours actuel : 9.000 francs. Frais d'exploitation : 4.000 francs. Bénéfice net : 5.000 francs, soit 50 % du capital engagé.

Mais il s'agit là de propriétés acquises avant la grande hausse des prix. Pour donner une idée de celle-ci, je citerai l'exemple d'une défonceuse pour vignobles, achetée d'occasion 130.000 francs dans le midi de la France; c'est une machine anglaise cataloguée aujourd'hui 10.000 livres sterling, soit de 500.000 à 600.000 francs aux cours du printemps dernier.

On se rend compte de ce que représente aujourd'hui une entreprise nouvelle, même de faible envergure. L'immigrant muni d'un petit capital, qui, avant la guerre, pouvait se constituer une propriété de 200 ou 300 hectares et s'y tirer d'affaire, voit aujourd'hui toutes ses ressources absorbées avant que la culture soit seulement entamée.

Il n'est pas étonnant, dans ces conditions, que la colonisation libre échappe aux isolés et tende à passer complètement dans les mains de puissantes sociétés disposant de fonds suffisants pour faire face aux frais de la mise en marche. Malheureusement, elles trouveront difficilement des terres dans les provinces côtières.

L'acquisition de propriétés serait certainement plus facile dans l'intérieur, car on s'y trouve maintenant en présence de la situation qui existait sur le littoral avant 1912. On pourrait encore y acheter des terres aux tribus, mais il conviendrait de se hâter, car les dispositions des indigènes sont fugitives. Les colons, ignorants du pays et des circonstances locales, sont incapables d'en profiter en agissant eux-mêmes. Seul le Gouvernement est en mesure de le faire. Par l'organe de ses officiers du Service des renseignements et de ses inspecteurs de l'Agriculture, il pourrait recueillir les données nécessaires sur les ventes possibles, établir un plan d'achats dans les meilleures conditions politiques et économiques, se procurer ainsi les terres nécessaires au compte du domaine de l'État et les rétrocéder ensuite aux immigrants, comme il l'a fait jusqu'ici, pour les grands domaines et les villages agricoles. La colonisation, dirigée par lui, s'établirait aux points les plus favorables. Le Protectorat agirait ainsi en quelque sorte comme agence d'immigration, à la manière de certains pays anglo-saxons d'outre-mer.

Les avantages consentis à la moyenne colonisation ne sont plus suffisants. Il y aurait lieu de lui faire des avances en argent ou même en nature pour les locaux et l'outillage dont elle a besoin, afin de lui faciliter les débuts que le renchérissement rend si pénibles.

En entrant dans cette voie, le Gouvernement serait amené à engager des dépenses auxquelles les ressources du domaine de l'État et du budget ordinaire ne sauraient suffire. Elles exigeraient un emprunt pour lequel la valeur des terres présenterait un gage satisfaisant et qui s'amortirait vite. Ce serait une politique de colonisation toute nouvelle, mais la seule, croyons-nous, capable de fixer des colons là où leur présence est utile, tout en évitant de spolier les indigènes et même de les inquiéter.

CHAPITRE XVI

L'AGRICULTURE

———

Au Maroc, à côté de contrées fertiles on trouve des montagnes, des steppes, des déserts. La partie de l'Empire propice aux travaux des champs coïncide à peu près avec la région pacifiée, le périmètre agricole avec le cordon des postes militaires. Sans doute il existe à l'extérieur de cette ligne de riches vallées, à l'intérieur des dunes, des landes, des affleurements rocheux privés de toute végétation, mais dans l'ensemble, pour un calcul pratique, on peut se limiter à l'examen de la superficie ainsi déterminée.

La Direction de l'Agriculture du Protectorat a publié pour cette superficie le tableau suivant :

Surface comprise dans le périmètre agricole	9.500.000	hectares
se décomposant en :		
Terres en rotation	2.200.000	—
Terrains de parcours	4.700.000	—
Merdjas (terres marécageuses). .	80.000	—
Vergers, vignes, jardins.	50.000	—
Forêts	470.000	—
Terres à défricher	2.000.000	—

Par terres en rotation il faut entendre celles qui

sont cultivées tour à tour, pour chaque campagne, la plus grande portion étant livrée à la charrue, tandis que le reste se repose. Cette année, par exemple, on compte 1.600.000 hectares emblavés pour 600.000 en jachère.

L'effort agricole au Maroc devra tendre à défricher les 2 millions d'hectares encore vierges et à obtenir des terres déjà cultivées le meilleur rendement possible en quantité, en qualité : en quantité, par l'abondance des récoltes; en qualité, par la valeur des produits, par le choix des cultures les plus profitables au Maroc et à la France.

L'extension des cultures.

Pour défricher les 2 millions d'hectares de sol inculte, tout le monde devra se mettre à l'œuvre, Français et indigènes. Nous avons indiqué précédemment dans quel cadre pourra évoluer la colonisation européenne; quels que soient l'esprit d'entreprise des immigrants et l'aide qu'ils recevront du Protectorat, la proportion des colons demeurera faible. Le gros de la besogne incombe donc aux cultivateurs marocains. A nous de les guider dans leur tâche et de la leur faciliter. Le Gouvernement a déjà pris des mesures en ce sens. Il accorde une prime pour tout hectare défriché, il prête des semences, il crée des sociétés indigènes agricoles de prévoyance, de secours et de prêts mutuels. Toutes ces dispositions sont très heureuses et leur rendement ira en s'accentuant à mesure que les Marocains se familiariseront avec elles et apprécieront, à l'usage, les bénéfices qu'elles leur procurent. Mais il y a bien mieux. Le principal obstacle à l'extension des cultures sous l'ancien régime était l'insécurité produite par les combats continuels entre tribus, par les exactions du makhzen et des fonctionnaires locaux. Aujourd'hui, grâce à l'intervention de la France, la paix est revenue à jamais, les impôts se perçoivent équitablement, et, si on n'a pu encore mettre fin à la rapacité des caïds, du moins on la combat.

Ces améliorations n'ont pas tardé à produire leur effet. Certain de recueillir les fruits de son travail, le paysan s'attelle de meilleur cœur à l'ouvrage et augmente ses labours. Au printemps dernier, c'était une joie de parcourir les plaines fécondes des Chaouïa, des Doukkala, tapis verdoyant ininterrompu, où la moindre parcelle du sol portait déjà la promesse de la moisson future.

Cependant la guerre avait suspendu dans une certaine mesure le développement agricole en obligeant le Gouvernement à réquisitionner les récoltes. L'interdiction de vente n'a pu encore être levée complètement en raison de la campagne déficitaire de 1919. Mais les restrictions disparaîtront à la première année d'abondance (1); les défrichements prendront alors un nouvel essor, qui, sans aucun doute, ne s'arrêtera plus.

Il importe néanmoins que la Direction de l'Agriculture n'abandonne pas ce mouvement à lui-même, le suive de très près, le soutienne et le conduise. Son action sera particulièrement efficace dans les régions

---

(1) L'exportation des fèves a déjà été complètement libérée cette année, celle de l'orge partiellement; celle du blé ne pourra l'être avant l'année prochaine.

où les pluies sont insuffisantes et où les irrigations y suppléent. Dans plusieurs provinces du Sud, notamment le Haouz de Marrakech et le Sous, la culture ne subsiste que grâce à un réseau très serré de canaux, les uns à ciel ouvert, les autres souterrains. Ces travaux ont été exécutés, fort habilement, il y a plusieurs siècles, lorsque la civilisation des Maures atteignait son apogée. Ils devront être complétés par l'utilisation de procédés plus modernes. Un Service de l'hydraulique, constitué il y a quatre ans, procède à l'inventaire des ressources en eau du Maroc. Souhaitons que ces recherches aboutissent à une solution pratique et ne conservent pas indéfiniment la forme de rapports et de dossiers. L'attribution de 51 millions, sur le dernier emprunt, aux travaux d'irrigation, est un heureux indice.

Les méthodes agricoles.

Les méthodes agricoles des indigènes sont extrêmement primitives. Ils cultivent, récoltent et traitent les céréales comme ils le faisaient il y a mille ans. Leur charrue de bois égratigne le sol plutôt qu'elle ne le laboure et respecte les palmiers nains, dont la multitude encombre les champs et réduit la surface ensemencée. On coupe les épis à la faucille, on les étend sur une aire où on les fait piétiner par les animaux, opération qui remplace le battage; après quoi on vanne et on enterre le grain dans des silos, où on le laisse souvent plusieurs années; il n'est pas rare qu'une partie de la récolte s'y gâte.

Il va sans dire qu'on s'est appliqué, dès le début de l'occupation, à perfectionner cet outillage et ces procédés rudimentaires, mais on ne peut espérer modifier rapidement des habitudes invétérées depuis des siècles. Malgré les efforts des officiers du Service des renseignements, des contrôleurs civils, des inspecteurs d'Agriculture, malgré les démonstrations, malgré l'exemple des exploitations européennes, les progrès restent lents; ils sont surtout très différents suivant les régions.

D'une manière générale, on a constaté que les tribus fortement arabisées s'adaptent beaucoup moins au progrès que celles où la race berbère est restée pure. Ainsi, dans les Chaouïa et les Doukkala, où cependant le contact avec les Européens est le plus ancien, la propagande est restée inefficace. Quelques caïds et notables ont acheté des charrues françaises pour faire plaisir aux administrateurs dont ils dépendent, mais ils les ont jetées dans un coin de leur douar sans jamais s'en servir. Tout ce qu'on a pu obtenir de l'indigène de ces provinces, c'est l'emploi de quelques moissonneuses-lieuses; il s'adresse aussi parfois à une entreprise européenne de battage mécanique.

Sur d'autres points, dans les environs de Fez et dans le Rarb par exemple, les cultivateurs se montrent beaucoup plus disposés à adopter des engins français. Là comme ailleurs, le plus gros obstacle à l'utilisation de nos instruments aratoires est le manque de vigueur du bétail marocain; une paire de bœufs du pays, capable de tirer la charrue de bois, ne parvient pas à labourer avec notre appareil, beaucoup plus pesant. Les Berbères, passionnés de toutes mécaniques et fort adroits à les faire fonctionner, s'accommoderaient volontiers de tracteurs, mais où trouveraient-ils de quoi les acquérir ?

Voilà quelques-unes des difficultés qui entravent la transformation de l'agriculture indigène; il y en a beaucoup d'autres, qu'il serait fastidieux d'énumérer. C'est une œuvre de longue haleine. Elle exigera beaucoup de tact, d'activité, de persévérance de la part de ceux qui ont la charge d'y veiller.

Les cultures du Maroc.

Le Maroc est par excellence un pays d'orge et de blé. Sur les 1.600.000 hectares de terres ensemencées cette année, presque 800.000 le sont en orge et 600.000 en blé; puis viennent, bien après, le maïs et le sorgho, avec moins de 200.000 hectares à eux deux. En dehors des céréales, on cultive des légumineuses : fèves, pois chiches, lentilles, alpiste, fenugrec. Ces deux dernières espèces sont des spécialités marocaines, ainsi que deux ombellifères, le cumin et la coriandre (1). Citons encore des plantes à utilisations diverses, le lin (pour la graine), le chanvre, le henné et tous les arbres de rapport de la flore méditerranéenne, dont les plus répandus sont l'olivier, l'oranger et l'amandier, enfin la vigne et le mûrier.

Tels sont les produits du sol que nous avons trouvés cultivés au Maroc, soit pour la consommation locale, soit pour l'exportation. Malgré la prépondérance énorme des céréales sur les autres, leur culture

______

(1) L'alpiste produit une huile servant à l'apprêt des cotonnades. Le fenugrec, le cumin, la coriandre sont employés comme condiments dans certains pays. En outre, avec le cumin on fabrique le kummel, avec la coriandre l'eau de mélisse, avec le fenugrec des cataplasmes résolutifs.

est encore insuffisante. Lorsque les pluies sont trop peu abondantes ou trop tardives, la récolte est inférieure aux besoins du pays. Autrefois, les mauvaises années provoquaient de véritables famines; elles sont moins à redouter depuis que les indigènes ont défriché et ensemencé de nouvelles terres, mais il ne faut pas perdre de vue que la population s'accroît rapidement grâce à la paix et à l'assistance médicale qu'elle nous doit; et puis l'immigration aura bientôt porté à 100.000 le nombre des Européens établis dans l'Empire.

Après les nécessités du Maroc, considérons celles de la France. Nous sommes obligés d'acheter chaque année à des pays lointains comme l'Amérique, l'Ukraine, voire les Indes, le blé que notre sol ne produit pas en quantité suffisante. Ce rôle de pourvoyeur doit être pris entièrement par nos possessions barbaresques, aussi fécondes et plus proches; elles redeviendront pour nous ce que fut la province d'Afrique pour la Rome impériale, le grenier de la Métropole. Notre attention se portera donc avant tout, dans le Protectorat, sur l'extension et le perfectionnement de la culture des céréales.

Après le blé, le sucre est le principal article de consommation alimentaire des Marocains. Il leur sert surtout à transformer leur boisson habituelle, le thé, en un sirop épais, dont ils ne sauraient se passer. Or pas un gramme de sucre ne vient du pays; il est importé d'outre-mer à raison de 50.000 tonnes en moyenne par an. Il serait évidemment désirable qu'une partie tout au moins de la précieuse denrée fût produite sur place. Des champs de canne à sucre existaient autrefois dans les régions irriguées des deux côtés du Grand-Atlas, mais bien avant l'intervention française ils avaient disparu. Aux Canaries, où les conditions sont beaucoup plus favorables, la culture de la canne à sucre est en régression marquée. On a entrepris des expériences sur divers points du Maroc (1); elles n'ont pas donné de bons résultats, des maladies ayant attaqué les plants. Il n'y a pas lieu de s'en étonner; la canne à sucre est d'origine tropicale, son acclimatation dans la zone tempérée ne peut être qu'artificielle. Il semble vain de vouloir persévérer dans cette voie.

Au contraire, les terres d'alluvions du bassin du Sebou paraissent *a priori* pouvoir convenir à la betterave sucrière. Les essais tentés par la Direction de l'Agriculture sont pleins de promesses, mais ne permettent pas encore de conclusion définitive. Ces essais portent naturellement sur des terrains non irrigués, les seuls utilisables pour la grande culture, car les surfaces irriguées sont et seront encore longtemps de faible étendue. Si les espérances que donne la betterave à sucre se confirment, il faudra encore régler l'exploitation industrielle (distilleries et raffineries), problème au moins aussi difficile à résoudre que celui de la culture, avant d'encourager une entreprise qui comporterait l'avantage de soustraire le Maroc au tribut payé à l'étranger.

L'élément européen, civil et militaire, qui augmente tous les ans, est devenu un facteur important de la vie économique du Protectorat. Il consomme des aliments, surtout des boissons, dont l'indigène ne se sert que peu ou point. Nous noterons avec satis-

---

(1) La Direction de l'Agriculture a créé trois jardins d'essai (Rabat, Meknès, Marrakech) et trois fermes expérimentales (Fez, Marrakech, Mazagan). Un Institut scientifique sera établi à Rabat.

faction que, depuis la guerre, les importations de spiritueux montrent une tendance à diminuer; en revanche, celles du café et du vin suivent une marche ascendante progressive. Pour le vin, 60.000 hectolitres en 1912, 172.000 en 1917, 199.000 en 1918 et 225.000 en 1919; dans ces chiffres, les vins espagnols entrent pour les deux tiers. La hausse des prix depuis trois ou quatre ans a engagé les colons à planter de la vigne. Cette culture augmente très vite. Il n'y a peut-être pas lieu de la favoriser outre mesure, car si elle promet des bénéfices rapides au début, on peut craindre de voir les demandes diminuer dans peu de temps. En France, la consommation du vin s'est beaucoup accrue pendant la guerre par suite de l'allocation de fortes rations aux troupes. Une réaction se produira fatalement, d'autant plus que les États-Unis l'ont prohibé et que d'importants marchés dans le centre et l'est de l'Europe se sont fermés. Les périodes de mévente, si onéreuses autrefois, pourraient reparaître en présence d'une surproduction en France et dans l'Afrique du Nord.

Des produits alimentaires, passons aux textiles. L'Empire chérifien importe surtout des cotonnades, dont il absorbe de 7.000 à 8.000 tonnes par an. Le coton, cultivé jadis dans plusieurs provinces de la côte, ne s'y trouve plus aujourd'hui qu'en quantités insignifiantes, car le Maroc, comme les autres pays de petite production, n'a pu soutenir la lutte avec les contrées de grandes plantations : États-Unis, Inde, Égypte. Faut-il essayer de ressusciter une culture qui fournirait au Maroc et à la France une matière dont tous deux sont dépourvus ? Cette question est liée étroitement à celle de l'irrigation. Dans l'Afrique du Nord, le coton ne pousse bien que dans les terres irriguées. D'autre part, la cueillette exige une main-d'œuvre nombreuse et expérimentée. On se demande, dans ces conditions, s'il ne serait pas plus sage de concentrer nos efforts sur les parties de notre empire colonial où le milieu est plus favorable, comme au Cambodge et dans la plaine du Niger. La prudence conseille en tout cas de ne pas se lancer à l'aventure et de réserver toute décision jusqu'au moment où on sera fixé sur ce qu'on peut attendre des travaux hydrauliques encore à l'étude.

Si le succès éventuel du coton est problématique, en revanche celui du lin et du chanvre paraît assuré. Les indigènes exportent depuis plusieurs années la graine de lin, mais la variété de cette plante utilisée pour sa fibre demande des soins dont ils sont incapables. Avant la guerre, les fabricants de toile du nord de la France s'approvisionnaient en lin dans la vallée de la Lys, en Normandie et à Odessa. Le ravage de la Flandre et la guerre civile en Russie ont raréfié la matière première et obligé nos industriels à en chercher ailleurs. Sachant que le lin venait bien au Maroc, ils ont fondé une société au capital de 10 millions et établi deux bassins de rouissage à Fedala et à Titmellil (banlieue de Casablanca). Les colons des alentours ont déjà ensemencé plus de 500 hectares, dont la première récolte s'est vendue à fort bon prix sur le marché français. C'est une culture remarquablement « bien partie ». Il en est de même du chanvre, apanage jusqu'à une date récente des Mesfioua, tribu des environs de Marrakech. Les gains qu'ils réalisent ont tenté leurs voisins; les plantations de chanvre se développent d'autant mieux que l'espèce indigène, d'excellente qualité, est très prisée par les acheteurs européens.

Je terminerai cet examen rapide de l'agriculture marocaine en rappelant que les arbres fruitiers de la zone méditerranéenne (figuiers, orangers, abricotiers, amandiers, etc.) réussissent admirablement au Maroc et qu'on peut en envisager l'exploitation intensive comme en Californie.

En résumé, les cultures du Maroc peuvent être classées en deux catégories, celles dont l'avenir est hypothétique : le coton, la betterave, la canne à sucre; celles qu'on est certain de voir prospérer et auxquelles il faut donner sans se lasser une impulsion constante : les céréales, le lin et le chanvre, les arbres fruitiers.

CHAPITRE XVII

L'ÉLEVAGE (¹)

Dans un de ses ouvrages, M. Augustin Bernard, celui de nos compatriotes qui étudie depuis le plus longtemps le Maroc, dit : « Il semble que la nature même nous engage à une spécialisation de nos colonies de l'Afrique du Nord. A côté des cultures générales, on peut très bien concevoir que la Tunisie soit essentiellement le pays de l'olivier, l'Algérie le pays de la vigne, le Maroc le pays de l'élevage, car, comme on sait, on trouve dans ce dernier pays ce qui ne se rencontre qu'exceptionnellement dans le reste do l'Afrique du Nord, de véritables pâturages... »

De tout temps le cheptel marocain a été la principale richesse de l'Empire. Il n'y a pas de douar dans les plaines, de village dans la montagne, qui ne possède au moins quelques bœufs et un petit troupeau de moutons. Certaines tribus, les plus riches et les plus puissantes, comme les Beni Ahsen, les Zaïan, les Rehamna, ne cultivent presque pas le sol et se consacrent à peu près uniquement à l'élevage. Les terrains de parcours, dans le Maroc Occidental

---

(1) Dans ce chapitre j'ai fait de nombreux emprunts au rapport d'ensemble établi par le Service de l'élevage, sous la direction de son chef, le vétérinaire principal de 1re classe Monod.

seul, couvrent une superficie de 5 millions d'hectares
environ. Cependant, les ressources en animaux ne
dépassent pas, d'après la dernière estimation faite
par le Gouvernement, les chiffres suivants :

Bovins	1.000.000 têtes (1)
Moutons.	5.100.000 —
Chèvres	1.600.000 —
Porcs	127.000 —
Chevaux.	120.000 —
Anes	365.000 —
Mulets	45.000 —
Chameaux.	72.000 —

La vie du bétail marocain.

La valeur et le développement des troupeaux dépendent en premier lieu des conditions du milieu où
ils vivent, ensuite des soins qu'on leur donne.

Le climat du Maroc est caractérisé par des saisons
très nettement tranchées. Les pluies commencent
d'octobre à décembre et durent jusqu'en mai, avec
une abondance très variable; de mai à septembre,
les précipitations atmosphériques sont à peu près
nulles. Les premières averses d'automne amènent un
réveil de la végétation. Pendant l'hiver et le printemps, le sol est couvert d'un tapis d'herbes et de
fleurs, les oueds coulent à pleins bords, les cuvettes
et dépressions naturelles (*dayas*), très nombreuses,
forment autant de mares, abreuvoirs tout trouvés
pour les troupeaux. Au mois de juin, la verdure dis-

---

(1) Cheptel bovin de la France : 14.800.000; de l'Argentine, 30 millions.

paraît aussi vite qu'elle était venue; en quelques jours tout jaunit, se fane, se flétrit, les rivières baissent, l'eau des dayas s'évapore, le pays est transformé en un steppe brûlé par le soleil, balayé par le vent.

Le Marocain ne montre pas plus de prévoyance comme éleveur que comme cultivateur. Les animaux sont entièrement livrés à eux-mêmes; l'homme ne fait rien pour améliorer leur sort. Il se contente de voyager de pâturages en pâturages, les quittant à mesure qu'ils s'épuisent, de veiller à ce que ses bêtes ne s'égarent pas et ne soient pas volées; la nuit il les parque dans des enclos de cactus ou d'épines, où elles sont à couvert des pillards, mais non des intempéries. Seuls les petits reçoivent l'hospitalité dans la tente de leur maître. Pas d'abris pour préserver les adultes du vent et de la pluie, pas de réserves fourragères pour les mois d'aridité, pas de points d'eau aménagés pour la période de sécheresse. Pendant la saison pluvieuse, le bétail souffre du froid et de l'humidité, mais il mange à sa faim, boit à sa soif, et au printemps, s'il a surmonté les rigueurs hivernales, il augmente d'état progressivement. Avec la sécheresse arrivent les privations. Faute de fourrage, les animaux en sont réduits à une alimentation très dure, sans valeur nutritive, qui se fait de plus en plus rare et mauvaise. Souvent on ne les mène boire que tous les deux ou trois jours. A ce régime ils dépérissent très vite et n'offrent qu'une résistance amoindrie aux maladies contagieuses et aux parasites. Si la sécheresse se prolonge au delà du mois de septembre, la mortalité devient très élevée; elle augmente encore l'hiver suivant, parce que, pendant l'automne trop court, les bêtes n'ont pas le temps de se refaire avant les froids. Les années sans pluie de 1912 et de 1913 ont vu périr la moitié du bétail.

Telle est la vie des troupeaux marocains. A ces conditions précaires d'existence si l'on ajoute celles qu'entraînaient les guerres et les razzias continuelles, on ne saurait s'étonner du développement relativement faible du cheptel sur un sol qui semble avoir été créé pour sa prospérité. Comme autre conséquence de la négligence des pasteurs, les races marocaines, par sélection naturelle, sont devenues robustes et rustiques, mais elles demeurent petites, maigres, d'un rendement médiocre pour le travail et la boucherie.

Améliorations à l'élevage.

D'après l'exposé qui précède, on peut juger des améliorations qu'une direction bien entendue, des conseils avisés, une surveillance active pourront apporter à la situation actuelle. Notre rôle tendra à *protéger, développer, améliorer* le cheptel.

Protéger le cheptel, cela revient à combattre le froid, la faim, la soif, les maladies. Pour soustraire le bétail aux intempéries, on doit construire, sinon des étables, du moins des abris, de manière à lui épargner le séjour dans les enclos qui se transforment par l'effet des pluies en bourbiers infects.

L'irrégularité de l'alimentation, conséquence de la répartition inégale de l'humidité, disparaîtra par la constitution de réserves fourragères, dont les Marocains ignorent encore l'usage. Le peu de paille qu'ils récoltent est vendue ou réservée aux chevaux et mulets. Fourrages naturels, fourrages artificiels, le pays peut fournir l'une et l'autre catégorie en quantités suffisantes. Le foin des plateaux marocains a été reconnu d'excellente qualité et sert depuis plusieurs années à nos chevaux de troupe. Les fourrages artificiels peuvent aussi donner de bons rendements. En 1913, année de sécheresse exceptionnelle, un colon a réussi à faire deux coupes de luzerne en terrain non irrigué. Malheureusement le fanage, la conservation des fourrages sont inconnus des indigènes. Il faudra tout leur apprendre.

Enfin la dessiccation de la plupart des régions d'élevage en été impose l'aménagement de points d'eau. Il y a lieu non seulement de capter les sources, mais de construire des abreuvoirs cimentés, avec plateforme pavée, surélevée, inclinée vers une rigole d'écoulement; ainsi seront supprimés les cloaques que forment les mares où les animaux, en s'abreuvant, gagnent les germes des affections parasitaires.

Le développement du troupeau est solidaire de l'augmentation des réserves fourragères, ainsi que des mesures de conservation concernant l'abatage et l'exportation.

L'amélioration du cheptel peut se faire par deux procédés : la sélection et les croisements. Les Marocains ne savent pas, jusqu'à ce jour, ce qu'est la sélection. Ils ne surveillent aucunement la reproduction, qui se fait au hasard, car ils ne cherchent que l'augmentation numérique de leur troupeau, sans se soucier de la qualité des produits. A côté de très bons géniteurs, taureaux, béliers et boucs, il y en a de tout à fait impropres. L'éleveur indigène ne songe pas à les distinguer et à se servir uniquement des meilleurs éléments.

Les croisements des femelles autochtones avec des

reproducteurs étrangers constituent une opération qui n'est guère à la portée des Marocains, car les animaux importés ne sauraient s'accommoder de l'alimentation ordinaire du pays; ils demandent aussi des soins qu'ils ne trouveraient pas dans les douars. En outre, si on se lançait inconsidérément dans cette voie, on risquerait de diminuer la robustesse de la race et sa résistance aux maladies.

Action du Gouvernement.

Le Service de l'élevage du Protectorat, créé pour appliquer les mesures destinées à protéger, développer et améliorer le cheptel, comprend :

1° Une direction, organe central établi à Casablanca, où elle dispose d'un laboratoire de recherches et de fabrication de sérums et vaccins;

2° Des éléments fixes et mobiles, savoir : deux groupes vétérinaires mobiles, outillés pour les tournées à grande portée; dix-huit vétérinaires inspecteurs chargés chacun d'une circonscription déterminée, où ils assurent le service sanitaire par des tournées fréquentes; huit vétérinaires de consultation, dirigeant autant d'infirmeries.

Les consultations, pansements, opérations, la fourniture des sérums et vaccins, l'hospitalisation dans les infirmeries sont gratuits pour les indigènes.

Les fréquents rapports des vétérinaires avec les éleveurs marocains facilitent une propagande constante et étendue. Notices distribuées, tournées spéciales de démonstrations, organisation de centres d'élevages indigènes, où, avec l'assentiment de propriétaires choisis, on applique les principes d'hygiène, tous les modes de diffusion sont employés. Le plus efficace est la consultation, parce qu'il est le plus tangible, le plus vivant. Les éleveurs visitent en foule les infirmeries et se montrent de plus en plus enclins à appeler les vétérinaires dans leurs douars. En 1917, ceux-ci ont donné plus de 3.000 consultations, pratiqué 1.200 opérations. En 1919, le chiffre des vaccinations a atteint 25.000. Dans une région, celle de Fez, les progrès marchent à pas de géant; en six mois les indigènes ont édifié plus de 1.500 abris. On est moins avancé pour les réserves fourragères; cependant, grâce à la distribution de semences par le Gouvernement et à l'exemple des colons, quelques tribus commencent à créer des prairies artificielles. Enfin, depuis deux ans, la construction d'abreuvoirs est signalée dans plusieurs provinces mais encore en petit nombre.

Les concours agricoles distribuent chaque année 90.000 francs de primes. Le Service de l'élevage a fait interdire d'abattre les vaches avant huit ans, les brebis avant cinq ans, les veaux et agneaux avant qu'ils aient respectivement quatre et deux dents de remplacement.

L'élevage européen.

Tout ce que nous venons de dire s'applique particulièrement aux éleveurs indigènes. Les colons européens ont entrepris avec beaucoup d'ardeur d'acheter des troupeaux, de les développer et, en général, leurs efforts sont couronnés de succès. Ils trouvent des conditions beaucoup plus favorables pour l'élevage que pour la culture, soit qu'ils procèdent par association avec des Marocains, soit qu'ils travaillent avec leurs propres moyens. Les indigènes vendent de meilleure grâce et à meilleur compte les terrains de parcours que le sol labourable. Les frais de premier établissement sont aussi moins importants.

Les beaux rendements des élevages français ne pourront que stimuler les Marocains. Presque partout nos colons réalisent des bénéfices élevés. Les prairies artificielles s'étendent. Les animaux, bien abrités, bien nourris, suffisamment abreuvés, prospèrent. La sélection améliore les produits. En revanche, les croisements ont donné quelques mécomptes, par suite de la difficulté d'acclimatation des animaux étrangers et de la fragilité de leurs descendants. Ils se montrent très accessibles aux maladies. On ne peut conserver les reproducteurs importés que grâce à une surveillance constante et en les isolant absolument. Les zébus de l'Inde sont la seule espèce d'outre-mer qui se soit jusqu'ici adaptée sans dommage au milieu. Les produits du taureau zébu et de la vache marocaine sont plus volumineux, mieux en chair que les sujets indigènes; ils font de bons animaux de boucherie, mais, à cause de leur caractère, intraitable comme celui de leurs pères, on ne les met que difficilement à la charrue; de plus, les femelles sont médiocres laitières.

L'élevage du mouton est rémunérateur; il donne en moyenne un revenu de 25 % du capital engagé.

Dans ces dernières années, les hauts prix de la viande ont attiré les Européens vers l'élevage du porc, animal robuste et extrêmement prolifique. Une véritable frénésie s'est emparée de la population; tous, au Maroc, colons, commerçants, ouvriers, la plupart malgré un manque total d'expérience, se sont mis à acheter des cochons pour faire vite fortune et ils y réussissent. La contagion a gagné les indigènes en dépit de leur aversion pour la bête impure, dont la chair est proscrite par le Coran. Cet élevage se fait d'une manière primitive, aussi bien par les Français que par les Marocains. On achète un terrain en général de faible surface par rapport au troupeau, qui augmente rapidement et ne tarde pas à déborder sur les propriétés voisines pour trouver sa nourriture; d'où querelles et plaintes continuelles. Les contrôleurs civils, chargés de départager les contestants, ne savent plus où donner de la tête; ils vouent à tous les dieux infernaux les cochons et leurs maîtres. En outre, les porcs ravageant, appauvrissant le sol qu'ils parcourent, deviennent un danger pour l'avenir agricole du pays. Le seul remède consisterait à les élever autant que possible non au dehors, en troupeaux, mais dans des porcheries avec une alimentation préparée (orge, fèves, maïs cuits). Une tendance commence à se manifester dans ce sens.

Les races marocaines.

Nous avons dit que le bovin marocain est petit, maigre, robuste, médiocre animal de boucherie et de travail; la vache est bonne laitière, assez bonne beurrière, se rapprochant du type de la bretonne. Les peaux sont d'un grain plus fin que celles d'Algérie, mais elles perdent de leur valeur par suite du manque de soin dans le dépouillement et la manipulation.

Les moutons marocains appartiennent aux trois races berbère, barbarine et arabe. Bête de boucherie passable, le mouton marocain est apprécié pour sa laine, remarquable dans le Sud, bonne au Tadla, principale région de production, de qualité moindre dans le Nord. L'espèce arabe est proche parente des mérinos d'Espagne; ceux-ci tirent leur nom de la dynastie des Sultans mérinides (Beni Merin) qui régnait au Moghreb à la fin du Moyen Age. Rappelons aussi que le magnifique troupeau d'Australie est originaire du Maroc. Dans ces conditions, il semble inutile de procéder à des croisements, sauf pour la viande. La sélection doit suffire à l'amélioration des bêtes à laine.

Les chèvres se trouvent partout au Maroc, mêlées aux troupeaux de moutons qu'elles conduisent; elles abondent surtout dans la montagne. Leurs peaux, de toute première qualité et fort habilement travaillées par les Marocains, fournissent un cuir dont la réputation est universelle.

Le cheval, l'âne, le mulet marocains ont les mêmes caractéristiques que ceux d'Algérie. Le Service des remontes, établi dès l'origine du Protectorat, dispose de plusieurs dépôts d'étalons, d'une jumenterie, et, par des croisements, a obtenu déjà d'excellents chevaux pour la cavalerie légère. Il ne faut pas se dissimuler que le cheval de selle verra son rôle décliner au Maroc, comme dans le reste du monde, tandis que le mulet sera encore longtemps très utile comme animal de transport dans l'Atlas; on cherche à augmenter sa taille par l'emploi, comme étalons, de baudets des Pyrénées.

Ce que le mulet est à la montagne, le chameau l'est au désert; son élevage se localisera de plus en plus dans le Sahara et les steppes du Maroc Oriental.

Les œufs constituent aujourd'hui encore le pre-

mier article d'exportation après les céréales. Plus de
100 millions sont embarqués annuellement pour l'Europe, surtout par Mazagan. Avant la guerre, l'Espagne et l'Angleterre étaient les principaux clients,
mais, depuis, toute la production ou peu s'en faut
va en France. L'œuf marocain, de très petite taille,
luttera difficilement contre les œufs de Russie, lorsque
ce pays en exportera de nouveau. Les croisements
avec des coqs andalous et orpington donnent de bons
résultats.

Le Gouvernement du Protectorat a décidé, en 1915,
de développer le troupeau d'autruches de la ménagerie des sultans à Meknès. On y a trouvé trente et
un oiseaux; il en existe maintenant soixante-dix-huit. Ils ont été transférés à Marrakech, dont le
climat plus sec leur convient mieux que celui du
Nord. Cet élevage intéresse particulièrement la France
où, à Paris seulement, 50.000 personnes étaient employées avant la guerre à l'apprêt des plumes d'autruche, dont nous achetions pour plus de 55 millions
de francs par an à l'Afrique du Sud. L'élevage dans
ce pays a débuté en 1865 avec 80 oiseaux; il en
possède maintenant 1.200.000, soit 95 % du peuplement total du monde.

L'avenir de l'élevage au Maroc.

Cet examen très sommaire des ressources et des
espérances de l'élevage marocain suffit à montrer
que le Protectorat pourra fournir, pour les œufs, la
laine, le cuir, la viande, un large appoint à la consommation de la Métropole. Après les pertes des années
1912 et 1913, qui avaient réduit le cheptel de plus

de moitié, il fallut interdire l'exportation des bœufs et des moutons. On a pu la reprendre l'année dernière avec 20.000 bovins et cette année avec 50.000, plus 100.000 ovins. Le cheptel du Maroc nous fournira des quantités croissantes de produits et nous aidera peut-être un jour à nous affranchir presque complètement des importations étrangères; il justifie pleinement toutes les avances qu'on lui consentira. Mais l'activité des colons, l'assimilation de nos méthodes par les indigènes ne sont pas les seules conditions nécessaires à son avenir. Il importe encore que des chemins de fer desservent les régions d'élevage, que des navires assez nombreux, aménagés pour le transport de la viande ou des animaux vivants (1), fassent le service entre les deux pays, que les industries de transformation (laveries de laines, tanneries et abattoirs modernes, usines frigorifiques) s'implantent dans le pays afin que l'élevage marocain puisse donner son plein rendement.

------

(1) La marine marchande française n'a pas su construire encore de navires aménagés pour le transport des animaux, quoiqu'elle importe, d'Algérie seulement, plus de 1.200.000 moutons par an; on entasse ces malheureuses bêtes dans les premières cales venues, où elles meurent souvent en grand nombre pendant les quarante-huit heures qu'elles y séjournent, tandis que les vapeurs spéciaux, à plusieurs étages, qui chargent le bétail d'Argentine à destination d'Europe, restent vingt-deux jours en mer sans dommage pour les occupants.

CHAPITRE XVIII

MINES ET INDUSTRIES

———

Le Maroc est un pays purement agricole. A part quelques tapis et des babouches, il n'exporte pas d'objets fabriqués. D'où un manque d'équilibre complet des ressources, d'une année à l'autre. Si les pluies tombent en abondance, la récolte est bonne, le bétail prospère, l'impôt rentre, la capacité d'achat du pays alimente les recettes des douanes, le budget marque un excédent. Quand, au contraire, la sécheresse sévit, tout périclite; les animaux meurent, l'indigène se serre la ceinture, le commerce fléchit, l'argent se fait rare pour le Gouvernement comme pour les particuliers. Autre inconvénient de cet état de choses : la grande masse des marchandises d'exportation arrive à la côte d'un seul coup; en été, les ports en regorgent, tandis que durant le reste de l'année les docks sont vides et les navires manquent de fret de retour.

Il est évidemment désirable que ce régime s'amende. L'extension des surfaces irriguées y contribuera, mais ne suffira point. Le développement de produits échappant à l'influence des saisons est le meilleur remède aux difficultés qui reviennent périodiquement. Des exploitations minières, des industries pourraient seules apporter de la stabilité aux échanges commerciaux et à la vie même du pays.

Quelles sont, dans cet ordre, les richesses présentes et les perspectives d'avenir du Maroc ?

Les richesses minières.

Si vous allez à Casablanca, vous n'y ferez pas trois pas sans entendre parler de quelque découverte minière. L'un vous dira avoir trouvé du fer, l'autre du cuivre ou du charbon. J'ai connu un de ces amateurs de la prospection qui exhibait à tout venant une substance terreuse enveloppée dans un bout de journal : « Voilà sûrement du minerai, affirmait-il; je ne sais pas au juste lequel, mais ma fortune est faite ! »

Cette fièvre n'est pas nouvelle au Maroc. Avant l'établissement du Protectorat, l'Allemagne, cherchant à se créer des « intérêts économiques » dans l'Empire chérifien, y découpla les frères Mannesmann, qui se firent délivrer par toutes sortes de procédés d'innombrables concessions minières, à tel point que la plus grande partie du sous-sol marocain leur fut attribuée. C'était, cela va sans dire, une manœuvre uniquement politique.

Après le traité de Fez de 1912, le nouveau Gouvernement fut bien embarrassé pour éclaircir la situation. Il prit un an et demi de réflexion avant de promulguer une législation minière analogue à celle de la France et de ses colonies, mais décida en même temps, pour sauvegarder les droits acquis, de ne délivrer de permis de recherches et d'exploitation, en conformité avec cette législation, qu'après qu'une commission arbitrale, présidée par un surarbitre norvégien, se fût prononcée sur la validité des concessions antérieures. Le jurisconsulte scandinave investi de ces ingrates fonctions avait à peine eu le temps de mettre le nez dans la montagne de paperasses des Mannesmann et consorts que la guerre éclatait; il ajourna « jusqu'à nouvel ordre » la reprise de la procédure. Cette détermination amenait le Protectorat à remettre *sine die* l'entrée en vigueur de sa législation. C'était frapper d'un arrêt complet tout développement minier possible. Aussi, lorsqu'on voulut exploiter pour les besoins de nos industries de guerre des gisements de manganèse aux environs de Taourirt, on se vit obligé de les réquisitionner. Comme la guerre se prolongeait, le Gouvernement résolut, en 1918, de rouvrir les registres de demandes de permis, quitte à n'en accorder que pour les régions où des revendications de concessionnaires anciens seraient improbables. Pendant les cinq premiers jours qui suivirent la réouverture des registres, plus de trois cents demandes furent présentées. On voit que l'imbroglio juridique n'a pas eu raison de la fougue des prospecteurs.

Pourtant, les résultats positifs obtenus jusqu'à ce jour sont minces. La mine de manganèse déjà mentionnée est la seule exploitée au Maroc, ou plus exactement la seule qui ait été exploitée, car les chemins de fer oranais refusant d'accorder des tarifs réduits aux matières pondéreuses, le prix du transport jusqu'à la côte devient trop onéreux et l'extraction a dû être suspendue.

Les autres minerais reconnus sont du fer près de Boulhaut (limite des Chaouïa et des Zaër), du plomb dans le Haut-Guir, voilà tout pour le moment; c'est peu de chose. Cela ne veut pas dire qu'on en restera là, car le pays pacifié n'a été prospecté que grossièrement et l'Atlas est encore vierge, mais il n'existe présentement aucune certitude, ni même aucune indication d'autres gisements métalliques.

Les phosphates.

Les richesses en phosphates ne sont pas, comme celles en minerais proprement dits, du domaine de l'hypothèse. On a relevé la présence d'un banc entre Mogador et Marrakech, puis de masses importantes entre l'oued Zem et El Boroudj, où elles s'étendent en une zone fort large et longue de près de 100 kilomètres. Les premières expertises ont révélé que les couches superposées sont nombreuses, faciles à exploiter, d'une teneur de premier ordre. Un statisticien aventureux en a même conclu que le Maroc possédait là un trésor de 1.000 milliards, ni plus ni moins. Sans vouloir chiffrer d'une manière aussi précise et téméraire la valeur de ces gisements, on peut affirmer qu'ils représentent des revenus sûrs et abondants pendant de très longues années.

La législation marocaine, à la différence de celles de l'Algérie et de la Tunisie, classe les phosphates dans les mines et non dans les carrières. Il en résulte que leur possession ne revient pas au propriétaire de la surface du sol. Dans ces conditions, on pouvait craindre de voir les gisements, si on les laissait dans le domaine public, tomber aux mains des entreprises phosphatières de l'étranger qui n'auraient aucun intérêt à en accélérer la production. Pour parer à ce péril, le Gouvernement du Protectorat, usant de son droit, s'est réservé, par une ordonnance qui a paru en janvier dernier, la jouissance des phosphates; il les exploitera en régie, par l'entremise d'un office, dont la gestion technique et financière sera autonome et dont le personnel sera intéressé aux bénéfices. Les frais de premier établissement, 36 millions, sont pris sur le dernier emprunt.

Cette exploitation ne pourra commencer que lorsqu'une voie ferrée à grand rendement reliera les gisements à Casablanca, leur débouché naturel.

Le pétrole.

Le pétrole est à la mode; il suffit pour s'en convaincre de consulter les cours des bourses européennes. Tout pays où on trouvera le précieux liquide sera un nouvel Eldorado; aussi en cherche-t-on dans tous les pays. Le Maroc ne fait pas exception. L'hiver dernier, d'heureux pionniers ont foré un puits au djebel Tselfat, non loin du centre de colonisation de Petitjean, et en ont recueilli, à la pompe, une certaine quantité d'huile minérale. Et tout le Maroc de chanter victoire! Les gens les plus calmes, les plus rassis s'enthousiasment, se répandent en prophéties d'abondance et de prospérité. Cet optimisme s'infiltre déjà en France, où la presse et un certain nombre d'hommes politiques font état du pétrole marocain pour le ravitaillement de la Métropole. C'est aller trop vite en besogne. Trouver du pétrole est une chose, trouver du pétrole exploitable en est une autre. Rien de commun entre la poche dont le liquide jaillit parfois à plusieurs mètres au-dessus du sol, mais s'épuise en quelques jours, et la nappe qui s'étend au loin sous terre, donnant pendant des années un débit sur lequel on peut compter. Or, un seul forage n'indique pas si l'on se trouve en présence d'une poche ou d'une nappe; il en faudrait plusieurs autres pour être fixé. On a fait grand bruit d'une opinion d'expert d'après laquelle le sol où a été creusé le puits de Tselfat ressemblerait à s'y méprendre aux terrains pétrolifères de Roumanie. D'autre part, les actions d'une société qui s'occupe au Maroc de recherches et de forages sont cotées à la Bourse de Paris. Je n'en dirai pas plus long. La prudence la plus élémentaire nous engage à nous garder de toute exaltation prématurée et à attendre avec patience des preuves concluantes avant de décréter que le Maroc renferme dans ses entrailles le combustible capable de mettre en marche les industries qui lui manquent.

Les métiers marocains.

Il n'existe en effet, chez les indigènes du Maroc, aucune industrie, au sens que nous donnons aujourd'hui à ce mot. On n'y trouve que des métiers. La plupart de ceux-ci, avant l'intervention française, diminuaient d'importance d'année en année, ne pouvant lutter contre les articles d'importation auxquels les Marocains s'habituaient peu à peu. Quelques métiers, comme la poterie, avaient même disparu; les autres périclitaient, sauf ceux du cuir (cordonnerie, harnachement, reliure).

L'organisation du travail dans les ateliers ressemble de près à ce qu'elle était chez nous avant la Révolution. Dans les grandes villes on trouve un *mohtasseb*, espèce de prévôt des marchands, dont l'autorité s'étend sur l'ensemble des corporations. Chacune de celles-ci, ayant à sa tête un syndic ou *amine*, est composée de maîtres, de compagnons, d'apprentis. Cette hiérarchie a maintenu une tradition étroite; les artisans reproduisent toujours les mêmes modèles sans y rien changer.

Depuis quelques années l'afflux des Français a donné une vive impulsion à certains métiers en leur fournissant une clientèle inattendue, de sorte qu'on assiste au spectacle assez singulier de l'industrie d'Europe travaillant pour les indigènes et des métiers indigènes travaillant pour les Européens. Le Gouvernement du Protectorat encourage la renaissance des arts mineurs marocains, si florissants au Moyen Age, et qu'on espère voir se relever. A Meknès, on a ressuscité le céramiste, l'enlumineur, le peintre sur bois; le chef des services municipaux de cette ville, après de longues recherches, a fini par découvrir les derniers d'entre eux, qui avaient abandonné leurs professions dont ils ne pouvaient plus tirer de quoi vivre. Ils ont maintenant fondé de nouveaux ateliers et forment des élèves.

L'activité rénovée de plusieurs autres métiers permet de prévoir qu'ils ne se borneront pas à alimenter les demandes locales, mais écouleront bientôt une partie de leur fabrication au dehors.

Ainsi les nattes tressées dans presque toutes les villes de la côte, surtout à Salé, sont d'une facture très fine et agrémentée d'entrelacs dont la sobre élégance charme les amateurs. Lorsqu'elles seront mieux connues dans les contrées méditerranéennes, où on fait un large usage de cet article, elles ne tarderont pas à en évincer les produits plus grossiers qu'on y trouve maintenant.

On constate en ce moment un fort engouement pour les tapis marocains; les Français fixés dans le pays et les voyageurs de passage se les disputent; la spéculation s'est mise de la partie et a poussé les prix à des chiffres certainement exagérés. Les tapis de Rabat, les plus anciennement répandus, rappellent un peu les types d'Europe, mais avec des dessins lourds, des couleurs criardes. Le modèle de Salé, à larges bandes de tons heurtés, séduit probablement par son originalité. La vogue va plus encore aux tapis berbères, à motifs géométriques. Les plus estimés sont ceux des Chleuh, où dominent les nuances brunes et orangées, ainsi que ceux des Zaïan à fond violet. Toutes ces variétés ne justifient pas absolument par leur valeur artistique la faveur dont elles jouissent. La mode y est pour beaucoup. On peut donc redouter un revirement de nature à décourager les tisserands, et ce serait dommage, car les ouvriers marocains, si une direction éclairée corrigeait un peu leurs modèles, seraient très capables, grâce à leur habileté technique, de produire des tapis qui se vendraient fort bien à l'étranger.

J'ai déjà signalé le succès des cuirs ouvrés. Les babouches de Fez et de Marrakech sont appréciées dans tous les pays barbaresques et jusqu'en Égypte; on en expédie même au Sénégal. De temps immémorial les pantoufles jaunes unies sont portées au Maroc par les hommes, les jaunes et vertes brodées par les jeunes femmes, les rouges par les douairières, les noires par les juifs. Faites de cuir de vache, doublé de mouton et de chèvre, elles avaient conservé depuis des siècles une forme immuable, lorsqu'il y a quelques mois on vit le talon des babouches de femme s'exhausser petit à petit, se renfler, pour se rapprocher progressivement de la configuration que nous voyons aux souliers des Parisiennes. De toutes les surprises qui attendent le voyageur au Maroc, celle-ci n'est pas la moins récréative.

Les coussins de cuir brodé, comme les reliures, se signalent par des oppositions de teintes très heureuses dans leur hardiesse. Il est difficile au touriste de passer sans s'arrêter devant les échoppes où ils sont en montre, et de s'arrêter sans en acheter. Le chemin des magasins européens leur sera bientôt ouvert.

Les autres arts mineurs (ébénisterie, orfèvrerie, bijouterie, etc.) semblent appelés moins sûrement à grossir le chiffre des exportations. Le Service des beaux-arts du Protectorat a entrepris d'aider les ouvriers, de les conseiller, de perfectionner leur travail. Ce qui paraît manquer encore, c'est une direction commerciale faisant connaître à l'extérieur les produits des ateliers du Moghreb et en facilitant la vente ; jusqu'ici les acheteurs ont dû venir les chercher sur place.

L'industrie européenne.

Dans les pays neufs qui s'ouvrent aux immigrants, l'industrie passe par deux stades successifs. Elle se consacre d'abord aux besoins des nouveaux venus ; c'est seulement longtemps après, à moins de circonstances exceptionnelles, qu'elle peut travailler pour l'exportation. Le Maroc a suivi cette règle. Comment y naquit l'industrie ? Le corps expéditionnaire du général Drude, débarqué à Casablanca en plein été, eut surtout à souffrir de la chaleur et de la pénurie d'eau potable. Peu après, un civil entreprenant, ancien photographe, abritait sous un hangar une machine à glace et un appareil distillatoire. Ce fut la première usine du Moghreb.

Lorsque les Français vinrent s'établir en nombre croissant dans le pays sur les pas de nos colonnes, il leur fallut avant tout se loger et se nourrir. Les industries du bâtiment et de l'alimentation se sont créées ainsi par la force des choses.

Depuis l'armistice, les villes européennes, Casablanca, Rabat, Meknès notamment, sont devenues d'immenses chantiers où on bâtit fiévreusement et qui absorbent des quantités prodigieuses de briques, de ciment, de tuiles, de charpentes métalliques. On trouve déjà au Maroc trente-quatre fabriques qui concourent avec les importations à pourvoir les entreprises de construction, malgré quoi celles-ci se plaignent constamment d'être à court de matériaux. La plus importante de ces fabriques est celle de chaux et ciments de Casablanca; le ciment qui en provient est de bonne qualité; on l'emploie pour tous les travaux, sauf pour les blocs immergés de la jetée de Casablanca, à cause d'une clause du cahier des charges de l'entreprise, qui exige des essais portant sur une période de six années. Voilà déjà cinq ans que les blocs de ciment indigène servant à cette expérience ont été confiés à la mer.

La mise en exploitation de la forêt de cèdres du Moyen-Atlas a amené l'établissement de trois scieries à Azrou (60 kilomètres au sud de Meknès), aux confins de la région insoumise. La sécurité y est encore précaire; cette année même, une dizaine de bûcherons ont été massacrés par les dissidents.

Les industries de l'alimentation ont naturellement porté d'abord sur la transformation de la principale richesse agricole : les céréales. L'année dernière on comptait vingt-cinq minoteries, six fabriques de pâtes alimentaires, une biscuiterie. Les olives de Fez et de Marrakech approvisionnaient quatre huileries.

Le développement de l'élevage marocain n'a pas encore fait naître d'usine frigorifique importante (1). Un établissement de ce genre a besoin, pour fonctionner à grand rendement, d'un ravitaillement continu, qu'on n'obtiendrait qu'en disposant de centres d'élevage européens aux alentours immédiats, de manière à y entretenir un troupeau suffisant toujours prêt à fournir des animaux à l'abatage. Ce réservoir est indispensable, car on ne peut compter sur des arrivages réguliers de l'intérieur en raison du mauvais état du bétail indigène pendant une partie de l'année.

L'embarquement de la viande congelée ne peut se faire qu'à quai. Jusqu'à l'achèvement du port de Casablanca, Kenitra sera le seul point utilisable et il n'y entre que des vapeurs de bien faible tonnage. Il faut espérer que, pendant les quelques années qui nous séparent du moment où Casablanca aura reçu un aménagement maritime définitif, on saura mettre la question au point et que des usines comparables à celles du Nouveau Monde seront prêtes en même temps que l'outillage du port.

La guerre a favorisé une industrie dont la rapide fortune ne lui a pas survécu, celle du crin végétal, extrait à peu de frais du palmier nain, si abondant au Maroc. La seule région de Casablanca comptait, en 1918, vingt-quatre de ces manufactures, dont le

---

(1) Il y a à Casablanca un petit frigorifique, qui n'alimente que les chambres froides des navires de passage, et aussi une usine de salaisons.

produit était utilisé pour les fournitures de couchage des hôpitaux; la plupart ont été fermées depuis.

La fabrication du crin végétal, qui n'a brillé que d'un éclat éphémère, n'en est pas moins la première industrie d'exportation du Maroc. Nul doute que d'autres ne suivent bientôt, grâce à l'esprit d'entreprise des Français du Maroc; celles de l'alimentation d'abord, puis les textiles et peut-être un jour la métallurgie.

CHAPITRE XIX

L'IMMIGRATION

Nous avons eu précédemment l'occasion de parler des colons, cultivateurs et éleveurs. Ce sont les immigrants les plus utiles, mais non les plus nombreux. La majorité appartient à d'autres professions, surtout celles du commerce et de l'industrie. Sans parler des soldats et des fonctionnaires, dont la plupart ne font que passer, on compte par centaines les Européens qui arrivent chaque mois au Maroc pour s'y établir sans esprit de retour. Nous nous proposons d'examiner ici comment ce mouvement a pris naissance et se développe.

L'immigration avant la guerre.

Dans les premières années de ce siècle, les colonies étrangères au Maroc étaient fort peu importantes, sauf à Tanger. Les sultans avaient pour ainsi dire sacrifié cette ville aux chrétiens pour ne pas en être encombrés dans le reste de leur empire. Là vivaient les représentants diplomatiques des puissances et le fonctionnaire chargé de conférer avec eux au nom du makhzen. Tanger formait comme une tête de pont que l'Europe avait jetée à l'extrémité de la terre africaine. Mais la tolérance cessait aux murs d'enceinte; au delà il n'y avait plus ni protection ni sécurité, à telle enseigne qu'on a vu le brigand Raïssouli enlever de leurs villas, en vue des remparts, quelques notables étrangers et en exiger rançon.

Les nécessités du commerce avaient cependant obligé le Gouvernement marocain à ouvrir au trafic international d'autres ports et à y admettre des négociants chrétiens. Leur situation ne différait pas de celle de leurs collègues de Tanger; comme eux ils ne pouvaient guère s'éloigner de la ville qu'ils habitaient. Un voyage constituait une entreprise toujours difficile, quelquefois dangereuse. Il y avait d'abord les désagréments matériels, inséparables d'un déplacement à travers une contrée sans routes, sans abris, où on devait tout emporter avec soi. En outre, même dans les provinces obéissant au makhzen, une escorte armée était indispensable. Quant aux régions insoumises, on n'y pénétrait que sous un déguisement et en achetant le droit de passage de tribu en tribu. Dans ces conditions les commerçants européens devaient recourir, pour leurs affaires avec l'intérieur, aux services des courtiers indigènes. Il n'existait pas plus d'une dizaine de maisons de commerce dans chacun des ports de l'Atlantique.

En 1907, le général Drude débarque à Casablanca. Peu à peu le corps expéditionnaire augmente en nombre et attire à sa suite le monde interlope qui gravite toujours autour des armées en campagne : mastroquets, fournisseurs d'ordinaires, mercantis de toute espèce, personnel de cafés-concerts, de maisons de jeu et d'autres établissements. Ce sont les premiers immigrants. Ils se casent où ils peuvent dans les maisons arabes, puis débordent au delà des murs, sous la tente, dans des gourbis de roseaux ou à l'abri de quelques planches mal jointes revêtues de carton bitumé. C'est une ville foraine qui s'étale autour des camps comme une moisissure.

L'année suivante, le territoire des Chaouïa est pacifié. La vie n'est plus uniquement concentrée à Casablanca et à l'ombre de ses murailles. Aux postes militaires de la périphérie s'annexent des embryons de villages français. Une nouvelle couche d'immigrants, plus sérieuse, plus recommandable que la première, s'installe. On voit apparaître le petit commerçant, le petit colon, avec dix ou vingt mille francs dans sa poche, quelquefois davantage. L'un s'établit tailleur, cordonnier, épicier; l'autre profite de la situation nouvelle qui rend les indigènes de la province plus abordables; il entre en contact direct avec eux, s'associe pour un élevage, achète une terre. Mais toutes ces initiatives sont encore timides, hésitantes. En général, on ne croit pas que nous restions au Maroc; on craint qu'à n'importe quel moment un ultimatum allemand ou simplement un changement d'orientation de notre politique ne fasse rapatrier le corps expéditionnaire et ne ramène l'ancien état de choses.

Mais voilà la colonne de secours de Fez. Un brusque revirement se produit dans l'opinion. On se dit que pour la première fois nos troupes quittent la côte pour s'enfoncer au cœur du pays. On se persuade que les événements locaux forceront la main aux cabinets européens, que l'ère des fluctuations est close, que la domination française au Maroc, sous une forme ou sous une autre, s'imposera à bref délai. Alors, à l'incertitude succède la confiance. Chacun veut être le premier à bénéficier de la plus-value que vont prendre toutes choses au Maroc. Il faut à tout prix se procurer un terrain à bâtir là où s'élèvera la nouvelle ville de Casablanca, ou une propriété de culture, ou des troupeaux, ou un gisement minier. C'est une course vertigineuse, une folie d'achats. Les Européens établis dans la province, qui sont au courant des occasions et habitués aux usages du pays, se servent les premiers, mais bientôt une vague d'immigrants déferle sur Casablanca pour prendre part à la curée.

Au centre de la ville il y a un carrefour qui offre un peu plus d'espace libre que les ruelles avoisinantes. Le premier café y avait ouvert ses portes, le Café du Commerce. Il devient une Bourse improvisée. Dans la salle enfumée, comme autour des tables qui envahissent la chaussée, se presse la foule des spéculateurs. Dans cette rue Quincampoix marocaine, on se dispute hectares et mètres carrés comme jadis les actions de Mississipi. Les terrains changent plusieurs fois de mains dans la même journée en doublant de prix à chaque transaction. On a vu des joueurs avisés débarquer un matin, gagner une petite fortune entre deux apéritifs et reprendre le lendemain le bateau qui les avait amenés. La fièvre gagne les autres villes de la côte, les provinces pacifiées. Je me rappelle qu'à Kenitra la colonne Brulard avait à peine dressé ses tentes qu'un néo-Casablancais, suivant nos opérations soi-disant comme journaliste, refusait l'accès de la berge du Sebou à une corvée, sous prétexte qu'il venait de l'acheter !

La ruée d'aventuriers qui s'abat ainsi sur le Maroc ne lui est cependant pas nuisible. Peu à peu le calme se rétablit, le marché aux terrains s'épure et on commence à mettre en valeur ce qu'on a acquis. Les constructeurs arrivent à leur tour; on voit des fermes s'édifier dans le bled, des usines, des maisons d'habitation et de rapport à Casablanca. Les spéculateurs d'hier deviennent les propriétaires d'aujourd'hui, les industriels et les grands agriculteurs de demain. Un artiste de café-concert, d'origine nébuleuse, a fondé la première imprimerie du Maroc avant de tomber sur le champ de bataille de Verdun. Un sacripant cubain a mis de côté le revolver qui ne le quittait jamais pour édifier des villas et faire figure de riche bourgeois. Tel cantinier des colonnes de 1908 dirige une librairie et place des pianos dans une boutique cossue. On se montre un des spéculateurs de l'âge d'or, débarqué avec quelques billets de mille, qui a acquis à vil prix une partie de la banlieue pour en faire un petit Neuilly; il est maintenant à la tête d'un élevage florissant et d'un journal d'opposition.

Pour bâtir la ville neuve, la main-d'œuvre indigène n'était, en 1912, ni assez nombreuse ni assez exercée. Il fallut appeler d'Europe des terrassiers, des maçons; la plupart, Italiens et Espagnols, se fixèrent à Casablanca, qui compte de ce fait deux importants groupements étrangers. Sans doute la population française l'emporte de beaucoup, mais il existe désormais un élément hétérogène qui n'est pas négligeable. Souvenons-nous des flots d'encre que la même question a fait couler en Algérie et du poids qu'elle fait lourdement sentir à Tunis.

La colonie italienne de Casablanca montre beaucoup de cohésion. Active, prospère, elle a fondé des établissements d'instruction qui lui appartiennent et ne manifeste aucune tendance à se fondre dans la masse française. Les Espagnols, au contraire, semblent un peu déracinés; leurs enfants fréquentent nos écoles; la jeune génération se franciserait peut-être si elle en trouvait le moyen, comme à Oran. Dans nos protectorats, aucune disposition législative ne facilite le passage à la nationalité de la puissance protectrice. C'est une lacune qu'on devrait combler au plus tôt.

L'immigration depuis la guerre.

L'immigration continuait avec régularité lorsque la guerre y mit fin. Le Résident Général obtint de mobiliser sur place les réservistes français habitant le Maroc, ce qui empêcha le jeune Protectorat de se dépeupler de colons et les entreprises de toute nature, alors dans la première phase de leur développement, d'être brutalement arrêtées. Les bataillons territoriaux qui arrivèrent à la même époque provenaient des recrutements méridionaux, de régions qui fournissent en tout temps nombre d'émigrants à l'Algérie, à l'Argentine, au Mexique. Comme les hostilités se prolongeaient, beaucoup de ces soldats firent venir leurs familles qui s'habituèrent à la contrée et y demeurèrent après la libération qui suivit l'armistice. Aucun des éléments de la colonisation française n'est plus précieux que celui-là.

La démobilisation amena, comme il fallait s'y attendre, un nouvel afflux d'immigrants au Maroc. Après cinq années passées dans les tranchées, bien des hommes avaient perdu leur situation d'avant-guerre et pris le goût du risque. Pour beaucoup la tentation était forte de ne pas retomber dans l'ornière d'autrefois et de courir leur chance là où tant d'autres avaient réussi. Car la renommée avait apporté en France l'histoire des succès, à la mode californienne, de quelques néo-Marocains, tout en passant sous silence les échecs au moins aussi nombreux. Une propagande fort bien intentionnée, mais conduite avec plus d'ardeur que de discernement, encourageait l'immigration sans spécifier quelles conditions il fallait remplir pour trouver un emploi rémunérateur. Aussi vit-on débarquer une foule d'individus sans spécialité, sans connaissances ou métiers utiles. Pour eux, le seul fait de s'expatrier, de quitter la France pour aller « chez les sauvages » était un titre suffisant à un salaire élevé. Autre catégorie : des gens de condition modeste, soldats ou sous-officiers en 1914, devenus officiers grâce à leur bravoure, espéraient se faire au Maroc, plus facilement que dans la Métropole, une position en rapport avec leur dernier grade.

Parmi ces personnes, il y en eut qui se renseignèrent sur le pays dont ils comptaient faire leur nouvelle patrie, soit à l'Office économique de Paris, soit auprès de particuliers bien informés. On réussit ainsi à en arrêter quelques-uns. Mais combien d'autres, plus audacieux ou moins réfléchis, s'embarquèrent, souvent avec femmes et enfants, munis de très faibles ressources. Les voilà sur le pavé de Casablanca, courant de-ci de-là, en quête de travail, d'ailleurs assez exigeants. Déçus de se voir préférer des concurrents plus capables, ils échouaient finalement à l'Office économique du Protectorat, qui ne parvenait pas toujours à les placer aussitôt. Voyant fondre leurs modestes économies, ils prenaient en majorité le parti de s'en retourner, maudissant le Maroc et son gouvernement « qui ne fait rien pour les Français et laisse mourir de faim les poilus après tout ce qu'ils ont enduré ». Ainsi la bonne réputation du Protectorat subit de rudes assauts et commence à se ternir.

Par bonheur, le flot des immigrants, s'il ne diminue pas, bien au contraire, tend du moins à s'assagir. Le nombre des sans-profession décroît depuis quelques mois et on parvient plus aisément à pourvoir les arrivants.

L'importation des capitaux et les entreprises nouvelles.

Depuis la guerre, il n'y a pas eu seulement immigration de personnes, mais aussi importation de capitaux. Ce mouvement, d'ampleur un peu inattendue, s'explique d'ailleurs facilement si on remonte à sa source. Ce ne sont pas l'intérêt que suscite le développement du Maroc, ni les perspectives qu'offrent ses ressources latentes qu'on découvre à son origine, mais bien la situation faite en France aux richesses issues des fournitures de guerre. Celles-ci trouvent tout avantage, pour échapper au fisc, à se placer dans un pays où la législation ne peut les atteindre. Il a aussi été quelque peu question de certain impôt sur le capital, dont le spectre poursuit pas mal de gens. Et les millions de traverser l'Atlantique.

Prenez la liste des grosses fortunes fondées ou accrues de 1914 à 1918, vous en trouverez la plupart représentées au Maroc soit directement, soit dans la composition de grosses sociétés, de groupes, comme on dit là-bas. La moindre difficulté n'a pas été de trouver comment employer ces sommes considérables. On ne saurait mieux en donner l'idée que par l'exemple de ce voyageur chargé de se rendre sur le sol africain pour y faire valoir deux millions.

— Vous occupez-vous d'agriculture, d'industrie, de commerce ? lui demandait-on.

— Cela m'est égal, n'importe quoi, pourvu que les deux millions y passent.

Le premier résultat de cette invasion fut de faire refleurir la spéculation, comme en 1911, et surtout la spéculation sur les terrains, la plus accessible. Les prix atteints par les lots à bâtir de la ville européenne, à Casablanca, dépassent tout ce que l'imagination peut concevoir. On en a, dans ce port marocain, vendu plus cher que dans les beaux quartiers de Paris. En janvier dernier, on ne s'étonnait pas de voir payer 1.100 francs le mètre des parcelles en bordure des rues les plus fréquentées. Sur la place principale, un terrain acheté 3.500.000 francs au printemps de 1919 a été cédé l'hiver suivant 5 millions, et le dernier acquéreur compte bien s'en défaire moyennant un honnête bénéfice. De Casablanca le mal a gagné Rabat et sévira sans doute avant peu dans les autres villes de l'Empire. Le plus curieux de l'affaire, c'est que les riches indigènes se sont piqués au jeu et entrent dans la danse. Un des grands immeubles de Casablanca appartient au caïd Glaoui, pacha de Marrakech. L'acheteur du terrain dont nous venons de parler n'est autre que le vizir des Domaines, dont les fonctions semblent peu compatibles avec ce genre d'opérations; mais le personnel « ministrable » est si restreint, qu'il faut bien fermer les yeux sur quelques-unes de ses fantaisies.

Je n'ai pas besoin d'ajouter que la recrudescence d'immigration, jointe à la hausse des terrains, a provoqué une raréfaction des logements pire que celle dont on se plaint dans nos régions.

L'abondance des capitaux n'a pas eu que des résultats néfastes, car les fonds ne se sont pas tous portés vers l'acquisition d'immeubles à Casablanca. Elle a favorisé l'essor de l'agriculture, l'éclosion de l'industrie, et on ne peut que s'en féliciter. Le commerce en a aussi bénéficié et s'est gonflé quelque peu artificiellement. Les puissantes sociétés, qui regorgent d'argent, lorsqu'elles ont acheté des terrains, des pâturages, planté de la vigne, nourri des bestiaux, construit une minoterie ou une fabrique de ciment, n'ont plus d'autre ressource que de lancer une affaire d'importations et d'exportations. Celles-ci ont poussé comme de la mauvaise herbe et on se demande, en présence de leur multiplicité, comment elles pourront toutes subsister. Une crise est à prévoir dans ce domaine de même qu'un krach sur les propriétés urbaines.

Cette perspective est fâcheuse, mais il ne faudrait pas la prendre au tragique. C'est le complément obligé de l'activité débordante, de la fièvre d'entreprises nouvelles qu'on constate au Maroc. Mieux vaut cent fois cette intensité d'efforts, malgré ses risques, que la molle torpeur, l'indolence résignée, où végètent tant de nos colonies.

L'opinion publique.

J'aborde maintenant un sujet délicat, celui de l'opinion publique au Maroc ou plus exactement de l'opinion publique à Casablanca. Il y a environ 40.000 Français fixés dans le territoire du Protectorat, mais si l'on excepte Rabat, habité surtout par des fonctionnaires, Casablanca est la seule ville qui compte plus de quelques centaines d'Européens. C'est là qu'est concentrée la vie française, que naissent les aspirations, que paraissent les journaux, que surgissent les critiques contre le gouvernement de Rabat. Je ne reprendrai pas la comparaison si souvent faite des deux cités de la côte marocaine avec Versailles et Paris sous l'ancien régime.

La population de Casablanca, active, trépidante, a tendance à croire, parce qu'elle est industrieuse et riche, que tout le Maroc se résume en elle. La ville s'est développée avec une rapidité dont l'Ancien Monde n'offre pas d'autre exemple; en moins de dix ans sa population a triplé. Comme nous venons de le dire en énumérant les phases successives de l'immigration, on y trouve d'excellents éléments à côté d'autres beaucoup moins bons. C'est le sort habituel des agglomérations à croissance précipitée; celles du Far West américain, des districts miniers d'Australie, du Transvaal, du Klondyke n'ont pas été lancées autrement. Comme l'aimant attire le fer, elles séduisent les aventuriers louches, qui trouvent toujours quelque chose à glaner là où l'argent se gagne vite et se dépense largement. Pour l'intellectuel famélique et dévoyé, pour le journaliste marron opérant sur ce terrain propice, la menace du scandale, le chantage sous toutes ses formes, de préférence sous la forme d'agitation politique, sont les armes naturelles. Casablanca en a connu à diverses périodes de son histoire. Le malheur veut qu'on confonde parfois les revendications légitimes de très braves gens avec les manœuvres de ces pêcheurs en eau trouble, qui savent fort habilement entraîner dans leur sillage la foule naïve et mal avertie.

Donc depuis quelque temps, à Casablanca, une minorité tapageuse de l' « opinion publique » réclame à grand fracas des droits électoraux, une constitution, un gouvernement civil, que sais-je encore. Elle brandit les mots généreux de liberté et de démocratie, dont le pouvoir magique est tel que l'écho en est parvenu au Palais-Bourbon. Pendant la discussion du budget, dans la séance du 17 juin, un député s'est exprimé en ces termes : « Qui doit voter l'impôt (au Maroc)? Ceux qui le paient, c'est-à-dire les contribuables ou leurs délégués. Tel est le principe exprimé par la Révolution française. Il est aujourd'hui appliqué non seulement dans toutes les démocraties, mais dans tous les pays à forme constitutionnelle. Partout où flotte le drapeau tricolore, ce principe doit être respecté. » Voilà donc encore, une fois de plus, affirmée au Parlement, cette doctrine de généralisation qui a si longtemps entravé l'essor de nos colonies. Partout où flotte le drapeau tricolore il faut appliquer le même principe, même si les conditions du pays ne s'y prêtent pas, si ce principe lui est nuisible, s'il peut le faire périr. Et d'abord le drapeau tricolore ne flotte pas seul au Maroc; il est accompagné du drapeau chérifien. En second lieu, le Maroc n'est pas une démocratie, ni même un État à forme constitutionnelle; c'est une monarchie absolue d'essence religieuse. Il faut s'en accommoder. Ceux qui désirent élire des parlementaires n'ont qu'à rester en France. On ne saurait bouleverser le jeune Protectorat, encore en formation, pour satisfaire leurs scrupules civiques. La souveraineté du Sultan n'est pas un vain mot; nous ne pouvons traiter les accords internationaux comme des chiffons de papier.

Que les chambres de commerce et d'agriculture

soient électives, rien de mieux; c'est d'ailleurs fait. Qu'on étende ce système aux municipalités des villes de la côte, passe encore. Mais importer les bienfaits du scrutin à l'intérieur de l'Empire, non. C'est trop se presser.

A Casablanca comme en France on semble ignorer ou oublier que la pacification n'est pas achevée. J'ai vu bien des voyageurs français, venus au Maroc pour leurs affaires, qui ne dépassaient pas Casablanca et Rabat. A voir ces deux villes, l'une toujours bourdonnante d'activité commerciale, l'autre si calme dans son cadre de jardins et de ruines, ils s'imaginaient difficilement se trouver dans un pays encore en guerre. De retour en France ils parlaient avec un sourire sceptique des opérations militaires; selon eux elles n'existaient pas, ou, s'il y avait encore quelques petites escarmouches, c'était très loin, au désert, dans des régions où personne n'allait jamais, sauf des chefs militaires en quête de décorations ou d'avancement. On a fini par les croire.

La réalité est tout autre. On a vu dans la première partie de ce volume que certaines régions dissidentes sont situées au cœur même du pays et nous obligent à entretenir une longue barrière défensive pour protéger les provinces soumises. Tous les jours les sentinelles, les corvées, les convois de ravitaillement des postes essuient des coups de feu. Cette année même, le combat de Sidi bou Knadel s'est livré à 8 kilomètres de la grande route de Taza, la seule qui relie l'Algérie au Maroc. Un chef d'escadron de la garnison de Fez, où il dirige un service important, me racontait qu'un jour, après avoir pris le café du matin chez lui, il était parti en automobile à la frontière du territoire dissident et y arrivait une heure après, au moment même où l'ennemi attaquait notre poste avancé. L'affaire dura deux heures; les Beni Ouarain se replièrent en désordre et l'officier rentrait en ville à 12ʰ 30, juste à temps pour déjeuner.

Pendant mon séjour à Fez, en février, on ne pouvait sans danger sortir de l'enceinte la nuit. Quelques jours auparavant un cocher qui se rendait à la gare, le directeur de la ferme expérimentale qui regagnait sa demeure à un kilomètre des murs, avaient été assassinés. A Taza, il est strictement interdit de circuler entre la ville haute et la ville basse après le coucher du soleil.

Il n'y a pas si longtemps qu'on trouva chez le pacha de Meknès un dépôt d'armes clandestin, découverte qui révéla un complot tramé depuis longtemps et sur le point d'être mis à exécution.

Voilà des raisons suffisantes, je pense, pour épargner pendant quelque temps encore au Maroc le spectacle des luttes électorales et des réunions publiques.

« Je vous le demande, a encore dit un député à la tribune, est-ce que les 40.000 Français du Maroc, est-ce que les 6 ou 7 millions d'indigènes qui peuplent le Maroc n'ont pas les mêmes droits que les 50.000 Français et les 2 millions d'indigènes de la Tunisie ? Seraient-ils donc incapables de les exercer ? »

Il y a entre la Tunisie et le Maroc toute la différence qui existe entre un pays vivant depuis quarante ans dans un calme absolu et un autre dont la ville principale est presque sous le feu des dissidents. Pacifions d'abord le Maroc et on pourra discuter ensuite s'il y a lieu de lui octroyer des institutions de contrôle politique.

Ainsi se présente la question du suffrage européen.

En ce qui concerne les indigènes, on peut se demander pourquoi on mettrait entre les mains de gens incapables de s'en servir un pouvoir qu'aucun d'eux ne réclame. Il faut une singulière ignorance de ce qu'est un paysan chaouïa ou un montagnard berbère pour leur attribuer la moindre notion de la constitution, de l'existence même du budget qu'on veut leur faire voter. Autant vaudrait faire participer des Touareg ou des Sakalaves à l'élection des membres de l'Académie des Inscriptions et Belles-Lettres. Le Marocain, soumis depuis l'origine des temps à l'autorité de ses chefs, ne demande qu'une chose, c'est que ces chefs n'en profitent pas pour l'opprimer outre mesure. A cet égard ils ont satisfaction; jamais régime ne leur a fait la part plus belle que le Protectorat.

Une expérience du genre de celle dont on parle si légèrement à la Chambre a été tentée par les Italiens en Libye. L'année dernière ils ont accordé des droits de citoyen en bloc à tous les habitants sans distinction d'origine; un parlement devait être constitué à Tripoli à raison d'un député par 20.000 âmes. Cette loi organique s'appelle le *statuto*. Elle fut fort bien accueillie par les grands chefs arabes qui discernèrent aussitôt le bénéfice qu'ils pourraient en tirer personnellement. Le *statuto* fut promulgué en grande pompe au milieu de l'allégresse générale. La presse italienne ne se possédait plus de joie. Le ministre des Colonies ne dédaigna pas d'y chanter ses propres louanges et de s'apitoyer sur les systèmes de colonisation des autres puissances. Il déplorait « les faiblesses inhérentes à toute solution de transaction où deux principes opposés se mêlent, tentent .de s'équilibrer, mais ne réussissent pas à se fondre en une nouvelle synthèse ». Et il ajoutait ingénument : « Est-ce montrer trop d'orgueil que de dire que nous avons trouvé la vraie formule ? »

Malheureusement pour la vraie formule il fallut un jour la mettre en pratique et alors l'or pur se changea en vil plomb. Au bout d'un an le parlement tripolitain n'était pas encore convoqué. Les fonctionnaires italiens qui avaient rejoint leurs postes de l'intérieur, dès qu'ils voulurent faire œuvre administrative, se brouillèrent avec les chefs indigènes, qui n'entendaient pas ainsi l'application du *statuto*. Le commandant du district de Nalout, près de la frontière tunisienne, se vit sommé de déguerpir et s'exécuta sans hésiter; ceux d'Homs et de Syrte, sur la côte à l'est de la capitale, furent faits prisonniers avec leurs troupes. Tels ont été les débuts de l'ère constitutionnelle dans la colonie italienne.

Gardons-nous, pour satisfaire les rêves de quelques utopistes, de nous lancer dans de semblables aventures. Sous la direction d'un homme qui, depuis vingt-six ans, parcourt la plus glorieuse des carrières coloniales, nous avons suivi jusqu'à présent au Maroc une politique indigène ferme, mais paternelle, que le succès a couronnée. Rien ne nous invite à y renoncer. N'en changeons pas.

CHAPITRE XX

L'AVENIR DES VILLES MAROCAINES

Les anciens sultans du Maroc avaient quatre capitales, où ils résidaient successivement : Fez, Marrakech, Rabat et Meknès. Ils se transportaient de l'une à l'autre avec leur garde, leur cour, leurs ministres, y restaient quelques jours, quelques mois ou quelques années, au gré de leurs caprices. Chaque souverain manifestait une prédilection plus ou moins vive pour telle des villes impériales, mais aucun n'en choisit une pour s'y fixer définitivement.

Fez, la plus ancienne, a été fondée au commencement du neuvième siècle par Moulaye Idriss, le saint le plus vénéré, le patron du Maroc. Marrakech, de deux cent cinquante ans sa cadette, est la création du premier sultan almoravide. Venu en conquérant du Sahara, il voulut avoir dans le Sud un contrepoids à la puissance des provinces septentrionales, un boulevard sur lequel il s'appuierait contre les populations du Nord, rebelles à son autorité. L'Empire avait désormais deux capitales, souvent ennemies, toujours en compétition; leur rivalité a dominé l'histoire intérieure du Maroc. Aujourd'hui encore les vieilles rancunes sont à peine calmées.

Rabat date du douzième siècle, la plus belle époque de l'Empire maure. L'almohade Yakoub el Mansour, le Victorieux, la bâtit pour commémorer la bataille d'Alarcos, où il écrasa les Castillans, et aussi pour servir de point de rassemblement aux renforts à destination de l'Espagne, dont il désirait surveiller lui-même l'embarquement (1).

Meknès est l'œuvre de Moulaye Ismaïl, le dernier grand monarque du Moghreb. Ébloui par le faste de Louis XIV, son contemporain, il voulut imiter Versailles. La prospérité de la ville, qui parut d'abord devoir éclipser Fez, ne survécut pas à son fondateur. Ses successeurs détruisirent la plus grande partie des constructions colossales qui avaient vidé le Trésor chérifien et précipité la décadence de l'Empire. Leurs ruines attestent encore l'effort gigantesque qu'elles ont coûté.

Pendant le siècle dernier les sultans abandonnèrent de plus en plus Rabat et surtout Meknès, pour séjourner presque toujours à Fez et Marrakech.

A côté de cette classification en villes impériales, les Marocains en établissent une seconde, celle des villes savantes, également au nombre de quatre : Fez, Rabat, Salé et Tétouan. Ce sont celles où on cultive les lettres, où vivent tous les érudits musulmans qui se respectent. Elles portent le nom de *hadrya* par opposition à celui de *makhzenia*, donné aux résidences impériales.

Enfin une troisième catégorie est celle des ports ouverts au commerce auxquels nous avons consacré précédemment deux chapitres.

En dehors des ports et des trois capitales de l'intérieur, il n'existait pas à proprement parler de

______

(1) Ribat-el-Ftah, nom primitif de Rabat, signifie le Camp de la Victoire.

villes au Maroc. Aucune des autres agglomérations ne comptait plus de quatre ou cinq mille âmes; ce n'étaient que de grosses bourgades, faisant figure citadine à cause de l'enceinte qui les protégeait contre les tribus pillardes des environs. Telles étaient Oudjda, Taza, Sefrou, Ouezzan, Demnat et quelques autres.

En 1912, le premier soin du Protectorat fut de mettre fin à l'existence ambulante de la Cour impériale. Les déplacements continuels, qui ne présentaient pas d'inconvénients tant qu'il ne s'agissait que d'un gouvernement composé d'une vingtaine de fonctionnaires ne tenant ni comptabilité ni archives, devenaient impossibles pour une administration plus moderne. Lorsqu'il fallut décider quelle serait la capitale unique, le choix se porta naturellement sur Rabat, la seule des villes impériales située au bord de la mer, garantie essentielle au moment où tout l'intérieur était en pleine insurrection.

La nouvelle dignité de Rabat ne favorisa pas son développement autant qu'on aurait pu le croire. L'arrivée de l'entourage du Sultan ne représentait qu'un faible appoint, numériquement parlant. L'établissement de la Résidence Générale et des services du Protectorat se fit d'abord modestement. Le premier noyau de fonctionnaires a depuis lors crû et multiplié selon le précepte de l'Écriture, mais le mouvement et la prospérité de la ville n'ont pas suivi la même progression. Le bureaucrate n'est pas un animateur; il n'apporte avec lui ni activité, ni entrain, ni richesse.

La valeur économique de Rabat semble aussi devoir rester confinée dans des limites étroites, car son port, même amélioré, sera toujours plus ou moins paralysé par ses concurrents voisins, Kenitra et Casablanca.

A l'intérieur, Fez et Meknès, dont la courte rivalité au xviiie siècle fut brusquement close par la mort de Moulaye Ismaïl, vont se retrouver aux prises. L'évolution que va subir le Maroc grâce à la collaboration française est tout à l'avantage de Meknès qui devient le nœud de communications le plus important de l'Empire. La grande route de Casablanca et Rabat à Fez et Taza, les lignes de chemin de fer de Kenitra et de Tanger convergent sur la ville, d'où partent aussi la voie de pénétration du Moyen Atlas par Azrou et Timhadit vers la Moulouya, ainsi que la ligne de l'Oum er Rbia en construction jusqu'à Aïn Leuh, d'intérêt stratégique aujourd'hui, de rendement commercial demain. Autrefois on allait directement de Fez à Larache ou à Tanger pour gagner la mer; bientôt tous les itinéraires de Fez à la côte pour les voyageurs et les marchandises passeront par Meknès.

A ces avantages Meknès en joint d'autres. Elle s'élève au milieu d'une plaine fertile, peu mise en valeur encore à cause de l'état d'anarchie prolongé du pays, mais où maintenant la culture va prendre un magnifique essor.

Fez est mal servie par sa situation, resserrée entre des montagnes à l'entrée du long défilé qui mène à l'Algérie, position militaire de premier ordre en d'autres temps, devenue maintenant sans objet. Les vallées environnantes ont de bonnes terres et la population rurale est la plus entreprenante, la plus accessible au progrès de tout le Maroc, mais la surface exploitable demeure restreinte à cause de la configuration accidentée du sol. La ville de Moulaye Idriss exercera toujours une grande attraction sur les musulmans par ses sanctuaires, son université, ses medersas. Elle est aussi la métropole actuelle du grand commerce indigène. On y trouve une caste d'anciennes familles, aristocratie du négoce, qu'elles pratiquent depuis des siècles de père en fils. D'après la tradition, elles seraient issues de juifs convertis. Les commerçants de Fez doivent leur situation excellente à leur solidarité, à leur évolution vers les méthodes modernes; ils sont en rapports d'affaires directes avec les maisons européennes sans avoir à passer par l'intermédiaire de courtiers israélites. Ils essaiment dans tout le pays et réussissent partout à merveille, notamment à Marrakech, où ils dominent le marché parce que seuls ils vendent et achètent à crédit alors que leurs concurrents locaux ne connaissent que les opérations au comptant. Les plus hardis d'entre eux ne craignent pas de voyager au loin et résident même à l'étranger; on en trouve à Manchester, en Égypte, en Sénégambie.

D'après ces données, on peut prévoir que Fez restera la grande ville indigène du Nord tandis que le centre européen se fixera à Meknès.

Dans le Sud, Marrakech règne seule. Elle prospérera donc en même temps que la région dont elle est le cœur, le marché, l'entrepôt. La richesse de ce pays à sol fécond, mais sans pluies, dépend de l'extension des travaux d'irrigation.

L'immigration française a amené des changements sensibles dans la physionomie du Maroc, mais uniquement par addition, jamais en se substituant ou en se superposant à ce qui existait.

Quelques centres européens sont nés en pleine campagne, comme le port de Kenitra sur le bas Sebou, puis, dans le Maroc Occidental, Dar bel Hamri, Mechra bel Ksiri, Petitjean; ce dernier village, au point de jonction des lignes de Kenitra et de Tanger, est destiné à un brillant avenir, surtout si l'espoir qu'on place dans les terrains pétrolifères voisins se réalise. Une fabrique de chaux hydraulique y est en construction; c'est un indice de bon augure. Au Maroc Oriental, on trouve à Berkane, entre le massif des Beni Snassen et la Méditerranée, une petite ville d'aspect algérien, déjà vieille de treize ans, qui est sortie du sol en quelques semaines. Taourirt, entre Oudjda et la Moulouya, marche sur ces traces.

Toutes ces localités, fondées dans le bled, se développent à leur aise, sans aucune gêne. La situation est tout autre lorsqu'on quitte les champs pour les villes, où on se trouve en présence des agglomérations indigènes. Pareil problème s'est posé auparavant en Algérie et en Tunisie; il n'a pas été résolu de la même façon dans ces deux pays.

En Algérie, dont la conquête a duré longtemps, les Français ont pris l'habitude de se fixer à l'intérieur des villes indigènes, où ils se trouvaient en sûreté à l'abri de l'enceinte. Pour y vivre, ils ont dû transformer les vieilles cités arabes au fur et à mesure des besoins; ils ont anéanti ainsi des quartiers entiers et détruit un décor pittoresque, en ne réalisant pour eux-mêmes qu'une installation médiocre, étriquée, incommodée d'une promiscuité désagréable.

La Tunisie avait été pacifiée en quelques semaines, ce qui donnait le moyen d'y procéder différemment. Instruites par l'expérience algérienne, les autorités de la Régence décidèrent de séparer scrupuleusement Européens et indigènes, de ne pas toucher aux villes arabes et de bâtir les quartiers français en dehors des murs, en surface libre, où de larges avenues, des places, des jardins leur donneraient l'air et l'ombrage nécessaires à leurs habitants. Tunis est l'application la plus complète, la plus heureuse de cet excellent principe.

Le Gouvernement du Protectorat marocain était trop avisé pour ne pas s'y conformer. Il adopta le système tunisien en l'amplifiant, en l'exagérant même. Au lieu, tout en séparant les deux villes, de les laisser accolées, au Maroc on les a généralement écartées l'une de l'autre. A Casablanca, à Rabat, où les quartiers neufs ont été amorcés avant que l'Administration ait pu intervenir, ils sont adjacents à l'enceinte, mais ailleurs on a maintenu une large zone sans constructions qui les isole de la cité musulmane. A Meknès, le ravin profond de l'oued Foukrane forme un fossé naturel de belle dimension; à Fez, à Marrakech, la distance atteint plus d'un kilomètre entre la muraille et les premières maisons françaises.

Casablanca (1).

Casablanca était jadis une ville somnolente, comprimée dans son enceinte dont la face nord longeait exactement le rivage. C'était un dédale de ruelles, sans une voie plus large que les autres. Sur deux ou trois points où les rues se coupaient on avait ménagé un petit espace libre qui servait de lieu de réunion parce qu'on y était moins bousculé par les piétons et les bêtes de charge. Le marché se tenait

---

(1) Voir le plan page 249.

hors des murs, à la porte de l'Est. Les commerçants étrangers habitaient des maisons indigènes qui ne se distinguaient des autres que par leur apparence moins délabrée et leurs abords mieux balayés.

En 1907, le général Drude dressait son camp un peu au sud de la place du Marché. Ce camp se changea bientôt en base militaire, où des baraques, des hangars se substituèrent aux tentes. Tout autour se groupa le faubourg des mercantis et des guinguettes, construit de façon aussi rudimentaire que la ville militaire, mais avec un moindre souci de l'alignement. Puis on vit s'assembler, un peu plus loin, des villas démontables abritant les familles des officiers et des civils disposant de quelques moyens.

La place du Marché prenait de l'importance. C'était le point de passage obligé entre le camp, la ville et le port. On débarrassa ses abords d'un caravansérail encombrant, on combla un marais voisin et c'est là que se dressèrent les premières maisons de pierre, magasins, restaurants, bureaux. La place de France, centre actuel de Casablanca, était née.

Les spéculateurs se ruèrent sur les terrains environnants; après eux les entrepreneurs s'en emparèrent et on commença à bâtir au hasard, suivant le caprice de chacun, sans aucun plan. Les constructions montaient en bordure des pistes indigènes qui convergeaient vers la place de France. Deux audacieux, tablant sur un avenir plus lointain, achetaient quelques hectares à trois kilomètres de là, sur la plage, et les lotissaient plus rationnellement, mais encore sans contrôle. Le succès de cette vente séduisit d'autres amateurs. Tout le pourtour de l'ancien Casablanca se jalonna de bourgades disséminées, dont les créateurs ne songeaient qu'à utiliser le moindre pouce de terrain et réduisirent au minimum la place occupée par les passages entre les lots.

Quand le Protectorat prit les affaires en main, la nouvelle ville présentait un aspect piteux avec ses îlots épars, ses rues maigres, biscornues, tracées n'importe comment. Réparer le dommage paraissait chimérique, tant le mal s'était étendu; il semblait qu'il ne restât qu'à tout jeter par terre et à rebâtir de fond en comble. On ne s'y reconnaissait même pas dans l'enchevêtrement des voies et des propriétés, dont les limites étaient à peine perceptibles au milieu des chantiers en plein travail. Il n'existait pas de levé planimétrique. On dut recourir à la photographie aérienne pour se procurer un aperçu de la réalité. Elle effraya tellement les réformateurs qu'ils abandonnèrent la partie avant d'avoir rien entrepris. Les choses restèrent en l'état, avec tendance à l'aggravation.

Pourtant peu d'endroits se prêtent mieux à l'édification d'une cité moderne que la banlieue immédiate du vieux Casablanca, avec son sol d'abord plat sur une profondeur d'un kilomètre depuis la mer, puis s'élevant en pente douce vers le sud jusqu'à une crête parallèle au littoral et qui domine tout le paysage.

En 1914 seulement on reprit courage et on se décida à sortir de l'ère des lamentations pour regarder la situation en face et chercher à y remédier. Le Gouvernement s'adressa à un « urbaniste » de profession, l'architecte Prost, ancien grand prix de Rome, universellement connu pour ses travaux à Constantinople et à Anvers. Il fut chargé de remettre Casablanca sur pied.

C'était un travail herculéen que de ramener l'ordre dans le fouillis inextricable des nouveaux quartiers, de rectifier le tracé des rues tortueuses, d'ouvrir des voies plus spacieuses, de mettre de l'air dans cet entassement et cela sans sacrifier un trop grand nombre de maisons. Il fallait avant tout songer au lendemain, établir sans retard un projet d'extension, car, avec la croissance rapide de Casablanca, on ne devait pas perdre une minute pour arrêter les fantaisies individuelles qui continuaient à se donner libre carrière au détriment de la collectivité. Ainsi, deux œuvres simultanées : préparer l'avenir, remanier le présent.

Quand on entreprend aujourd'hui de créer une ville qui doit devenir un grand port, un centre industriel et commercial, le chef-lieu d'une province, on commence par diviser le terrain en quartiers dont chacun sera appelé à jouer un rôle spécial. On ne laisse plus se mêler, comme jadis, usines, comptoirs, magasins, villas, maisons de rapport, mais on les groupe par catégories. D'une part le port et ses satellites, hangars, entrepôts, douane, avec des dégagements nombreux et pratiques; ailleurs, les usines et fabriques, dans une position excentrique où leur bruit, leur odeur, leur fumée ne molesteront pas les autres quartiers; à proximité du port et des industries, la ville des affaires, Bourse, banques, magasins, bureaux; un peu à l'écart, mais pas trop loin du mouvement commercial, les administrations de l'État et de la ville; au delà, enfin, les quartiers d'habitation, réunis aux autres par des moyens de communication multiples, mais vivant dans le calme, la verdure, la fraîcheur, prolongés par des promenades et des parcs.

Tel est le cadre général dans lequel travaille l'urbaniste. Comment l'appliquer aux conditions particulières de Casablanca ? Il convient d'abord de

remarquer que le climat du Maroc, avec son soleil
très dur en été, impose l'obligation de ménager de
l'ombre au passant. Or les premiers sondages ont
montré que dans toute la région qui s'étend à l'est
de la vieille ville le sol est pierreux et ne se prête pas
aux plantations; au contraire, au sud et à l'ouest,
la terre est profonde, les arbres viennent bien. Il est
à noter aussi que les vents dominants sur la côte
marocaine sont ceux de l'Atlantique, observation
dont il y a lieu de s'inspirer dans la désignation des
quartiers. Enfin les courants de circulation à l'intérieur de la ville fournissent une troisième indication.

Jusqu'ici, avons-nous dit, l'activité s'oriente vers
la place de France, l'ancien marché, parce qu'elle
est la soudure de la ville indigène et de la ville européenne, non loin du port à barcasses, où se font encore
les débarquements; elle est aussi le point de départ
de toutes les lignes automobiles, beaucoup plus employées à l'heure actuelle par les voyageurs que le
chemin de fer militaire à voie étroite, dont la gare
est à 1 kilomètre de là sur la route de Rabat, près
de la plage.

Sans aucun doute le centre des affaires se dépla-
cera vers l'est parce que ses pôles d'attraction, le
port et la gare, seront eux-mêmes reportés dans cette
direction. Le port, quand il sera terminé, aura ses
quais à hauteur de la zone comprise entre la place
de France et la gare militaire. De même la future gare
du réseau à voie normale, qui fera disparaître le ter-
minus actuel, sera construite sur un emplacement
déjà choisi et situé aussi plus à l'est. L'activité, se
transportant parallèlement au port et à la gare, aura
pour pivot un point équidistant de la place de France,
du futur débarcadère et de la gare projetée.

Ces diverses données ont guidé l'élaboration du plan d'aménagement de Casablanca, qui se décompose comme suit :

1° La ville indigène, sans changement;

2° Le port et ses annexes, qui utiliseront les terre-pleins à gagner sur la mer;

3° Le quartier des affaires, dans la zone comprise entre la mer, la place de France et la gare, avec extension éventuelle vers le sud;

4° Le quartier industriel, à l'est du précédent;

5° Le quartier administratif, au sud de la place de France, sur l'emplacement de l'ancien camp, dont le reste sera aménagé en parc;

6° Les quartiers d'habitation, dans la région située à l'ouest de la précédente et de la ville indigène; ils seront prolongés par des promenades et des parcs;

7° Une nouvelle agglomération indigène, prévue au delà de la longue crête qui limite la ville vers l'intérieur.

Voilà l'ensemble du projet. Il paraît fort bien compris, mais ne constitue que la partie théorique, idéale du travail, qui ne vaut en somme que par l'application qu'on en fait.

Dès l'abord, pour passer à l'exécution, on a rencontré deux difficultés : la valeur considérable des terrains et leur fractionnement en parcelles infimes. Le plan d'aménagement a dû tenir compte de ces circonstances, d'autant plus qu'il n'existait pas de crédits pour les expropriations même les plus indispensables et les plus urgentes. Faute d'argent pour trancher vigoureusement dans le vif, on a dû réduire le remaniement des quartiers déjà lotis et se rabattre sur l'emploi de moyens détournés. Ainsi se sont créées les associations syndicales de propriétaires, destinées à mettre en harmonie les intérêts de ceux-ci avec les servitudes du plan d'aménagement.

La constitution d'une association de ce genre est provoquée par le chef des services municipaux, fonctionnaire qui fait office de maire; elle porte sur un quartier déterminé; il suffit du consentement de la majorité des propriétaires dans le périmètre désigné pour que l'association fonctionne; son existence est légalisée par décret (arrêté viziriel).

L'association élit un comité exécutif, que préside le chef des services municipaux. Par ses soins il est procédé à la rectification du lotissement, conformément au plan d'aménagement, soit par échanges, soit par rachats. Pour ceux-ci l'association dispose du revenu de taxes perçues sur ses membres, auquel peuvent s'ajouter des fonds d'emprunt, sur autorisation du Gouvernement, ainsi que des subventions éventuelles de l'État ou de la municipalité. Casablanca compte déjà plusieurs de ces organes.

La réalisation du but que poursuivent les associations syndicales n'apparaît qu'imparfaitement sur le terrain. En se promenant à travers la ville nouvelle, on est fâcheusement impressionné, aujourd'hui comme hier, de l'exiguïté des voies, de l'incohérence de leur tracé. On ne considère pas sans épouvante les innombrables chantiers où une nuée d'ouvriers de toutes origines et de toutes couleurs s'emploient à combler les vides, à joindre les maisons bout à bout, à faire disparaître les derniers terrains vagues donnant du jour et de l'air. Quand ils auront achevé leur ouvrage la ville européenne n'offrira pas beaucoup plus de régularité, de commodité, ni d'agrément que la ville indigène.

Cependant les Casablancais se montrent très fiers

de la place de France et du boulevard de la Gare, amorce de la voie qui part de cette place dans la direction de la future station du chemin de fer. Or la place de France n'est autre chose qu'un long carrefour écrasé entre la vieille enceinte d'un côté, les immeubles des grands magasins Paris-Maroc, de l'hôtel Excelsior et de la Banque d'État de l'autre; ce dernier n'est pas à l'alignement et fait saillie dans la place, à laquelle on ne donnera un aspect convenable qu'en démolissant les remparts et une partie des maisons indigènes au delà. Quant au boulevard de la Gare, lorsqu'une ligne de tramways y passera, on se demande ce qui restera d'espace sur la chaussée pour la circulation des voitures.

Nulle part, dans ce qui sera le quartier des affaires, on ne se douterait qu'il n'a pas quinze ans d'existence. Ce n'était vraiment pas la peine de partir d'un terrain libre, sans aucune entrave, sans la moindre servitude, pour aboutir à ce faubourg misérable où l'on semble avoir voulu copier la plus vieille partie de nos plus vieux ports. Voilà ce que donne l'initiative privée quand elle n'est guidée que par l'appât du gain immédiat.

Là où la spéculation n'a pu prendre son essor, c'est-à-dire en terrain militaire, sur l'emplacement des anciens camps, on trouve des surfaces intactes assez considérables, où s'élèveront les édifices publics : hôtel de ville, subdivision, palais de justice, contrôle civil, etc., groupés pour la plupart autour d'une grande place dont les dimensions sont trois fois celles de la place Vendôme; plus loin, un parc avec terrains de sports aura une étendue plus de deux fois supérieure à celle du parc Monceau. C'est la seule partie de Casablanca qui laisse bon espoir. En dehors de ce quartier, si loin qu'on aille, on tombe partout sur le lotissement des spéculateurs et ses néfastes effets.

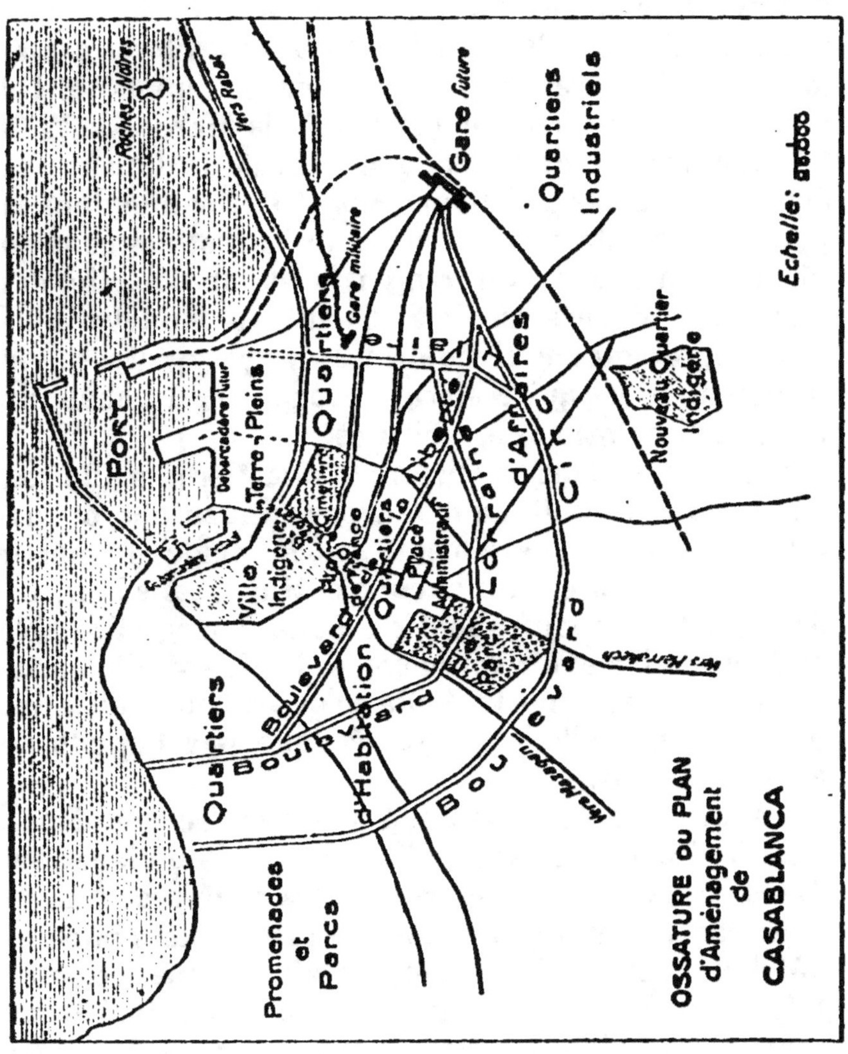

Dans le plan d'aménagement on trouve quatre voies principales, l'une perpendiculaire au rivage, les trois autres orientées dans le sens du littoral. La voie perpendiculaire est le boulevard du 4e Zouaves conduisant de la place de France au port et encore resserré entre la muraille et le cimetière musulman. Les murailles seront rasées et on peut prévoir que dans un assez bref délai le cimetière pourra être désaffecté. On vient de le couper par une route en déménageant quelques tombes; l'opération, à laquelle présidait le pacha, n'a soulevé aucune opposition de la part des indigènes. Nous voilà loin du jour où les habitants de la ville massacraient les ouvriers du port parce que leur decauville passait trop près du même cimetière et il n'y a de cela pas plus de treize ans. Le boulevard du 4e Zouaves, dégagé et élargi, pourra devenir une très honorable Cannebière, mais à condition qu'on ne recule pas devant l'expropriation des quelques masures dont il est encombré sur une fraction de son parcours.

Des trois voies parallèles à la côte, le boulevard de la Liberté, le boulevard de Lorraine et le boulevard Circulaire, l'une est rectiligne, ou à peu près, les autres décrivent des demi-cercles concentriques. Si l'on assimile la rade à la Seine, la vieille ville au Louvre et aux Tuileries, ces trois boulevards rappellent quelque peu la disposition de la rue de Rivoli, des grands boulevards et des boulevards extérieurs, à une échelle très réduite, bien entendu. Ces artères, de largeur suffisante, trente mètres environ, n'ont rien d'imposant, comme on le souhaiterait dans une ville neuve, riche et dont l'avenir est assuré comme celui de Casablanca. En outre, les transversales les plus fréquentées ne dépassent pas 15 mètres d'écartement, dimension d'une rue ordinaire de Paris.

Si le plan d'aménagement, dit plan Prost, ne présente pas un résultat plus brillant, ce n'est certes pas de la faute de son auteur, mais du manque de moyens dont il a disposé. Arrivé trop tard, trouvant le terrain envahi par les lotissements, semé de constructions déjà fort avancées, il s'est heurté, en outre, à l'indifférence générale. Qu'importe la beauté de Casablanca dans cinquante ans au spéculateur qui ne songe qu'à faire fortune en quelques mois ? Le Gouvernement ne s'est pas montré plus empressé que les particuliers. Il n'a su tenir à l'architecte que des propos semblables à ceux d'Harpagon : « Faites-moi une belle ville sans argent. » C'était à lui qu'il appartenait d'intervenir et il n'est pas trop tard, s'il veut envisager courageusement la situation, s'il ne recule pas devant une œuvre de grande envergure et de longue haleine. Émettre un emprunt suffisant pour racheter la presque totalité des immeubles, puis appliquer un plan d'aménagement plus complet, plus vaste, plus grandiose surtout, que le médiocre compromis actuel, voilà la seule solution. Plus on usera d'atermoiements pour les mesures indispensables, plus on les rendra onéreuses. La population européenne de Casablanca est parfaitement capable de supporter les charges d'un emprunt important. N'oublions pas que seuls les propriétaires sont assujettis à la taxe urbaine, l'unique impôt direct qu'on y paie. Tout le reste de cette population, si assoiffée de droits politiques, si ardente à réclamer le contrôle du budget, ne verse aucune contribution. Au moment où leurs compatriotes de la Métropole se saignent aux quatre veines afin de liquider les dépenses de la guerre, serait-ce trop demander aux habitants de Casablanca que de participer de leurs deniers à faire de leur ville la plus commode et la plus agréable des cités de l'Afrique ?

Rabat.

A Casablanca, les nouveaux quartiers peuvent s'étendre comme il leur plait, dans tous les sens; il n'y a ni beautés naturelles ni monuments anciens à respecter. Rabat au contraire vit dans le plus magnifique paysage de la côte marocaine. Assise sur le rocher qui s'avance comme une proue de navire dans l'angle formé par la mer et le fleuve, la ville surplombe les eaux et commande la plage de Salé, qui s'étale à ses pieds de l'autre côté de l'oued Bou Regreg. Comme à Casablanca le terrain s'élève en pente douce vers le sud jusqu'à une crête parallèle à la côte. Une deuxième enceinte suit le faîte de la colline, puis, par un brusque retour, redescend vers Rabat, après avoir englobé le palais du Sultan et ses dépendances. Ainsi la ville se trouve prolongée par une immense surface murée, en forme de trapèze, couverte de vignes et de vergers, que surveille la puissante tour Hassan, surgissant des ruines de sa mosquée. Quand le promeneur sort de la deuxième enceinte, il croit pénétrer dans un autre monde. Il vient de monter insensiblement à travers de riants jardins, des pelouses fleuries, qui l'ont accompagné le long du chemin; soudain, la porte franchie, son regard rencontre une lande nue, où se dresse, à gauche, tout près, le mur rouge de Chella, la cité morte, qui ne renferme plus que des tombeaux. Ce contraste brutal frappe comme un coup de poing.

La nature et l'homme se sont unis pour faire de Rabat un des enchantements du Maroc. Sachons en profiter, recueillir pieusement l'héritage des siècles

passés en conservant cette merveille, en n'y touchant
que pour l'embellir encore.

Les troupes qui, les premières, se sont arrêtées
à Rabat, ont fort sagement agi en s'établissant entre
la route de Casablanca et la mer, à quinze cents

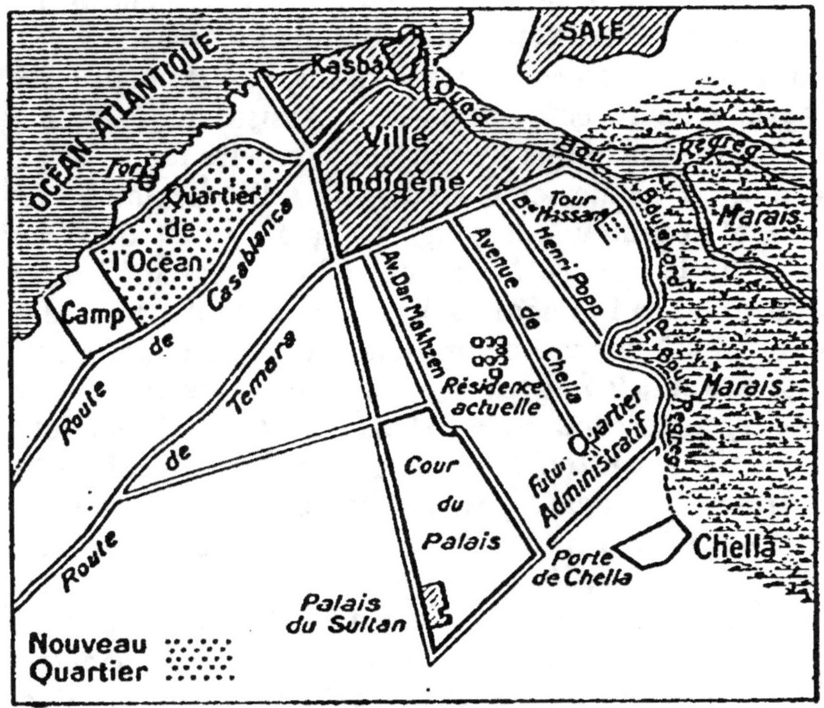

RABAT

mètres de la ville. De l'enceinte de Rabat au camp,
on traversait alors une prairie unie se terminant à
la falaise contre laquelle se brise la houle de l'Atlantique. Nul emplacement ne paraissait mieux convenir
aux débuts de la ville nouvelle. Aussi les premiers
colons s'y sont portés naturellement, mais qu'en ont-
ils fait ! Un amas chaotique de masures que séparent

quelques carrés de légumes, végétant sous la poussière. La physionomie du quartier de l'Océan — c'est ainsi qu'on le nomme — rappelle à la fois la banlieue d'un petit port méditerranéen et la zone des fortifications de Paris. On a surpassé ici en laideur tout ce qui s'est fait de pis à Casablanca.

Heureusement le sacrilège s'arrête là. Le reste des environs de Rabat a été ménagé jusqu'ici. Cela n'a pas été sans peine. On a d'abord classé comme monument historique l'enceinte, puis, pour empêcher les bicoques d'envahir ses abords on a fait intervenir le service du génie, comme si les vieux murs avaient encore une valeur militaire. Hypocrisie méritoire qu'on excusera en raison de la sainteté de l'intention. La nouvelle Résidence et les bâtiments des services du Protectorat qu'on construit en ce moment au sommet de la montée, juste en deçà de la deuxième enceinte et sur l'alignement du palais du Sultan, couronneront la capitale d'une suite d'édifices qui remplaceront avantageusement les baraques en bois où sont logés les bureaux, à mi-pente.

Le reste des habitations européennes est dispersé à l'intérieur de la deuxième enceinte où elles ne forment heureusement encore nulle part de groupes compacts. Enfin un embryon de quartier s'élève très loin en dehors, dans la campagne, bien au delà du palais impérial. Rabat s'apprête à devenir ainsi une ville aux magnifiques distances, mais du moins l'ensemble du paysage est sauvegardé jusqu'à maintenant, sauf au bord de l'océan. Il faut faire des vœux pour qu'aucun autre vandalisme ne viendra y porter atteinte.

Quel est l'avenir de Rabat ? Nous avons dit pourquoi sa destinée commerciale semble limitée. Elle restera sans doute un centre administratif avec sa population composée surtout de fonctionnaires peu fortunés. Mais comme Rabat est aussi la perle du littoral, qui jouit toute l'année du plus agréable climat, on peut s'attendre à voir s'y fixer les plus riches Européens du Maroc que le souci des affaires ne retiendra pas constamment dans les autres ports et aussi des étrangers attirés par la grâce tranquille de la cité privilégiée. Elle surpassera en beauté tout ce que les Français ont édifié dans leurs colonies plus anciennes, Alger et ses jardins, Constantine et ses gorges, Tunis et son lac. Elle éclipsera même Cannes, Nice, Monte-Carlo, mais à condition qu'on y fasse preuve de prévoyance et de ténacité, qu'on commence sans retard et qu'on continue sans arrêt, qu'on ne se laisse pas déborder comme à Casablanca pour se trouver subitement un jour en face de l'irréparable.

Le voyageur qui monte jusqu'à la deuxième enceinte et jette un regard en arrière, découvre toute la déclivité verdoyante s'infléchissant vers la blancheur de la ville musulmane. Il ne peut s'empêcher de reporter sa pensée vers les grandes voies qu'il a vues ailleurs descendant majestueusement des collines, la rue de Tolède à Naples, l'Avenida à Lisbonne, les Champs-Élysées enfin, la perspective la plus noble du monde. Il songe qu'on devrait bien, dans la capitale du Maroc, tracer non une seule, mais deux avenues semblables à celle de Paris, la première venant du palais du Sultan, la seconde de la nouvelle Résidence. Il suffirait de redresser et d'élargir les actuelles avenues du Dar Makhzen et de Chella, qui menacent de se rétrécir aux dimensions de la rue Drouot. Enfin un boulevard, déjà entamé, serpenterait au haut des escarpements qui tombent sur la vallée du Bou Regreg. Dans l'intervalle un quadrillage de voies plus modestes séparerait les jardins et les maisons, qu'une stricte servitude empêcherait de s'élever trop haut et de boucher la vue. Un parc occuperait toute la boucle du boulevard du Bou Regreg jusqu'à l'allée Henri Popp; ce serait, au pied de la tour Hassan, une promenade incomparable. Quant aux bureaux, magasins, entrepôts, ils seraient relégués à l'ouest de l'enceinte, en prolongement du quartier de l'Océan.

La mise de fonds serait relativement peu élevée en comparaison de ce qu'il faut débourser à Casablanca, étant donnée la différence du prix des terrains d'une ville à l'autre. A Rabat, malgré les efforts de la spéculation mise en branle l'hiver dernier par un des principaux dignitaires du makhzen, le prix du mètre carré est passé de quinze à quatre-vingts francs en moyenne, alors qu'à Casablanca il dépasse souvent mille francs. Quoi qu'il en soit, la municipalité n'est pas en mesure de supporter les charges qu'entraînera la transformation de Rabat. L'État marocain peut et doit consentir les sacrifices nécessaires pour en faire une capitale digne de lui. Ces sacrifices ne seront que momentanés et se solderont plus tard par des bénéfices certains.

Meknès, Fez et Marrakech.

Dans les grandes villes de l'intérieur on évalue le nombre des Européens par centaines, alors qu'à Rabat et Casablanca ils se comptent par milliers et dizaines de milliers. C'est dire que la construction des nouveaux quartiers n'a pas encore pris le même caractère de développement. Toutefois le problème de l'aménagement, dans son ensemble, est plus avancé parce que le terrain qui leur est réservé appartient à l'État.

Là aussi les points de départ des installations civiles ont été les camps, que les autorités militaires, dont il est la mode de médire à tout propos, avaient fort judicieusement placés.

A Meknès, la zone attribuée à la ville française s'étend sur un plateau planté d'oliviers, propriété des Administrations du Domaine et des Habous. On y jouit d'une vue superbe, d'un côté sur la cité de Moulaye Ismaïl, dont elle est séparée par le ravin de l'Oued Foukrane, de l'autre sur la montagne boisée du Zerhoun. Le public s'est arraché les lots mis en vente par le Gouvernement à des prix très bas. Il aurait peut-être mieux valu les adjuger aux enchères, ce qui eût fourni d'appréciables ressources pour les travaux de voirie et la création de promenades. La construction s'y poursuit avec une extrême célérité, égale sinon supérieure à celle de Casablanca. Ce qu'on en voit déjà est tout à l'honneur des architectes; ils ont accompli le travail le plus homogène et le mieux réussi de toutes les cités nouvelles du Maroc. On regrette que la voie ferrée de Tanger à Fez passe en plein milieu de la ville au lieu de la contourner ou d'emprunter le ravin. Une autre critique s'adresse à l'hôpital militaire, édifié d'après les plans de M. Dieulafoy et surmonté de coupoles ovoïdes, souvenirs de la Susiane fort déplacés au pied de l'Atlas.

A Fez, l'emplacement choisi pour la nouvelle ville est situé au sud-ouest de l'ancienne, qui se termine de ce côté par le mellah et le palais du Sultan. Il ne donne aucune vue sur les vieux quartiers, prodigieuse cascade de maisons dévalant vers la plaine du Sebou, que le regard embrasse si bien des pentes nord et sud. Le pittoresque y perd, mais il a fallu s'y résigner, car on ne trouve pas ailleurs de surface unie suffisamment étendue. Un autre inconvénient est le voisinage de l'oued Fez; les berges en sont marécageuses en cet endroit, ce qui risque d'impaluder les habitants. On ferait disparaître facilement ce danger par quelques travaux de drainage et d'asséchement.

Les administrations françaises sont encore toutes logées dans le vieux Fez où elles ont trouvé des locaux somptueux par suite du transfert du makhzen à Rabat. La nouvelle ville, qui s'ébauche à peine, est donc encore l'apanage exclusif des commerçants. Ceux-ci ont rivalisé de mauvais goût avec leurs congénères de Casablanca et du quartier de l'Océan à Rabat. Ils ont eu du moins le mérite de reconnaître qu'ils faisaient fausse route et se sont adressés aux constructeurs de Meknès pour les diriger et réparer leurs erreurs.

Les troupes françaises, sous les ordres du colonel Mangin, entrèrent pour la première fois à Marrakech en septembre 1912. Avant la fin de l'année, le Gouvernement avait acheté, presque pour rien, toute la banlieue nord-ouest de la ville jusqu'au mamelon rocheux du Gueliz, qui servait de citadelle pour tenir les indigènes en respect et au pied duquel était établi le camp. Vers l'ouest les acquisitions au compte du domaine atteignaient le jardin de la Menara, à deux kilomètres de l'enceinte. Par cette opération, on s'était procuré, à peu de frais, des terrains plats, vierges, spacieux. Que n'a-t-on procédé partout de la même manière!

Dès 1913, un premier lotissement était mis aux enchères; les parcelles qui le composaient donnaient sur un éventail d'avenues partant d'une place demi-circulaire aux confins de la palmeraie qui se déroule en une longue bande au nord de Marrakech. Ce quartier naissant fait déjà bonne figure avec ses rues aérées et plantées d'arbres qu'on arrose avec soin. Il semble, pour la période actuelle, un peu éloigné du centre de la ville indigène, où sont encore les bureaux des maisons de commerce. On perçoit une tendance, de la part des Européens, à s'en rapprocher. La ville française se développera donc selon toute probabilité vers le sud entre le jardin de la Menara et le quartier de la Koutoubia, où s'élève le minaret de l'époque almohade, contemporain et proche parent de la tour Hassan de Rabat et de la Giralda de Séville. Dans ce carré de terrain de deux kilomètres de côté, aujourd'hui désert et nu, il y a de quoi faire une ville inimitable dans le cadre des palmiers, des jardins d'orangers, des oliveraies, devant la vieille enceinte rouge des princes saha-riens, avec la barrière neigeuse du Haut-Atlas comme toile de fond. Qu'on se hâte de la préparer, d'y tracer les avenues, les places, les squares, qu'on y sème et qu'on y plante; la nouvelle capitale du Sud n'aura rien à envier à aucune de ses rivales.

Les observations que nous avons faites à propos des grandes villes du Maroc s'appliquent aussi à celles dont l'importance est moindre, Mazagan, Oudjda, Taza et autres. En somme pour les cités euro-péennes on a adopté le meilleur principe, mais sa

mise en pratique est moins satisfaisante, à cause
de l'égoïsme, de l'étroitesse de vues des particuliers
et aussi de la pauvreté de l'esprit d'initiative des
autorités. Casablanca est sérieusement compromis,
Rabat déjà menacé. Le Gouvernement du Protectorat ne devrait plus perdre de temps pour intervenir avec énergie et abandonner la méthode des
palliatifs. Il lui faut envisager l'avenir largement,
en s'inspirant de la croissance prodigieuse du Maroc
pour préparer les cités futures d'après une conception moderne, avec le souci constant de l'hygiène, du
confort et de la beauté.

CHAPITRE XXI

LE TOURISME AU MAROC

Le tourisme est devenu une réelle source de profits pour beaucoup de pays. Sans quitter l'Afrique du Nord nous voyons le flot annuel des visiteurs presque aussi fécond pour l'Égypte que la crue du Nil; en Algérie, en Tunisie, il contribue aussi à enrichir certaines villes, entre autres Biskra, qui vivrait difficilement sans lui.

Le Maroc réunit la plupart des conditions favorables à l'essor du tourisme. D'abord son climat dans la zone de l'Atlantique est identique à celui de la Côte d'Azur en hiver et moins chaud en été, sauf pendant les quelques jours de sirocco, qui reviennent de loin en loin. Dans l'intérieur, les saisons sont plus accentuées, mais seule la période de sécheresse, de juin à octobre, est pénible; c'est aussi l'époque où la végétation s'efface, où le sol se mue en un steppe jaunâtre et poussiéreux. Pendant le reste de l'année le séjour y est agréable. En général il faut alors compter sur une moyenne de cinq jours de pluie par mois dans la région côtière et dans le Nord. Les précipitations atmosphériques diminuent d'intensité à mesure qu'on descend vers le Sud pour cesser presque complètement à Marrakech, dont l'air doux et sec fait une résidence idéale pour les hivernants; elle est comparable à celles des confins du désert en Égypte et en Algérie, mais avec une température plus égale, la chaleur étant bien moindre pendant la journée.

Son climat n'est pas le seul attrait du Maroc. On y trouve une des merveilles de la nature, le Grand-Atlas, longue muraille plus haute que les Pyrénées, qui émerge des solitudes du Sahara. Nulle part ailleurs n'existe ce contraste du désert jalonné d'oasis à palmiers et de la montagne aux sommets neigeux, aux flancs ceinturés de forêts de cèdres. Le bas pays ressemble à l'Algérie. On n'y trouve pas plus d'arbres, mais l'eau est partout plus abondante; la plupart des rivières coulent toute l'année. Le caractère particulier de la campagne marocaine est le tapis multicolore dont elle se recouvre dès les premières pluies. Les ravenelles, les soucis y dominent, coupant la verdure de taches claires et ardentes; au printemps, la floraison atteint son apogée et fait disparaître le sol sous le chatoiement de ses teintes variées à l'infini.

Dans cette contrée où les paysages d'Europe et d'Afrique se marient harmonieusement, la vie n'a pas changé depuis mille ans. C'est celle des clans berbères dans la montagne, des tribus nomades dans les plaines. Les longues tentes brunes, disposées en cercle, ont encore la forme de nacelles renversées comme celles des Numides du roi Jugurtha dont parle Salluste. D'un bout à l'autre du Moghreb, chaque soir les bergers poussent leurs troupeaux dans l'enclos d'épines, les femmes reviennent de puiser de l'eau, la fumée monte paresseusement dans l'atmosphère limpide du crépuscule. Ce sont les scènes bibliques qui se perpétuent jusqu'à nous.

Dans les villes l'amateur de spectacles des temps

écoulés et des régions lointaines les verra sans cesse se dérouler sous ses yeux. Marrakech rappelle le temps de la dynastie almoravide, contemporaine des premières croisades, lorsque le Maroc obéissait à des sultans dont l'empire avait pris pied sur la rive méridionale du Sahara, d'où les caravanes rapportaient, à travers la mer de sable et de pierres, les esclaves, l'ivoire, la poudre d'or. Sa population bariolée, mêlée de nègres du Sénégal et de Maures drapés dans leurs cotonnades bleu sombre, est plus franche de physionomie, plus vive d'allure que celle des provinces du Nord. Sur la place Djemaa el Fna, la principale de la cité, les bateleurs et les acrobates font leurs tours au milieu d'une foule déguenillée et pittoresque d'aspect aussi soudanais que marocain. Les constructions aussi, faites de torchis et de briquettes minces que la poussière colore en rose pâle, se rapprochent de l'architecture de Tombouctou par les bases massives, les tours trapues des palais analogues aux tatas du Niger. Marrakech est la plus africaine des villes de Barbarie.

Fez se ressent encore de l'origine asiatique de ses fondateurs. Dans ses rues montueuses toute la vie converge à certaines heures vers les souks où la population se presse entre les échoppes éclatantes des vendeurs de babouches et de broderies. Au moment des enchères dans le marché aux étoffes, où les crieurs courent de l'un à l'autre, vantant leurs articles et clamant la dernière offre, on se croirait transporté à l'époque des Mille et Une Nuits, quand le bon Sultan Haroun al Raschid, accompagné de son vizir Giafar, parcourait les bazars de Bagdad sous un déguisement afin d'entendre la franche opinion de ses sujets.

Les deux vieilles capitales ont vécu dans leur isolement, pures de tout contact étranger, et n'ont rien perdu de leur physionomie d'autrefois. C'est ce qui les distingue de toutes les autres cités musulmanes, de celles du moins qui sont accessibles aux infidèles. Constantinople, Brousse, Le Caire, Tunis, Alger sont maintenant à demi européennes. Les métropoles marocaines demeurent intactes, à quatre ou cinq jours de Paris et de Londres. Le Maroc est la survivance la plus nette, la moins adultérée de l'Islam.

L'industrie du tourisme.

Jadis les contrées même les plus fréquentées des étrangers se contentaient de les accueillir à la mode du pays, dont ils devaient s'accommoder. La Suisse fut la première à s'apercevoir du parti qu'elle pourrait tirer des voyageurs en s'organisant à leur intention. Elle bâtit des hôtels pour eux, créa des moyens de transport desservant les paysages pittoresques où les courants commerciaux ne passaient pas; une propagande avisée en informa le public au dehors. Le tourisme devint ainsi une véritable industrie. Cet exemple fut suivi ailleurs, notamment en Égypte, en Italie, en Norvège. Les Français ont montré peu de dispositions et d'empressement à marcher sur les traces de leurs devanciers. Leur pays est pourtant de toute l'Europe — avec l'Italie — celui qui est le plus désigné aux touristes par la splendeur, l'abondance, la diversité de ses sites naturels et de ses monuments. Quelques-unes de ses parties les plus belles sont longtemps restées ignorées de leurs proches voisins et d'eux-mêmes. Il a fallu l'invention de l'automobile pour nous apprendre qu'il y a autre chose en France que Paris, le Mont-Saint-Michel et les casinos des plages ou des stations thermales. Encore aujourd'hui l'aménagement progresse sans rapidité. Le Dauphiné par exemple, qui ne le cède en rien à aucun canton de Suisse, reste difficile d'accès et mal fourni d'hôtels convenables pour les cures d'altitude et les sports d'hiver. Espérons qu'on saura faire preuve de plus de sagesse au Maroc.

Dans l'industrie du tourisme, comme dans les autres, on ne réussit qu'à condition d'étudier, de prévoir, d'organiser. Il faut d'abord discerner les catégories de touristes, savoir quels sont les besoins et les goûts de chacune d'elles. Ce premier travail de reconnaissance accompli, il reste à faciliter aux voyageurs l'accès du pays, à y développer les moyens de communication rapides et commodes, à pourvoir au logement des visiteurs. La publicité viendra ensuite. En attirant les étrangers dans une contrée qui n'offre pas les ressources suffisantes pour les recevoir, on ne parvient qu'à la discréditer.

Les touristes au Maroc.

Les touristes qui visiteront le Maroc se classent en trois catégories. D'abord l'hivernant qui s'installe pendant plusieurs mois au même endroit, puis les tournées collectives disposant de quelques jours et cherchant à voir le maximum de choses en un minimum de temps, enfin le touriste isolé qui vient voir le pays à une époque quelconque et y circule à sa fantaisie.

La principale clientèle d'hivernants sera sans doute fournie au Maroc par la Grande-Bretagne. Ce sont les Anglais, chassés des bords de la Tamise par leurs brumes maussades, qui sont allés autrefois faire la fortune de la Côte d'Azur. Lorsque les déplacements sont devenus plus faciles, ils ont voulu se dépayser davantage et ont pris le chemin de l'Égypte, quelques-uns de l'Algérie, d'autres de Madère, de Ceylan, de la Jamaïque. Ils combinaient de cette manière le soin de leur santé avec leur curiosité pour les contrées et les populations différentes des leurs. L'Anglais à l'étranger est grand amateur de couleur locale, de spectacles pittoresques et nouveaux, mais il veut aussi satisfaire son goût pour les exercices physiques et son besoin de confort. Il coudoiera sans déplaisir la multitude pouilleuse d'un souk, pataugera dans la boue fétide des ruelles arabes, courra la brousse toute la journée, mais exigera en rentrant de trouver une salle de bains, une chambre spacieuse et propre, où s'habiller pour dîner, puis un billard ou un local bien éclairé propice au recueillement du bridge.

Avant l'occupation française un certain nombre d'Anglais venaient faire des séjours sur la côte marocaine. Tanger recevait les fonctionnaires et les officiers de Gibraltar, surtout en été, lorsqu'ils fuyaient la réverbération du roc calciné. Quelques-uns de leurs compatriotes s'embarquaient à Southampton à la fin de l'automne sur des paquebots de petit tonnage, mais bien installés pour les passagers, qui touchaient la côte portugaise, divers points du Maroc, pour regagner leur port d'attache par les Canaries et Madère. Plusieurs voyageurs s'arrêtaient au Maroc pendant une partie de la mauvaise saison, habitant généralement chez les commerçants de leur nation fixés dans les ports. Un groupe d'amateurs de chasse s'était cotisé pour faire construire un hôtel à dix kilomètres de Mogador, dans une région forestière très giboyeuse. L'hostilité des indigènes l'obligea bientôt à renoncer à son passe-temps favori et l'établissement ferma ses portes.

Rien n'empêche de reprendre l'exploitation de l'hôtel Palmera — c'est le nom du rendez-vous de chasse de Mogador — car la sécurité y est maintenant complète. On pourrait aussi créer d'autres établissements pour une clientèle moins spécialisée. Les points les plus favorables seraient certainement Rabat et Marrakech, qui réunissent toutes les conditions requises pour plaire aux hivernants anglo-saxons.

A Rabat, les ressources d'une ville s'ajoutent aux agréments de la campagne. A deux pas des vestiges du passé, la Kasba des Oudaïa et sa porte monumentale, la tour Hassan, la nécropole de Chella, on voit à Salé les plus actifs des artisans marocains. Tout près commence la forêt de la Mamora, où l'on peut poursuivre le sanglier à la lance, sport originaire des Indes qu'a déjà importé au Maroc la colonie britannique de Tanger. Quelques terrains de tennis et un club de golf compléteront l'équipement du pays indispensable aux Anglais pour y passer l'hiver.

Marrakech conviendra davantage aux gens aventureux. Dans un décor plus exotique, près d'une ville plus animée, plus grouillante et non moins riche en monuments de l'ancienne architecture musulmane, ils auront à leur portée la chasse à la gazelle dans les steppes des Rehamna, les ascensions dans la haute montagne encore inexplorée, la visite des châteaux forts des Glaoua et du Mtougui. Le sud du Maroc est une des rares contrées du monde où subsistent de grands seigneurs féodaux menant l'existence des barons du Moyen Age, gouvernant leurs peuples, commandant leurs armées, ayant leur palais, leur cour, des harems abondants, une suite innombrable de serviteurs et d'esclaves. On n'en connaît l'équivalent qu'en Abyssinie et aux Indes, où on n'aborde qu'après des semaines de voyage, tandis que Marrakech est à vingt-quatre heures de l'Europe.

Les tournées Cook ont entrepris depuis plus d'un demi-siècle de promener rapidement à l'étranger des caravanes de voyageurs qui abandonnent leurs corps et leurs esprits à une direction expérimentée autant qu'autoritaire. Chaque mètre de trajet est étudié à l'avance; pas une minute n'est perdue. Les horaires sont calculés de manière à utiliser à l'extrême les moyens de transport du pays; lorsqu'ils sont insuffisants, la compagnie en fournit à ses frais. Elle possède en propre ses bateaux, ses hôtels, ses voitures, ses chameaux, ses ânes avec leurs âniers, et par-dessus tout ses guides légendaires qui font manœuvrer la horde de leurs clients comme un bataillon bien dressé, l'arrêtant d'un geste, la faisant repartir d'un signal, orientant ses regards, lui imposant l'admiration au commandement.

Le trait distinctif de cette catégorie de touristes est leur frénésie à vouloir « en avoir pour leur argent », à ne pas perdre une bouchée de ce qu'on doit leur montrer. En route dès l'aurore, ils courent plus qu'ils ne marchent, escaladent les monts, descendent dans les abîmes sans souci de la fatigue jusqu'au moment où la nature reprend ses droits et les transforme en un troupeau fourbu, qui va la tête vide, le regard perdu. Leur tendance à réclamer, très aiguisée au début, s'émousse vite. La lassitude les rend peu regardants sur le confort des gîtes et la qualité de l'alimentation.

D'autres pays ont imité les Anglais et leurs agences de voyages. Chez nous, la *Revue des Sciences* a organisé d'après le même principe, mais dans des conditions moins barbares, une série de croisières bisannuelles, à Pâques et aux grandes vacances. Une de celles-ci avait poussé jusqu'au Maroc, où ses membres furent reçus avec beaucoup d'apparat par le caïd des Abda, Si Aïssa ben Omar, dans les environs de Mazagan. La guerre a mis fin à ces tournées. Si on les ressuscite, le Maroc leur offrira un débouché, à lui seul ou en combinaison avec les pays voisins. Il conviendrait d'éliminer la période d'automne qui est celle où l'Afrique du Nord se présente sous son aspect le moins engageant. Par contre, on imagine très bien de prolonger jusqu'au Maroc la visite traditionnelle de Séville pendant la semaine sainte ou de parcourir à la même époque tout notre domaine nord-africain de Gabès à Marrakech.

La Compagnie générale Transatlantique a pris l'initiative, cette année, d'un circuit de ce dernier type, mais réduit au Maroc et à l'ouest de l'Algérie et ne comportant que des tournées à effectif modeste, sans doute à cause des difficultés de transport et d'hébergement ; elle a dû même prévoir l'usage de baraquements à certaines étapes, faute de place dans les hôtels.

Le voyageur isolé, maître de son temps et de ses mouvements, conservant toute son indépendance, réglera le plus souvent ses déplacements suivant les indications d'un guide imprimé — il en existe un fort bon de la série des guides bleus, ancien guides Joanne, de la maison Hachette — ou des renseignements qu'il se procurera sur place. Pour se faire une idée d'ensemble du Maroc, sans y demeurer longuement, il suffira de passer quelques jours dans les principaux centres d'excursions, Casablanca, Marrakech, Rabat, Meknès, Fez, et de rayonner aux environs.

Casablanca ne demande guère plus de deux ou trois journées; la visite détaillée du port en est le principal attrait. Il faudra au moins le double pour voir les souks, les monuments et les jardins de Marrakech, d'où le touriste pourra entreprendre l'excursion classique de la zaouïa (confrérie religieuse) de Tameslouht au pied de l'Atlas et celle de Demnat, vieille place forte pittoresquement attachée au flanc de la montagne, parmi les vergers et les cascades. Si les dures chevauchées ne le rebutent pas, il se fera autoriser à visiter la Kasba de Telouet, berceau de la fortune des Glaoua, sur le versant opposé de la grande chaîne; c'est une petite expédition.

De Rabat on peut se rendre à la forêt de la Mamora et à Kenitra, type de la nouvelle ville de colonisation. Meknès est le point de départ de promenades particulièrement intéressantes et variées. Volubilis, dernier boulevard de l'Empire romain en Mauritanie, montre des ruines qui ne peuvent rivaliser avec celles de Pompéi ou de Timgad, mais où l'on revit en pensée l'existence que menaient les gardiens de la civilisation antique, sommairement installés au contact de la barbarie toujours menaçante. Les fouilles que la guerre n'a pas interrompues et auxquelles ont travaillé des équipes de prisonniers allemands, ont déjà déblayé tout un quartier. On y a découvert des inscriptions instructives, quelques mosaïques grossières et aussi plusieurs objets d'art de bonne époque dont les meilleurs sont un chien de bronze d'un étonnant réalisme et une statuette de cavalier traité dans la manière du fameux aurige de Delphes.

Non loin des ruines de Volubilis est niché, dans un pli du massif du Zerhoun, Moulaye Idriss, ville sainte, sorte de Mecque marocaine, où aucun chrétien n'était entré avant que la colonne Moinier s'y présentât en 1911. Une piste fait le tour du plateau qui couronne le Zerhoun et offre des vues étendues sur tout le pays environnant.

Au sud-est de Meknès, la route stratégique du Moyen-Atlas traverse la forêt de cèdres d'Azrou, puis franchit le haut Sebou, pour pénétrer au delà dans une des parties les plus sauvages de la montagne berbère. On y arrive en une demi-journée d'automobile.

Fez enfin, la plus ancienne, la plus captivante des cités marocaines, retiendra plus que les autres le voyageur. Lorsqu'il en aura savouré le charme violent, il n'oubliera pas, avant de retourner à la côte ou de gagner l'Algérie, de visiter un des postes militaires de la périphérie, où nos troupes, reprenant à dix-neuf siècles d'intervalle le rôle des légionnaires romains, veillent aux avant-postes de la civilisation.

L'organisation du tourisme au Maroc.

Le Maroc si fertile en trésors divers et peu connus, comment y accède-t-on, comment peut-on y voyager et y vivre ?

Il existe trois moyens de se rendre dans le Protectorat : par mer, par terre et par les airs. Le premier est le moins rapide, mais le moins coûteux, le plus sûr et le plus employé, car on va sans rompre charge de Bordeaux ou de Marseille à Casablanca.

J'ai porté au commencement de ce volume un jugement sévère, mais juste, sur la *Martinique*, de la Compagnie Transatlantique, qui m'a transporté au Maroc. Je ne voudrais pas qu'on en déduisît l'intention de ma part de recommander la ligne de Marseille, qu'exploite la Compagnie Paquet. L'impartialité m'oblige à reconnaître que ses paquebots sont affligés des mêmes tares : vétusté, absence de confort, encombrement. La guerre est la grande coupable; elle a diminué notre tonnage déjà si faible et arrêté le travail des chantiers. Ces maux sont heureusement finis. Qu'on songe donc à construire ou à acheter des navires dont la vitesse, l'installation et la capacité seront en rapport avec l'importance du service du Maroc, qui s'accroît de jour en jour. Si les compagnies actuelles persévèrent dans leur indifférence, qu'il s'en forme de nouvelles, que le Protectorat prenne l'initiative de les mettre sur pied. Il est urgent de sortir par n'importe quel moyen du marasme. Les personnes qui désirent s'offrir un voyage d'agrément ne consentiront pas à le commencer par le supplice qu'on fait subir maintenant aux passagers.

Le trajet par terre, à travers l'Espagne, présente un autre genre d'inconvénients. Les trains s'y meuvent avec une désolante lenteur et s'arrangent de manière à manquer systématiquement la correspondance du bateau de Tanger, pour le plus grand bénéfice des hôteliers d'Algésiras, où on doit passer la nuit. Pour franchir la zone espagnole du Maroc, les automobiles roulent sur des pistes praticables seulement par beau temps, car nos voisins n'ont pas encore réussi, depuis neuf ans, à faire une route carrossable. Ajoutez à ces ennuis les fantaisies capricantes du change; vous parviendrez à la conclusion que la voie terrestre n'est utilisable que par les richards peu pressés et doués d'un naturel patient.

Reste l'avion. Une société de Toulouse a inauguré, il y a un an environ, entre cette ville et Rabat, une ligne aérienne, prolongée depuis jusqu'à Casablanca. Le voyage dure un jour et demi avec escales à Barcelone, Alicante (pour coucher) et Malaga. Les départs ont lieu tous les trois jours; le total des vols ne dépasse pas douze heures. Grâce à une sélection minutieuse des pilotes il n'y a encore eu que peu d'accidents, dont un seul grave. Cette manière de voyager ultra-moderne n'est évidemment à la disposition que des gens au cœur intrépide, à la bourse garnie et au bagage léger. Saluons néanmoins ces novateurs audacieux, grâce auxquels le Maroc est la première possession d'outre-mer reliée régulièrement par aéroplane avec sa métropole.

Dans le Protectorat même les moyens de locomotion sont suffisants pour les touristes et s'améliorent constamment. A défaut de trains acceptables, l'automotrice sur rail met en relation les principaux centres d'excursions. On a davantage recours aux services automobiles privés, qui emploient des voitures de tourisme des meilleures marques. Le Gouvernement du Protectorat a récemment accordé une subvention à une société plus importante qui devra compléter le réseau existant et aussi construire des hôtels, dont la pénurie se fait cruellement sentir.

En dehors de Casablanca, où fonctionne un établissement de bon ordre qui ne laissera rien à désirer quand son ascenseur marchera, il n'existe pas dans le Protectorat d'hôtel convenable. Dans ce domaine comme dans tant d'autres au Maroc, on s'est laissé déborder. A Rabat le doyen de la colonie française a fait les frais d'une bâtisse dont l'apparence extérieure est assez encourageante, mais dès qu'on a franchi le seuil, on est surpris de son agencement mal compris et de son installation archaïque. La direction des chemins de fer à Meknès, la municipalité à Fez ont construit chacune un hôtel, mais l'un a huit chambres, l'autre douze. A quoi pensait-on en en dressant le plan! Le nouveau quartier de Fez dispose d'une auberge un peu plus spacieuse, mais aménagée à l'instar de celles où descendent les commis voyageurs dans les petites sous-préfectures. Quant à Marrakech, les touristes y ont le choix entre plusieurs maisons indigènes, si sommairement transformées, que lorsqu'il arrive des touristes de marque, les autorités sont dans l'obligation de leur donner asile dans le palais résidentiel; pour bénéficier de cette enviable faveur, il faut avoir un siège au Palais-Bourbon ou le grade de général dans une armée alliée. Je préfère passer sous silence les taudis qu'on décore du nom d'hôtel dans d'autres villes du Maroc.

Les aubergistes en proie à l'afflux des commandes ont pris la fâcheuse habitude de ne pas réserver leurs chambres de sorte qu'en arrivant on n'en trouve presque jamais, quelles que soient les précautions qu'on ait prises. Heureux celui à qui on fait l'aumône d'un matelas dans la salle de bains ou le corridor. Les autres n'ont plus qu'à courir les rues, leur valise à la main, en quête d'un gîte. Ils finissent par échouer dans quelque bouge, où ils accomplissent un purgatoire plus ou moins long avant d'être admis à l'hôtel.

On conviendra qu'il y a là de quoi dégoûter les moins difficiles. Le Maroc est en train d'acquérir, sans paraître s'en douter, une détestable réputation à cet égard, et la mauvaise réputation une fois établie, ce n'est pas une mince affaire que d'en avoir raison. Il n'est plus permis d'attendre pour organiser le tourisme au Maroc en en facilitant l'accès et en rendant la vie possible aux voyageurs, dans les principales villes au moins, par la construction d'hôtels d'un modèle analogue à celui de Casablanca. Le bénéfice matériel est certain; les avantages moraux sont tout aussi assurés. Le Protectorat marocain n'a rien à cacher, il ne peut que gagner à ouvrir largement ses portes, à montrer aux Français comme aux étrangers les richesses et les beautés de son sol, ainsi que les progrès sans pareils que sa politique a réalisés en si peu d'années.

CONCLUSION

En terminant ce petit volume je tiens à répéter qu'il
ne faut y voir qu'un aperçu général. Pour être traité
à fond, un sujet d'une pareille ampleur demanderait
une étude plus approfondie que celle que j'ai pu faire
et des connaissances techniques que je ne possède
pas.

La prodigieuse évolution du Protectorat marocain
ne frappe personne davantage que ceux qui, comme
moi, l'ont connu à son origine et le retrouvent aujourd'hui. Si j'ai formulé des critiques sur plusieurs
points, elles ne m'empêchent pas de voir l'ensemble
de l'édifice et d'en apprécier la grandeur. Malgré
quelques erreurs, la pacification et le développement
de l'Empire chérifien n'en restent pas moins l'entreprise coloniale la mieux conduite qu'on ait vue
depuis bien des années et celle qui a obtenu le plus
de résultats.

Je ne crois pas, dans ce livre, avoir prononcé plus
de deux ou trois fois le nom du général Lyautey. Je
n'en parlerai pas davantage ici. Il suffira de constater
que le travail accompli depuis huit ans dans le Protectorat est le sien. Le lecteur conclura lui-même.
A la valeur de l'œuvre il jugera l'ouvrier.

TABLE DES MATIÈRES

———

IMPRIMERIE BERGER-LEVRAULT, NANCY-PARIS-STRASBOURG

BERGER-LEVRAULT, LIBRAIRES-ÉDITEURS
NANCY - PARIS - STRASBOURG

La France et les Républiques sud-américaines, par le général MAITROT. Préface de M. le baron d'ANTHOUARD, ancien ministre de France au Brésil. 1920. Volume in-12, avec 13 cartes hors texte . . *Net.* 7 fr. 50

Amérique latine et Europe occidentale. *L'Amérique latine et la Guerre*, par Gaston GAILLARD. 1918. Volume in-12 . . . . *Net.* 5 fr. 75

Voix de l'Amérique latine sur la Guerre. Préface de Gomez CARRILLO. *Le Péril allemand dans l'Amérique latine.* Volume in-12 . . . . *Net.* 75 c.

Discours d'Édouard de Billy, *prononcés pendant sa mission aux États-Unis, 1917-1919.* Volume in-8, avec 2 photographies hors texte . *Net.* 20 fr.

Le Commerce franco-américain, Rapport de la Commission industrielle américaine en France à l'Association des Manufacturiers américains pour l'exportation. 1917. Volume in-12 . . . . *Net.* 5 fr. 75

Un Américain d'aujourd'hui. *Scènes de la vie publique et privée aux États-Unis*, par Brand WHITLOCK. Traduit de l'anglais par Mme Henry CLAYTON DE WHIAT. 1917. Volume in-12, avec 2 planches hors texte . . . . 4 fr.

Voix américaines sur la Guerre de 1914-1916. Articles traduits ou analysés par S. R. Quatre volumes in-12, chacun à . . . . *Net.* 60 c.

La France aux États-Unis. *Comment concurrencer le commerce allemand*, par Louis ROUQUETTE. 1915. Volume in-8 . . . . 1 fr. 25

La Guerre roumaine 1916-1918, par Mircea DJUVARA. Préface de M. Émile BOUTROUX, de l'Académie Française. 1919. Volume in-8 . . . . *Net.* 10 fr.

Pages Roumaines, par N. JORGA, député de Jassy, professeur à l'Université de Bucarest. Préface de Ch. DE LA RONCIÈRE, historien de la Marine. 1918. Volume in-12 . . . . 2 fr.

L'Hellénisme et l'Asie Mineure. *Son histoire, sa puissance, son avenir*, par Léon MACCAS, directeur des « Études franco-grecques ». 1919. Volume in-8, avec une carte en couleurs hors texte . . . . 5 fr.

La Macédoine et l'Hellénisme. *Étude historique et ethnologique*, par V. COLOCOTRONIS. 1919. Volume in-8, avec 24 planches ou cartes hors texte.
Net. 30 fr.

La Phalange tchèque. *Comment se sacrifièrent les premiers volontaires tchéco-slovaques*, par Simon IORRI. 1919. Volume in-12 . . . . 2 fr. 50

L'Épopée serbe. *L'Agonie d'un Peuple*, par Henri BARBY, correspondant du *Journal*. 1916. Vol. in-12, avec 20 illustr. hors texte et 1 carte . . *Net.* 5 fr. 75

L'Occupation austro-bulgare en Serbie, par NOVAKOVICS. 1918. Volume in-12 . . . . 3 fr.

La Nouvelle Serbie. *Origines et bases sociales et politiques. La renaissance de l'État et son développement historique. Dynastie nationale et revendications libératrices*, par Georges Y. DEVAS. 1918. Volume gr. in-8 de 485 pages, avec 6 cartes, dont 2 hors texte en couleurs . . . . *Net.* 15 fr.

La Serbie d'hier et de demain, par Nikola STOYANOVITCH, député à la Diète de Saralevo. Préface d'André TARDIEU, 1917. Vol. in-12. *Net.* 5 fr. 75

La Serbie agricole et sa Démocratie, par Milorade ZÉBITCH. Préface de Yves-GUYOT. 1917. Volume in-8 . . . . 3 fr.

La Serbie économique et commerciale, par René MILLET, ancien ministre de France en Serbie. Avec le concours du marquis H. DE TORCY. 1889. Volume in-8, avec 2 cartes, broché. 5 fr.

Trois Aspects de la Révolution russe, *7 mai-5 juin 1917*, par Émile VANDERVELDE. 1918. 5e édition. Volume in-12 . . . . 2 fr. 50

Histoire de la Révolution russe, 1905-1917, par S. R., membre de plusieurs sociétés savantes. 1917. Volume in-12 . . . . *Net.* 1 fr. 25

Le « Peuple ukranien », par Un PETIT-RUSSIEN DE KIEF. 1919. Volume in-12 . . . . *Net.* 1 fr. 50